司法書士行為規範
に関する実務
注釈と事例による解説

日本司法書士会連合会 編

日本加除出版株式会社

はしがき

　令和4年6月に開催された第87回日本司法書士会連合会定時総会において，司法書士倫理の一部を改正する議案が全会一致にて承認されました。改正前の司法書士倫理は，簡裁訴訟代理権を有することとなった司法書士の職業倫理として平成15年に制定されたものです。今回の改正は，約20年ぶりの大幅な改正となり，その名称も「司法書士行為規範」へと変更され，令和5年4月1日に施行されました。

　今回，司法書士倫理がこのように大きく改正された背景として次の2点を指摘することができます。

　第一に，令和元年司法書士法改正による使命規定の創設です。令和元年司法書士法改正に至るまで，司法書士の使命は司法書士法に明記されていなかったところ，同改正により，司法書士法にその使命が明記されることとなりました。すなわち，「司法書士は，この法律の定めるところによりその業務とする登記，供託，訴訟その他の法律事務の専門家として，国民の権利を擁護し，もつて自由かつ公正な社会の形成に寄与することを使命とする」（司法書士法1条）というものです。

　この改正により，司法書士の使命は，国民からの負託によるものであることが明確になるとともに，条文上も主語が，それまでの「この法律は」（改正前司法書士法1条）から，「司法書士は」へと変更されたことに表れているように，一人一人の司法書士が主体となって国民の権利を能動的に擁護していくことが明確となりました。

　そこで，令和の時代における使命を全うする司法書士像を，司法書士の専門職倫理においても明確に位置づける必要がありました。

　第二に，改正前の司法書士倫理制定以降の司法書士業務の拡大・多様化です。前述のとおり，改正前の司法書士倫理制定は簡裁訴訟代理権を有することとなったことを契機としていますが，その後20年近くが経過するなかで，司法書士業務は，簡裁訴訟代理等関係業務に加え，成年後見業務や財産管理業務，民事信託支援業務など，拡大・多様化してきました。この

i

はしがき

ように拡大・多様化した司法書士業務を，司法書士の専門職倫理において
も位置づける必要がありました。

このような背景により改正された司法書士行為規範は，「法律事務の専
門家」（司法書士法1条）としての司法書士の行為規範を定めたもので，全
15章102条から構成されます。内容面においても，新たに財産管理業務や
民事信託支援業務に関する規律が加わるなど，司法書士業務の新たな領域
にも対応したものとなっています。

本書では，はじめに司法書士行為規範への改正案検討の議論にも参加い
ただいた石田京子早稲田大学教授に専門職倫理のコアヴァリューについて
ご執筆いただいています。また，第1部では，司法書士行為規範の各条文
の解釈を示すとともに，第2部では日々の実務における事例を取り上げ，
具体的な事例を通じて司法書士の行為規範はどのようなもので，どのよう
に行動するべきか理解できるものとなっています。

本書が，会員の皆様の司法書士行為規範への理解の深化と日々の実務の
一助となれば幸いです。

令和6年8月

日本司法書士会連合会会長　　小　澤　吉　徳

凡　例

1　本書中，法令名等の表記については，原則として省略を避けたが，括弧内においては以下の略号を用いた。

【法令等】

法	司法書士法
規則	司法書士法施行規則
会則基準	司法書士会会則基準
旧倫理	（旧）司法書士倫理
行為規範	司法書士行為規範
基本規程	弁護士職務基本規程
憲	日本国憲法
民	民法
民訴	民事訴訟法
刑	刑法
刑訴	刑事訴訟法
犯罪収益移転防止法（犯収法）	犯罪による収益の移転防止に関する法律
犯罪収益移転防止法施行規則（犯収法施行規則）	犯罪による収益の移転防止に関する法律施行規則
高齢者虐待防止法	高齢者の虐待の防止，高齢者の養護者に対する支援等に関する法律
児童虐待防止法	児童虐待の防止等に関する法律
障害者虐待防止法	障害者虐待の防止，障害者の養護者に対する支援等に関する法律
個人情報保護法	個人情報の保護に関する法律
不登	不動産登記法
不登令	不動産登記令
不登規則	不動産登記規則
商登規則	商業登記規則

【裁判例等】

・最二小判昭43・3・8民集22巻3号540頁
　→　最高裁判所第二小法廷昭和43年3月8日判決最高裁判所民事判例集22巻3号540頁

iii

凡　例

2　出典の表記につき，以下の略号を用いた。

民集	最高裁判所民事判例集	判時	判例時報
東高民時報	東京高等裁判所民事判決時報	曹時	法曹時報
		ジュリ	ジュリスト
行裁例集	行政事件裁判例集	金法	金融法務事情
判タ	判例タイムズ	月報	月報司法書士

『専門家責任』　加藤新太郎『司法書士の専門家責任』（弘文堂，2013）

『注釈法』　小林昭彦・河合芳光・村松秀樹編著『注釈　司法書士法（第四版）』（テイハン，2022）

『注釈倫理』　司法書士倫理研究会編『注釈　司法書士倫理』（日本加除出版，2004）

『解説規程』　日本弁護士連合会弁護士倫理委員会編著『解説「弁護士職務基本規程」第3版』（2017）

『新時代の弁護士倫理』　髙中正彦・石田京子編『新時代の弁護士倫理』（有斐閣，2020）

『注釈弁護士倫理』　日本弁護士連合会弁護士倫理に関する委員会編『注釈弁護士倫理［補訂版］』（有斐閣，1996）

『弁護士役割論』　加藤新太郎『弁護士役割論［新版］』（弘文堂，2000）

『法曹の倫理』　森際康友編『法曹の倫理［第3版］』（名古屋大学出版会，2019）

「『司法書士行為規範』解説」　日本司法書士会連合会司法書士執務調査室執務部会「『司法書士行為規範』解説」（2023）

「犯収法実務対応Q&A」　日本司法書士会連合会司法書士執務調査室執務部会「司法書士にとっての犯罪収益移転防止法実務対応Q&A」（2020）

「遺産承継業務Handbook」　日本司法書士会連合会民事信託等財産管理業務対策部財産管理ワーキングチーム「遺産承継業務Handbook」（令和5年6月版）

厚生労働省老健局　厚生労働省老健局「市町村・都道府県における高齢者虐待への対応と養護者支援について」（令和5年3月）

石田・論究ジュリ22号　石田京子「専門職の倫理」論究ジュリスト22号

手賀・月報582号　手賀寛「専門職の守秘義務・秘匿の権利」月報司法書士582号

稲村・市民と法121号　稲村厚「いわゆる『決済バイト』から司法書士の決済立会業務を考える」市民と法121号

目　　次

序　司法書士行為規範 ————————————————————————— *1*
　　—専門職倫理のコアヴァリューはどのように規律され，
　　　適用されるか—

　　　　　　　　　　　　　　　　　石 田 京 子（早稲田大学教授）

第1　はじめに ·· *1*
第2　行為規範制定の経緯 ·· *2*
第3　行為規範の概観 ··· *4*
第4　具体的な事例にどのように適用されるか？ ······························ *13*
第5　まとめにかえて ·· *19*

第1部　注釈　司法書士行為規範

序章　名称・前文 ———————————————————————————— *23*

名　　称 ··· *23*
前　　文 ··· *25*

第1章　基本倫理 ———————————————————————————— *27*

第1条（使命の自覚）·· *27*
第2条（基本姿勢）··· *28*
第3条（信義誠実）··· *29*
第4条（品位の保持）·· *31*
第5条（法令等の精通）·· *32*

目　次

第 6 条（資質の向上）……………………………………………… 33

第 7 条（自治の維持及び発展）…………………………………… 34

第 8 条（法制度への寄与）………………………………………… 35

第 9 条（公益的活動）……………………………………………… 36

第2章　一般的な規律 ——————————————————— 37

第10条（意思の尊重）……………………………………………… 37

第11条（秘密保持等の義務）……………………………………… 38

第12条（不当誘致等）……………………………………………… 41

第13条（非司法書士との提携禁止等）…………………………… 43

第14条（違法行為の助長等）……………………………………… 45

第15条（品位を損なう事業への関与）…………………………… 46

第16条（相手方等からの利益授受等）…………………………… 47

第17条（広告又は宣伝）…………………………………………… 48

第18条（記録の作成等）…………………………………………… 49

第19条（補助者に対する指導及び監督）………………………… 51

第3章　依頼者との関係における規律 ——————————— 53

第20条（依頼の趣旨の実現）……………………………………… 53

第21条（受任の際の説明）………………………………………… 54

第22条（報酬の明示）……………………………………………… 55

第23条（契約書の作成）…………………………………………… 57

第24条（事件の処理）……………………………………………… 59

第25条（公正を保ち得ない事件）………………………………… 60

第26条（公務等との関係）………………………………………… 62

第27条（公正を保ち得ないおそれ）……………………………… 64

第28条（不正の疑いがある事件）………………………………… 65

第29条（特別関係の告知）………………………………………… 67

vi

目 次

第30条（受任後の措置）……………………………………………… *68*

第31条（利益相反の顕在化）……………………………………… *69*

第32条（他の司法書士の参加）…………………………………… *69*

第33条（受任司法書士間の意見の不一致）………………… *71*

第34条（依頼者との信頼関係の喪失）………………………… *72*

第35条（預り書類等の管理）……………………………………… *72*

第36条（預り金の管理等）…………………………………………… *74*

第37条（受任の継続不能）…………………………………………… *75*

第38条（係争目的物の譲受け）…………………………………… *76*

第39条（依頼者との金銭貸借等）………………………………… *76*

第40条（賠償保険）……………………………………………………… *77*

第41条（事件の終了後の措置）…………………………………… *79*

第42条（依頼者との紛議等）……………………………………… *79*

第**4**章　不動産登記業務に関する規律 —————— *81*

第43条（基本姿勢）……………………………………………………… *81*

第44条（実体上の権利関係の把握等）………………………… *82*

第45条（公平の確保）…………………………………………………… *83*

第46条（登記手続の中止又は登記申請の取下げ）……… *84*

第47条（補助者による立会の禁止）…………………………… *86*

第48条（複数の代理人が関与する登記手続）……………… *87*

第**5**章　商業・法人登記業務に関する規律 ——————— *89*

第49条（基本姿勢）……………………………………………………… *89*

第50条（実体関係の把握）…………………………………………… *90*

第51条（法令遵守の助言）…………………………………………… *92*

vii

目　次

第6章　供託業務に関する規律 ————————— 94

第52条（基本姿勢）……………………………………………… 94

第53条（供託が関係する相談）………………………………… 95

第7章　裁判業務等に関する規律 ——————————— 96

第54条（基本姿勢）……………………………………………… 96

第55条（紛争解決における司法書士の役割）………………… 97

第56条（裁判書類作成関係業務）……………………………… 99

第57条（簡裁訴訟代理等関係業務）………………………… 100

第58条（業務を行い得ない事件）…………………………… 101

第59条（受任の諾否の通知）………………………………… 108

第60条（法律扶助制度等の教示）…………………………… 109

第61条（見込みがない事件の受任の禁止）………………… 110

第62条（有利な結果の請け合い等の禁止）………………… 112

第63条（偽証等のそそのかし等）…………………………… 113

第64条（裁判手続の遅延）…………………………………… 114

第65条（相手方本人との直接交渉等）……………………… 115

第8章　司法書士法第3条に定めるその他の業務に関する規律 ——————————— 119

第66条（審査請求手続）……………………………………… 119

第67条（国籍に関する書類の作成）………………………… 120

第68条（検察庁に提出する書類の作成）…………………… 121

第9章　成年後見業務等に関する規律 ——————— 123

第69条（基本姿勢）…………………………………………… 123

目 次

第70条（法定後見等に関する相談）······················· *125*

第71条（後見等開始申立書類の作成）····················· *126*

第72条（任意後見契約の締結等）························· *127*

第73条（支援者との連携）···························· *128*

第**10**章 財産管理業務に関する規律 ─────── *132*

第74条（基本姿勢）······························· *132*

第75条（委任による財産管理）························· *133*

第76条（法律の定めによる財産管理）····················· *134*

第77条（遺言執行）······························· *135*

第78条（遺産承継業務）···························· *136*

第79条（事件の終了）······························· *138*

第**11**章 民事信託支援業務に関する規律 ─────── *139*

第80条（基本姿勢）······························· *139*

第81条（適正な民事信託の支援）························· *140*

第**12**章 共同事務所における規律 ─────── *142*

第82条（遵守のための措置）·························· *142*

第83条（秘密保持の義務）···························· *143*

第84条（共同事務所における業務を行い得ない事件）··············· *144*

第85条（所属司法書士であった者が裁判業務を行い得ない事件）········· *146*

第86条（受任後の措置）···························· *147*

第87条（業務を行い得ない事件の受任防止）·················· *148*

ix

目　次

第13章　司法書士法人における規律 —————— 149

第88条（遵守のための措置）···································· 149

第89条（秘密保持の義務）····································· 150

第90条（司法書士法人が業務を行い得ない事件）··············· 151

第91条（司法書士法人が社員等の関係で業務を行い得ない事件）· 152

第92条（社員等が司法書士法人との関係で業務を行い得ない事件）····· 153

第93条（社員等が他の社員等との関係で業務を行い得ない事件）········· 155

第94条（受任後の措置）······································· 156

第95条（業務を行い得ない事件の受任防止）····················· 157

第96条（準用）·· 158

第14章　他の司法書士との関係における規律 —————— 159

第97条（名誉の尊重）··· 159

第98条（他の事件への介入）··································· 160

第99条（相互協力）·· 161

第15章　司法書士会等との関係における規律 —————— 164

第100条（規律の遵守）·· 164

第101条（組織運営への協力）··································· 165

第102条（事業への参加）······································ 166

x

目　次

第2部　事例による行為規範の解説

第1章　総論・依頼者応対関係 ———————————— 169

【事例1-1】　秘密保持義務①（戸籍の開示）·········· 169
　｜秘密保持等の義務

【事例1-2】　秘密保持義務②（文書提出の拒否・証言の拒絶）·········· 172
　｜秘密保持等の義務

【事例1-3】　不当誘致 ·········· 173
　｜不当誘致

【事例1-4】　非司法書士との提携禁止 ·········· 175
　1　非司法書士との提携禁止
　2　司法書士の表示
　3　職印・職務上等請求書の適切な管理
　4　報酬の分配

【事例1-5】　広告 ·········· 177
　｜広告

【事例1-6】　報酬の明示 ·········· 179
　1　報酬及び費用の明示義務
　2　契約書の作成

【事例1-7】　公正を保ち得ない事由の顕在化 ·········· 181
　1　公正を保ち得ないおそれ
　2　秘密保持義務
　3　適切な措置
　4　契約書の作成

【事例1-8】　不正の疑いがある事件 ·········· 183
　1　不正の疑い・違法行為の助長
　2　合理的な方法による調査

xi

目　次

第2章　不動産・商業登記関係 ———————————— 186

【事例2−1】　実体上の権利関係の把握（登記原因の調査確認）…………… 186

　　　1　依頼の趣旨の実現

　　　2　不動産登記業務における基本姿勢

　　　3　実体上の権利関係の把握

【事例2−2】　実体上の権利関係の把握等

　　　　　　　（依頼者及び代理人等の本人確認等）…………………………… 188

　　　1　法人が依頼者である場合の本人確認等

　　　2　法令等の精通

【事例2−3】　複数の代理人が関与する登記手続 …………………………… 192

　　　1　連件申請で前件と後件の代理人が別々の場合におけ
　　　　る代理人相互の連携

　　　2　後件の代理人の前件に関する調査確認義務

【事例2−4】　補助者による立会の禁止 ……………………………………… 195

　　　「不動産取引における立会」や「補助者による立会」の
　　　範疇

【事例2−5】　実体関係の把握，議事録等の書類作成 ……………………… 199

　　　1　辞任した役員の本人確認等

　　　2　実体関係の把握

　　　3　議事録作成の依頼があった場合における事実関係の
　　　　確認

　　　4　法令遵守の助言

【事例2−6】　本人確認と依頼内容・意思の確認 …………………………… 202

　　　商業・法人登記業務における本人確認等

【事例2−7】　いわゆる「決済バイト」について …………………………… 205

　　　信義誠実義務，相互協力

【事例2−8】　説明義務 ………………………………………………………… 207

　　　説明義務

【事例2−9】　預り書類の管理 ………………………………………………… 209

　　　預り書類の管理

xii

目　次

第**3**章　裁判業務等関係 ——————————— *212*

【事例3−1】　簡裁訴訟代理等関係業務（依頼者の意思の尊重）·················· *212*

1　依頼者の意思の尊重

2　簡裁訴訟代理等関係業務

3　事件処理における説明

【事例3−2】　受任の際の説明，契約書の作成，事件処理 ···················· *214*

1　契約書の作成

2　事件の処理

【事例3−3】　裁判業務における業務を行い得ない事件 ···························· *217*

1　業務を行い得ない事件の対象及びその対応

2　守秘義務

【事例3−4】　業務放置による裁判手続の遅延 ································· *219*

職責と職務上の怠慢

【事例3−5】　相手方本人との直接交渉 ··· *220*

1　依頼者への誠実義務と相手方本人への対応

2　相手方が依頼者側司法書士を仲裁者と誤解している場合の対応

【事例3−6】　簡裁訴訟代理等関係業務（代理権の範囲）···························· *222*

1　司法書士の代理権の範囲

2　共有物分割請求の訴額の計算方法

【事例3−7】　裁判書類作成関係業務（受任時の説明）································· *224*

1　受任の際の説明

2　裁判書類作成関係業務

第**4**章　成年後見・財産管理関係 ——————— *226*

【事例4−1】　成年被後見人の生活場所の決定 ································· *226*

1　本人の真意の把握

2　本人の意思決定支援

xiii

目 次

【事例4－2】 高齢者虐待事案での家族との面会 ·· 229
  1 高齢者虐待の意義
  2 本人の意思確認
  3 家族関係の再構築

【事例4－3】 セルフ・ネグレクト事案での自己決定権の尊重 ············· 233
  1 プライバシーの尊重
  2 セルフ・ネグレクトへの対処
  3 個人情報の取扱い

【事例4－4】 成年後見業務と不動産登記手続の受任（双方代理）·········· 236
  1 双方代理が認められる根拠
  2 関連業務の受任

【事例4－5】 成年後見業務と相続登記手続の受任 ································ 240
  1 関連業務の受任
  2 親族との関係性

【事例4－6】 司法書士法人に所属する社員の成年後見業務の受任 ····· 243
  競業禁止義務

【事例4－7】 成年後見等の終了後の財産の引渡しと遺産承継業務 ····· 244
  1 成年後見等の終了後の財産の引渡し
  2 財産の引渡しと遺産承継業務
  3 公正を保ち得ない遺産承継業務

【事例4－8】 預り金の管理 ·· 247
  1 預り金の取扱い
  2 利息の取扱い

【事例4－9】 遺言執行者となった者による相続財産に関する
　　　　　　　裁判業務 ··· 249
  遺言執行者となった者による相続財産に関する裁判業務

【事例4－10】 遺産承継業務における受任事務の明確化等 ····················· 251
  1 受任事務の明確化
  2 業務の中断又は終了事由の明確化
  3 弁護士法72条との関係

xiv

目 次

第5章 民事信託支援関係 ——————— 254

【事例5－1】 脱法行為のために信託が使われた事例 ····························· 254
┃脱法行為のための信託利用

【事例5－2】 法令実務精通義務・資質の向上・依頼の趣旨の実
現・受任の際の説明 ·· 256
┃法令実務精通義務，資質の向上，情報提供義務及びリス
ク説明義務

【事例5－3】 虚偽の信託契約書の作成・登記申請意思確認義務
違反 ·· 261
┃1 虚偽の信託契約書の作成
┃2 登記申請意思確認義務違反

第6章 共同事務所・司法書士法人関係 ——————— 263

【事例6－1】 共同事務所における業務処理，職務上等請求書の管
理・使用 ··· 263
┃1 共同事務所における業務処理
┃2 共同事務所における職務上等請求書の管理・使用

【事例6－2】 所属司法書士であった者が共同事務所を離脱した後
の業務を行い得ない事件 ·· 265
┃1 共同事務所を離脱した司法書士と利益相反事由
┃2 共同事務所を離脱した司法書士と秘密保持義務

【事例6－3】 司法書士行為規範84条に違反する訴訟行為の排除 ········ 267
┃行為規範84条に違反する訴訟行為の排除

【事例6－4】 司法書士法人が社員等に法令，会則等を遵守させる
義務 ·· 270
┃司法書士法人が社員等に法令，会則等を遵守させる義務

【事例6－5】 司法書士法人の補助者に対する指導及び監督① ·············· 271
┃1 補助者登録の懈怠
┃2 補助者による立会の禁止

xv

目　次

【事例6-6】　司法書士法人の補助者に対する指導及び監督② ············· 272
　　　　　　│補助者に対する指導及び監督
【事例6-7】　司法書士法人における秘密保持の義務 ······················· 275
　　　　　　│司法書士法人における秘密保持の義務
【事例6-8】　司法書士法人が社員等の関係で業務を行い得ない
　　　　　　事件 ·· 277
　　　　　　│司法書士法人が社員等の関係で業務を行い得ない事件

参考資料 ·· 279
　○司法書士法 ··· 279
　○（旧）司法書士倫理 ··· 298
　○司法書士会会則基準 ··· 306

執筆者一覧 ·· 327

xvi

司法書士行為規範
―専門職倫理のコアヴァリューはどのように規律され，適用されるか―

石田京子（早稲田大学教授）

第1 はじめに

2022年（令和4年）6月に行われた第87回日本司法書士会連合会定時総会において，司法書士の法専門職としてのルールである行為規範を定めた「司法書士行為規範」（以下「行為規範」という。）が従前の「司法書士倫理」（以下「旧倫理」という。）を改正する形で制定され，2023年（令和5年）4月1日より施行されている。従前の旧倫理が全14章92条で構成されているところ，行為規範は全15章102条で構成されており，司法書士としてとるべき行動がより具体的に規定されている。

司法書士法上の懲戒は，司法書士法47条で「司法書士がこの法律又はこの法律に基づく命令に違反したときは，法務大臣は，当該司法書士に対し，次に掲げる処分をすることができる」と規定されている。行為規範は法律や命令ではないので，ここに定められた規定に違反した行為が直接懲戒事由を構成するものではない。しかしながら，司法書士法で定められている，司法書士として「公正かつ誠実に」業務を行う義務（法2条）の解釈においては，当然のことながら，行為規範を遵守した行動であったかどうかは問題とされるであろう。また，民事上の責任を問う場面（過誤事件など）においても，司法書士の注意義務の具体的内容として参照されることはあり得る。その意味では，行為規範も懲戒事件や過誤事件と無関係ではない。以下ではこのことを踏まえて，今般，旧倫理が「司法書士行為規範」とその名称を含め大きく改められた背景，その主要な変更点を概観した上で，実際の事例において専門職倫理のコアヴァリューがどのような意味をなすのかを本書籍所収の事例を取り上げて検討する。

序　司法書士行為規範

第2　行為規範制定の経緯

1　「司法書士倫理」から「司法書士行為規範」へ

　既に述べた通り，行為規範は2022年（令和4年）6月に行われた第87回日本司法書士会連合会定時総会において，旧倫理を改正する形で制定された。旧倫理は，いわゆる司法制度改革の中で2003年（平成15年）に制定されたものである。司法制度改革は，日本における司法制度の在り方のみならず，法専門職の在り方全般にも大きな影響を与えた改革である。司法書士制度との関係では，司法書士に対する簡裁代理権の付与やADR法制定による認証制度の創設など，司法書士の職域を大きく拡大するとともに，法専門職としての司法書士に対する社会の期待をより大きなものとした。その期待に応えるべく制定されたのが，旧倫理であった。

　もっとも，旧倫理の制定から20年が経過し，この間，司法書士を取り巻く状況は大きく変容した。特に2019年（令和元年）の司法書士法改正は，司法書士の社会に対する責任をより一層大きなものとした。この改正により，司法書士法1条では「司法書士は，この法律の定めるところによりその業務とする登記，供託，訴訟その他の法律事務の専門家として，国民の権利を擁護し，もって自由かつ公正な社会の形成に寄与することを使命とする。」との使命規定が定められることになった[1]。本改正により，司法書士は，「法律事務の専門家」として，「国民の権利を擁護し，もって自由かつ公正な社会の形成に寄与すること」がその使命であると法律上宣言したのである。

　さらには，今日，財産管理業務や空き家問題・所有者不明土地問題への対応など，司法書士の業務範囲は大きく拡大している。例えば，所有者不明土地問題が全国各地で深刻化し，国政で取り上げられるようになり，令

---

1)　本改正においては，使命規定の新設に加えて，①懲戒権者を法務局又は地方法務局の長から法務大臣に改めることを中心とした懲戒手続に関する改正（47条以下の懲戒に関する規定）及び②社員が一人の司法書士法人の設立を認める改正（44条，44条の2）も行われている。

2

和３年には民法・不動産登記法が一部改正された。これらの法改正により，相続登記の申請が義務化され，相続土地国庫帰属制度が創設されるなど，不動産登記法制に係る大きな改革が行われ，不動産登記を扱う司法書士の職責はより重いものとなった。このような司法書士を取り巻く近年の状況は，旧倫理が制定された20年前には存在しなかった事情である。[2] これらの変化を受けて，この間拡大された司法書士業務について司法書士総体としての行為規範を示すことは，今後も司法書士が法専門職集団として信頼を維持し続けるために不可欠であった。このような背景があり，名称も含めた旧倫理の全面改正が行われたのである。

2 「司法書士行為規範」という名称変更の意味

今般の改正により，まずその名称が「司法書士倫理」から「司法書士行為規範」へと変更された。既に述べた通り，司法書士倫理とは，法専門職としての司法書士の行為規範（ルール）を意味する。法専門職倫理（Professional Responsibility）とは，そもそも「良き隣人であれ」といった道徳ではないし，アメリカの法曹倫理の権威であったロタンダが説いたように，母の膝の上で教わるものでもない。[3] それにもかかわらず，「倫理」という言葉には一般的には人の生きる道，すなわち市民道徳のような意味合いもあり，「司法書士倫理」という名称は，規範ではなく，答えの存在しないもののように誤解される傾向があった。今回の改正においては，その名称を端的に「司法書士行為規範」と改めることにより，これが司法書士の法専門職としての行為規範を定めたものであることをより明確に宣言している。

---

2) 所有者不明土地問題とこれに関わる弁護士・司法書士の役割について扱ったものとして，山野目章夫ほか「座談会　所有者不明土地問題とこれからの相続」家庭の法と裁判45号４頁以下がある。

3) ロナルド・D. ロタンダ著（当山尚幸ほか訳）『第４版　アメリカの法曹倫理：事例解説』７頁（彩流社，2015）

序　司法書士行為規範

第3　行為規範の概観

1　「司法書士行為規範」の構成

　【表1】は旧倫理と行為規範の構成を比較して示したものである。一見して，行為規範には新設された章が多いことと，構成も旧倫理から変更があったことがわかる。行為規範では，旧倫理で規律していた業務分野に加えて，財産管理業務及び民事信託支援業務に関する規律を章立てて新設した。全ての司法書士業務に適用される基本倫理（第1章），一般的な規律（第2章），依頼者との関係における規律（第3章），共同事務所における規律（第12章），司法書士法人における規律（第13章），他の司法書士との関係における規律（第14章），司法書士会等との関係における規律（第15章）に加えて，不動産登記業務（第4章），商業・法人登記業務（第5章），供託業務（第6章），裁判業務等（第7章），司法書士法第3条に定めるその他の業務（第8章），成年後見業務等（第9章），財産管理業務（第10章），民事信託支援業務（第11章）の八つの業務領域について，具体的な行為規範を定めたことになる。

【表1】司法書士倫理と司法書士行為規範の構成の比較

司法書士倫理（2003年～2023年3月）	司法書士行為規範（2023年4月～）
第1章　綱領（1条～7条）	第1章　基本倫理（1条～9条）
第2章　一般的な規律（8条～18条）	第2章　一般的な規律（10条～19条）
第3章　依頼者との関係における規律（19条～38条）	第3章　依頼者との関係における規律（20条～42条）
第4章　事件の相手方等との関係における規律（39条・40条）	（第2章及び第7章へ移動）
第5章　他の司法書士との関係における規律（41条～45条）	（第14章へ移動）
第6章　司法書士会等との関係における規律（46条～50条）	（第1章，第3章及び第15章へ移動）
第7章　不動産登記手続に関する規律（51条～54条）	第4章　不動産登記業務に関する規律（43条～48条）
第8章　商業及び法人登記手続に関する規律（55条～57条）	第5章　商業・法人登記業務に関する規律（49条～51条）

4

第9章 供託手続に関する規律（58条）	第6章 供託業務に関する規律（52条・53条）
第10章 裁判手続等に関する規律（59条〜70条）	第7章 裁判業務等に関する規律（54条〜65条）
	第8章 司法書士法第3条に定めるその他の業務に関する規律（66条〜68条）
第11章 成年後見に関する規律（71条〜75条）	第9章 成年後見業務等に関する規律（69条〜73条）
	第10章 財産管理業務に関する規律（74条〜79条）
	第11章 民事信託支援業務に関する規律（80条・81条）
第12章 その他の職務に関する規律（76条〜79条）	（第8章へ移動）
第13章 共同事務所における規律（80条〜84条）	第12章 共同事務所における規律（82条〜87条）
第14章 司法書士法人における規律（85条〜92条）	第13章 司法書士法人における規律（88条〜96条）
	第14章 他の司法書士との関係における規律（97条〜99条）
	第15章 司法書士会等との関係における規律（100条〜102条）

　このうち，第4章から第8章までに規定される業務領域は，司法書士法3条に司法書士の業務として規定されているものであるところ，第9章から第11章までについては，法制度としては司法書士のみをその担い手として想定しているものではない領域において，司法書士が法専門職集団として自らその主要な担い手となるべく活動を行ってきた領域である。このような，特定の資格者の排他的な関与を想定していない業務において有資格者が業務を行う場合に，無資格者と有資格者の行為規範は異なるのか，伝統的な有資格者の行為規範との関係はどのように理解すべきかについては，弁護士倫理の文脈においてしばしば議論されてきた問題である[4]。一般的には，その業務を依頼した者が弁護士や司法書士など，法律の専門家である

---

4) 『法曹の倫理』285〜289頁〔鳥山半六分担執筆〕

序 司法書士行為規範

ことを考慮して依頼したと考えられる場合には，一般人よりも高度の注意義務を負うと考えるのが相当であろう。行為規範では，旧倫理で規定されていた業務領域に加えて，財産管理業務や民事信託支援業務についても行為規範を定めることにより，法律事務の専門家である司法書士がこれらの業務を行う場合における業務の質の標準化を図り，もって利用者がより安心して司法書士に当該業務領域を依頼できるようにしたと考えられる。

行為規範ではさらに，その章立ての構成として，「他の司法書士との関係における規律」及び「司法書士会等との関係における規律」は章立ての後方にまとめて移動している（第5章・第6章から，第14章・第15章に移動）。このことにより，司法書士という法専門職の行為規範として何が重要であるか，優先順位を明確にしている。すなわち，冒頭に司法書士としての基本姿勢や一般的な規律，依頼者との関係について規定した上で，各業務分野において適切な法的サービスを提供するための行為規範を司法書士法3条に規定される業務から順に章立て規定した。行為規範を定める規定の順番としては，同業者間の規律や，司法書士会等への役割などをこれらの後ろに置いたことは，現代の利用者が法専門職にかける期待とも合致している。

2 コアヴァリューはどのように規定されたか

国境を越えてグローバルに法専門職倫理のコアヴァリューと呼ばれるものに，誠実義務（法専門職としての独立性の維持），守秘義務，利益相反回避義務がある[5]。以下ではそれぞれの価値の内容を確認した上で，行為規範において，これらがどのように規律されているのかを概観する。

(1) 誠実義務（法専門職としての独立性の維持）

司法書士法1条は，「国民の権利を擁護し，もつて自由かつ公正な社会の形成に寄与すること」を司法書士の使命と定め，同法2条は，「常に品位を保持し，業務に関する法令及び実務に精通して，公正かつ誠実にその業務を行わなければならない。」と定める。すなわち，司法書士は法律上，

---

5) それぞれの具体的内容については，石田・論究ジュリ22号55頁以下参照

6

第3　行為規範の概観

その業務に公益性を内包しており，そもそも「公正かつ誠実」に業務を行うことが義務付けられている。

弁護士の誠実義務については，これを単なる道徳的規範と捉えるのか，法的規範と捉えるのか，また，委任契約上の善管注意義務（民644条）との関係をどのように理解するのかをめぐり長年議論が展開されてきたが，今日においては，依頼者に対する高度の注意義務と社会に対する公共的責任を統合した，弁護士の専門家責任として捉えるのが一般的である[6]。司法書士についても，同様のことが言えよう。司法書士法上定められている司法書士の誠実義務は，単なる道徳的規範ではなく，司法書士の専門家責任を定めた法規範である。先にも述べた通り，その具体的内容を解釈する基準となるのがこの行為規範における規律である。すなわち，法専門職である司法書士としての誠実義務を果たそうとするときには，行為規範を遵守した業務の執行が求められるのである。

第1章は「基本倫理」を定めており，使命の自覚（1条），基本姿勢（2条），信義誠実（3条）は，司法書士としての職務上の基本姿勢を定めている。これらの規定からは，司法書士が司法書士業務において誠実であるべき対象が，依頼者だけではないことが読み取れる。

さらに，第2章「一般的な規律」の中で，意思の尊重（10条）を冒頭に置き，司法書士はその業務を遂行するにあたり，常に依頼者の意思を尊重し，依頼の意思に沿って行うことを定めている。本規定は，依頼者に対する誠実義務の中核的な規定となる。さらに，依頼者に対する誠実義務との関係では，第3章「依頼者との関係における規律」において，依頼の趣旨の実現（20条），受任の際の説明（21条），報酬の明示（22条），契約書の作成（23条）が規定されているが，これらもまた，依頼者に対する基本的な誠実義務の具体的規範を定めていると言えよう。

他方，違法行為の助長禁止（14条），不正の疑いのある事件の受任禁止（28条），第4章「不動産登記業務に関する規律」における実体上の権利関係の把握義務（44条），第5章「商業・法人登記業務に関する規律」におけ

6）『法曹の倫理』10・11頁〔森際康友・北川ひろみ分担執筆〕

る実体関係の把握義務（50条），法令遵守の助言（51条），第7章「裁判業務等に関する規律」における，偽証等のそそのかし禁止（63条），裁判手続の遅延禁止（64条），第8章「司法書士法第3条に定めるその他の業務に関する規律」における関係者へのプライバシー配慮義務（67条，68条）などは，司法書士が社会や第三者に対して負っている公的責任から生じる具体的な行為規範を定めたものである。

いかに依頼者の望みとはいえ，違法行為を助長したり，不正の疑いのある事件を受任したりすることは認められない。特に，司法書士には簡裁訴訟代理等関係業務以外については依頼に応ずる義務（法21条）があるものの，司法書士は自らの法専門職としてのサービスを，不正を働くために利用させてはならない。このことをより明確にするため，28条では「司法書士は，依頼の目的又はその手段若しくは方法に不正の疑いがある場合において，合理的な方法により調査を行ってもなおその疑いが払拭できないときは，その事件を受任してはならない。」と定め，不正が明らかである場合のみならず，司法書士が合理的な方法で調査をしても不正の疑いが払拭できない場合についても，受任してはならないことを明確にした。

また，司法書士は伝統的に登記業務を独占的に担ってきた専門家であることから，登記業務における司法書士の真実義務（真正の登記を実現する義務）は極めて重い。このため，不動産登記業務及び商業・法人登記業務における実体関係の把握義務（44条，50条）は，各章の基本姿勢の次に置かれることとなった。

さらに，各業務領域における行為規範を定めた章においては，それぞれその冒頭に「基本姿勢」を定めている（43条，49条，52条，54条，69条，74条，80条）。これらの規定は，各業務領域における司法書士の役割を踏まえた姿勢を定めているが，その内実は当該業務領域における「誠実な業務」が何であるかを端的に示したものと言える。例えば，新たに設置された民事信託支援業務に関する規律の基本姿勢（80条）は，「司法書士は，民事信託支援業務を受任したときは，信託目的の達成に向けて，委託者，受託者，受益者その他信託関係人の知識，経験，財産の状況等に配慮して業務を行う。」とあり，ここでは受任した案件についてこれを直接依頼した「依頼

者」の概念に拘泥せず，委託者，受託者，受益者を含む，広い範囲の関係人に配慮しながら業務を行うことが，民事信託支援業務における司法書士の誠実な業務であることを明示している。この姿勢は，裁判業務において紛争解決を支援する司法書士の役割（55条）とは明確に異なる。

　司法書士はその業務領域が広範であるのみならず，それぞれの領域において「誠実義務の在り様」が異なる。例えば，簡裁訴訟代理等関係業務では党派的に依頼者を代理する姿勢が求められる一方，不動産登記業務ではしばしば売主・買主双方から依頼を受けて登記手続を行うのであり，そこで求められるのは一方当事者の利益の実現というよりは真正な登記の実現である。このように，業務によって強調される専門家としての「姿勢」が異なるため，行為規範では，それぞれの業務領域における「誠実な業務の在り方」を明確に示し，各業務領域において司法書士が法律の専門家として期待される役割を適切に果たすことを促している。それぞれの業務における誠実な姿勢の在り様（または業務姿勢）が異なることは，司法書士という法専門職の重要な特徴である。

(2)　守秘義務

　司法書士法24条は，「司法書士又は司法書士であつた者は，正当な事由がある場合でなければ，業務上取り扱つた事件について知ることのできた秘密を他に漏らしてはならない。」と定める。守秘義務が法専門職倫理のコアヴァリューとされる理由は，法専門職は，人の秘密に接しない限り職務を適切に全うすることができないからである[7]。司法書士もまた，専門的な法知識・技能を用いて依頼者の問題を解決する前提として，依頼者の問題について可能な限り正確な情報を得る必要がある。依頼者が決して外部に漏らして欲しくないと思うような情報に接しなければ，法専門職としての適切なサービスの提供ができない場合もあるであろう。つまり，司法書士の守秘義務は，司法書士がその職責を全うするための制度的な保障である。

　守秘義務はこのように極めて重要な規範であるため，行為規範において

　7）石田・論究ジュリ22号58頁

も，第2章「一般的な規律」において規定されている（11条）。他方で守秘義務については，ごく限定的ではあるものの，守秘義務の解除が認められる場面が存在する。司法書士法24条ではこれを「正当な事由がある場合」と表現しているが，行為規範11条の守秘義務規定では，当該義務が解除される場合について，より具体的な文言を置くこととなった。すなわち，①本人の承諾がある場合，②法令に基づく場合，③司法書士が自己の権利を防御する必要がある場合，そして④前3号に掲げる場合のほか，正当な事由がある場合である。守秘義務が具体的にいかなる場面で解除されるのか，また，守秘義務は誰に対して負う義務であるのかについては，弁護士倫理において長らく議論されてきた論点である[8]今後司法書士の業務領域が拡大するにつれて，守秘義務については新たな実務上の課題も生じてくることと思われる。特に，司法書士の業務では，依頼者以外の多数の関係人の情報を入手してサービスを提供する分野が多く，これらの分野の業務の遂行においては，関係者のプライバシーへの配慮も重要である。今回の改正により，少なくとも司法書士法上の守秘義務が解除される「正当な事由」について，より具体的な指針が示されたが，実際の守秘義務の解除においては，なお慎重な対応が求められる。

行為規範ではさらに，同じ共同事務所，司法書士法人内で他の司法書士が知り得た秘密についても守秘義務を負うことが規定されている（83条，89条）。これらは旧倫理においても規定されていた義務であるが，依頼者の秘密を実質的に保護するためには，共同事務所全体，法人全体における守秘義務の遵守が必要であることを規定したものである。

(3) 利益相反回避義務

法専門職倫理におけるもう一つのコアヴァリューが，利益相反回避義務である。これは，紛争性のある案件を扱う場合の行為規範である。分かりやすい例を挙げれば，金銭貸借に関する紛争で借主側から相談を受け，具体的な解決方法を助言した司法書士は，貸主側の支援をしてはならない。貸主側がいかに高額の報酬を約束したとしても，いかに親しい友人であっ

---

8) 手賀寛「守秘義務」『新時代の弁護士倫理』45〜55頁，手賀・月報582号4頁以下

たとしても，受任が禁じられている。なぜなら，このような事件を貸主側で受任しても，司法書士はそもそも法専門職としての職務を適切に全うすることができないからである。仮にこのような事件で借主側の法律相談に応じた後であっても，貸主側の支援ができるとしよう。借主側の法律相談に応じた時点で，司法書士には借主に対する守秘義務が生じる。借主から打ち明けられたことは，誰にも開示してはならず，そしてこの義務は原則として未来永劫継続する。一方，貸主側で支援をする際には，貸主に対し法専門職として最大限の力を尽くして支援するという誠実義務が発生する。借主への守秘義務を遵守しつつ，貸主に対する誠実義務を果たすことは可能であろうか。そして，このような司法書士の態度—借主側で話を聞いておきながら，手のひらを返して貸主側で支援する—は，一般市民の目にはどのように映るだろうか。司法書士法と類似した文言で規定される，弁護士の利益相反を規律する弁護士法25条については，これまでその立法趣旨は①当事者の利益の保護，②弁護士の職務執行の公正の確保，及び③弁護士の品位の保持と説明されてきた[9]。平成14年改正法で簡裁代理権が付与された際に，同じく同年改正法によって規定された司法書士法22条（業務を行い得ない事件）各号の規律についても，同様の趣旨が説明されている[10]。法専門職の利益相反の規律とは，紛争に関与する法専門職としての機能の保全装置なのである。

　ただし，司法書士の場合には，利益相反回避義務に関する規律は，弁護士と比較してもより一層複雑な規律となる。既に述べた通り，そもそも司法書士には，簡裁訴訟代理等関係業務に関するものを除いて依頼に応ずる義務（法21条）がある。そして，実務上登記業務においては，買主・売主の双方からの依頼を受けて登記手続を行うことはごく一般に行われている。つまり，一定の業務には受任義務があり双方代理のような行動が許容されつつ，かつ，一定の事件について受任してはならないという規律（法22条）に拘束されるのである。これは，司法書士業務固有の難点とも言えよう。

---

　9) 日本弁護士連合会調査室編著『条解弁護士法〔第5版〕』201頁（弘文堂，2019）
10) 『注釈法』237頁以下

序　司法書士行為規範

誠実義務の箇所でも述べた，各業務領域における基本姿勢の相違，すなわち各業務における具体的誠実義務の在り様が異なっていることを正確に把握した上で，紛争に携わる場合には，受任義務とは反対の規律が存在することを正確に理解しておかないと，うっかり落とし穴にはまることになってしまうであろう。

　行為規範では，まず第3章の「依頼者との関係における規律」において，業務の公正を保ち得ない事由がある場合は業務を行ってはならないこと（25条），そのおそれのある事件の受任の際には依頼者にしかるべき説明をすること（27条），同一の事件で複数の依頼者がある場合に利益相反が顕在化したときの措置（31条）を定めている。加えて，公務員として取り扱った事件についても業務を行ってはならないこと（26条），受任をしてしまってから利益相反事由の存在に気付いた場合の対応（30条）も定められており，これらはいずれも，適切な業務が行えない状況になった場合には，「正当な事由」として受任義務が課されないことをより明確に示している。

　さらに，第7章「裁判業務等に関する規律」において，司法書士法22条2項以下で規定される業務を行い得ない事件について規定している（58条）。58条2項では，司法書士法人の社員であった場合に自ら関与した事件についての規律も定められている。

　また，第10章「財産管理業務に関する規律」における遺言執行の規律（77条）では，その2項として「司法書士は，遺言執行者に就任している場合において，遺言者の相続財産（遺言が相続財産のうち特定の財産に関する場合には，その財産に限る。）に係る事件であって，相続人又は受遺者の依頼により，他の相続人又は受遺者を相手方とする裁判業務を行ってはならない。遺言執行者でなくなった後も，同様とする。」との規律がある。遺言執行者として関与した後に，その後の紛争に関与できるかどうかについては，弁護士倫理の問題として長らく議論されてきた。[11] 今回の改正で，この論点については司法書士が弁護士よりも一足先に明確な行為規範を示すに至った。一旦遺言執行者として事案に関与した以上，同じ遺産をめぐる

11）『解説規程』96頁以下

紛争で特定の相続人の側を支援することは，司法書士全体に対する信頼を維持するためにも，控えなければならない。[12)]

さらに，第12章「共同事務所における規律」，第13章「司法書士法人における規律」においては，それぞれ，他の所属司法書士（司法書士法人においては，法人または社員）との関係で業務を行い得ない事件について規定している（84条，85条，90条〜93条）。いわゆる利益相反の拡張に関する規定である。この論点に関連して，共同事務所における弁護士の利益相反の拡張について，令和3年（2021年）に最高裁判所の決定も出ており，[13)] 弁護士人口の増加や弁護士の事務所移動の活発化に伴い今後も議論が活発化することが予想される。これらの弁護士倫理における議論は，当然のことながら，司法書士の利益相反の規律の在り方にも影響を及ぼすことが考えられ，注視していく必要がある。

第4　具体的な事例にどのように適用されるか？

ここまで，行為規範の全体的な構成を確認し，法専門職倫理としてのコアヴァリューの視点から主要な条文を概観した。これらの条文が具体的な事例においてどのように適用されるのか，以下では本書籍に所収されている事例を幾つか取り上げて，それぞれのコアヴァリューの視点から何が問題となるのかを検討する。なお，それぞれの事例については既に行為規範の該当条文を挙げた上で詳細なコメントが付されているので，以下では端的にこれらの事例が法専門職のコアヴァリューとの関係でどのような問題提起をしているかについて論じる。

---

12) 具体的な事例への当てはめについては【事例4−9】（本書249頁）参照。
13) 最二小決令3・4・14民集75巻4号1001頁。本決定の調査官解説として，野中伸子「判解」曹時71巻7号181頁，評釈等として，石田京子・判例秘書ジャーナル（HJ100118），判例評論767号7頁，太田勝造・NBL1199号60頁，加藤新太郎・NBL1195号89頁，手賀寛・ジュリ1570号105頁，野中伸子・ジュリ1567号105頁等がある。

13

序　司法書士行為規範

誠実義務と司法書士業務

(1) **簡裁訴訟代理等関係業務における依頼者の意思の尊重**（【事例3－1】（本書212頁））

　【事例3－1】は，簡裁訴訟代理等関係業務において，依頼者であるAの意思に反した司法書士甲の事件処理（和解の締結）が問題となっている。そもそも簡裁訴訟代理等関係業務においては，登記業務において課される依頼に応ずる義務（法21条）がない。その理由は，簡裁訴訟代理等関係業務は，登記手続代理等業務と異なり，その業務の性質上，独立性が高く，依頼者との間で強い信頼関係が必要になるからであると説明される[14]。依頼者に対する誠実義務は，もともと法専門職倫理のコアヴァリューであるが，簡裁訴訟代理という党派的役割が強調される場面においては，依頼者に寄り添い，依頼者の自己決定権を尊重することは特に重要である（行為規範57条）。まずはこのことを意識した事件処理が求められよう。

　簡裁訴訟代理等関係業務における司法書士の事件処理過程においては，ある程度画一的な業務処理が可能な登記業務とは異なり，誰とどのように交渉するか，いつどのような証拠を提出するか等，とかく選択肢が多く裁量権も広い。弁護士倫理の文脈では，「受任事件の処理にあたり独立の立場で行使されるべき弁護士の裁量権の範囲は，専門技能の行使（法律家としての専門的判断としての法律判断のほか，法的手段の選択等が妥当する場合もあろう）にかかるものにとどまり，その範囲に属さない事項について，弁護士は，当事者である依頼者の指示・決定を求めてこれに従う義務を負う。」との解説がある[15]。司法書士による簡裁事件の対応においても同様のことが当てはまる。全ての業務処理過程について逐一依頼者に同意を取ることが求められているとまでは言えないが，事件処理の流れや全体の見通しは依頼者に適時に説明しなければならず，また，事件の最終的な結果に大きな影響を与えるであろう処理については，事前に説明と同意（インフォーム

---

14) 『注釈法』236頁
15) 『解説規程』45頁

14

ドコンセント）を取り，依頼者の自己決定権を尊重することが求められる。

　法専門職の目から見て，依頼者Aにとって有利な和解内容だと判断される場面であっても，依頼者が明確に「和解したくない」と述べた場合には，依頼者がその意思を変えないのに代理人が和解を締結することは誠実義務違反である。「法専門職として依頼者の利益のために合理的に判断した」という抗弁は成り立たず，真にその和解が依頼者のために最善の道であると考えるならば，まずはそのことを丁寧に依頼者に説明しなければならない。それでもなお，依頼者が和解を了承しなかった場合には，和解はしてはならない。和解は訴訟手続が終了して当事者の権利義務が確定する重要な事柄であるから，当事者の自己決定権を優先させなければならない。

(2)　違法行為に法専門職を利用させない義務（【事例5－1】（本書254頁））

　ひるがえって【事例5－1】は，脱法のために信託が使われた事例である。一般的な規律として，司法書士は依頼者の意思を尊重し，依頼の趣旨に沿って業務を行う義務があるが（行為規範10条），他方で違法若しくは不正な行為を助長してはならない（行為規範14条）。これはまさに，既に述べた依頼者への誠実義務に対する，司法書士の公益的役割による制約である。そして，民事信託支援業務は司法書士法によって規定された司法書士の独占業務ではないものの，これに携わる司法書士には，「法律事務の専門家」（法1条）として行動することが期待されているのであり，法専門職として誠実に業務を行わなければならない（法2条）。

　行為規範が民事信託支援業務に関する規律として，「信託目的の達成に向けて，委託者，受託者，受益者その他信託関係人の知識，経験，財産の状況等に配慮して業務を行う。」（80条）と規定しているのは，国民の信頼を得て司法書士が適切に民事信託支援業務を行うことを求めているのであり，決して不正な信託目的の達成に向けた支援を是とするものではない。たとえ依頼者から期待されても，脱法的な手段を助言したり，これを支援するようなことは厳に慎まなければならない。仮に司法書士法3条に定められた独占業務でないとしても，司法書士がその資格を名乗り法的支援を提供する際には，「その職責を自覚し，自由かつ独立の立場を保持」して業務を行わなければならない（行為規範2条）。

15

序　司法書士行為規範

② 守秘義務と司法書士業務

(1)　依頼者の関係者からの情報提供依頼（【事例3－3】（本書217頁））

　【事例3－3】は，事例としては裁判業務における利益相反の問題であるが，ここでは守秘義務の観点から検討する。しばしば事件の受任は紹介者を介して行われることがある。本事例も，長年の依頼者であるＡ（いわゆる得意先かもしれない）から，娘であるＢの離婚調停事件を紹介されており，その後ＡとＢの関係も怪しくなる中，ＡからＢの離婚調停について状況を尋ねられている，というものである。

　事例の司法書士甲が受任した離婚調停に係る裁判書類作成関係業務の依頼者は，あくまでも娘のＢである。いかにＡが司法書士にとって重要なビジネスパートナーであったとしても，また，依頼者の親族であったとしても，個別の事件の依頼者の秘密を共有することは許されない。実際，Ａの娘であるＢは，自分の離婚という私的な問題について父親に情報が筒抜けになると思ったら，司法書士甲に詳しい事情を安心して打ち明けることはできなくなってしまうであろう。そうすると，甲も正確な情報に基づく適切な業務処理ができなくなってしまう。本案件では，Ｂの承諾なしにＡに離婚調停の状況を開示してしまったら，守秘義務違反である。

(2)　司法書士法人の守秘義務（【事例6－7】（本書275頁））

　【事例6－7】は，司法書士法人内における守秘義務のルールの確認事例である。司法書士法人の社員は，所属する司法書士が関与した事件の依頼者等の情報についても広く知り得る立場にある。それ故，行為規範89条では「社員等は，正当な事由がある場合を除き，司法書士法人，他の社員等が業務上知り得た秘密を保持しなければならず，又は利用してはならない。社員等でなくなった後も同様とする。」と規定する。依頼者の立場からしたら，直接依頼した司法書士のみならず，同じ法人に所属する司法書士全員が自分の秘密を保持する義務がないのであれば，安心して相談もできない。司法書士事務所の規模や経営形態にかかわらず，専門職集団としての「司法書士」に安心して事件を依頼できるよう，行為規範では共同事務所においても（83条）司法書士法人においても（89条），他の所属司法書

16

第4　具体的な事例にどのように適用されるか？

士が業務上知り得た秘密についても守秘義務を課している。

　本事例では，代表社員である司法書士甲が，依頼者Ａの職場の上司Ｂに
Ａの氏名及びＡとＣ司法書士法人との間で争いがあることを開示している。
仮にＡが登記費用の一部を支払っていないことが事実であったとしても，
第三者ＢへのＡの情報の開示は正当化できない。司法書士甲の行為は守秘
義務違反である。

3 利益相反回避義務と司法書士業務

(1)　遺言執行者を務めた司法書士による関連裁判業務（【事例4－9】（本書249頁））

　【事例4－9】では，遺言執行者に就任した司法書士甲が，その後当該
遺産に関連する紛争に関与することの是非が問われている。既に述べた通
り，弁護士倫理の文脈で問われてきた論点である。民法上，遺言執行者は，
遺言の内容を実現するため，相続財産の管理その他遺言の執行に必要な一
切の行為をする権利義務を有する（民1012条1項）のであり，委任に関する
規定が準用される（民1012条3項）。もっとも，弁護士倫理の議論では，遺
言執行者が弁護士である場合について，「相続人を依頼者として，相続人
の代理人として相続人の利益実現のために遺言を解釈するのではなく，相
続人の利害から独立して本人としての責任において遺言を解釈し，遺言者
の意思を忠実に実現するのがその任務である。」との指摘がある。[16] 民法上
の遺言執行者の職務は遺言の執行そのものであるが，遺言者は既に死亡し
ているため，誰かの代理人というよりもむしろ，仲裁人やＡＤＲの手続実
施者のように，相続人の利害からも独立して行動する立場であると考えら
れる。

　遺言執行業務自体は司法書士法3条で規定される独占業務ではないもの
の，司法書士として遺言執行者に就任したのならば，その業務処理におい
ては，やはり民法上の善管注意義務に加えて司法書士としての誠実義務

---

16)　柏木俊彦「弁護士が遺言執行者に就任した場合と利益相反の問題」判タ1283号33・
　36頁

17

序　司法書士行為規範

（専門家責任）が加重されると解する。したがって，一旦遺言執行者として就任した後，これに関連した紛争について相続人の一人又は一部の側に立って支援することは，司法書士としての公正性，誠実性に疑念をもたらす行為であり，慎まなければならない。実際，遺言執行業務の過程では相続人を含む関係者の個人情報を広く得ている可能性があり，これらの情報については守秘義務を負う。それにもかかわらず，その後の紛争に関与することとなった場合には，守秘義務違反を犯さずに適切な紛争解決支援業務を行うことは極めて困難であろう。利益相反回避義務の根拠とされる，①当事者の利益の保護，②職務執行の公正の確保，及び③品位の保持のいずれの視点から見ても，受任ができない事件と言える。行為規範77条の規定は，この趣旨を明文化した規律である。

(2)　共同事務所内における利益相反の拡張（【事例6-3】（本書267頁））

　【事例6-3】は，いわゆる共同事務所における利益相反の拡張の事例である。同一事務所内や法人内では，守秘義務が拡張される（行為規範83条，89条）。この趣旨は，事務所内では他の所属司法書士の依頼者に関する情報も業務上知り得る機会が多いことから，事務所全体又は法人内において守秘義務を課すことによって依頼者情報を保護し，司法書士に対する信頼を保持しようとするものである。では，同じ事務所内で所属司法書士Aが原告を支援し，所属司法書士Bが同一事件の被告を支援することは許されるだろうか。やはり通常の依頼者の感覚からしたら，そのような司法書士事務所や所属司法書士は信頼できないであろうし，実際，守秘義務の拡張規定を遵守しつつ，職務の公正を保つことは極めて難しい。そのような理由から，行為規範84条では，所属司法書士に対し，他の所属司法書士が業務を行い得ない事件の受任を原則として禁止している。

　本事例においても，被告Bの委任を受けたのは司法書士丙であるが，同じ事務所に所属している司法書士甲は，かつてこの事件の原告Aの相談を受けており，Bの事件は受任できない立場にあるから（行為規範58条1項2号），この立場が同一事務所内の司法書士丙にも拡張され，行為規範84条により受任は禁じられる。実際，原告Aからしてみたら，過去に詳細に事情を話した司法書士甲と同じ事務所の司法書士丙が相手方代理人であった

ら，司法書士甲に対しても，司法書士丙に対しても，そしてそのような司法書士事務所，ひいては司法書士全体に対しても，信頼を保てなくなってしまうであろう。

　紛争案件における利益相反の規律は，双方代理を是とする登記業務とは全く異なる行為規範を求めるものであるから，紛争業務を扱う司法書士は，受任の際に常に「これは受任してよい事件だろうか」と自問し，慎重に検討する姿勢が求められる。他の司法書士も所属する合同事務所であればなおのこと，ソフトウェアを用いた依頼者管理等を用いて，「うっかり受任してしまった」ということがないように注意しなければならない。

　行為規範84条では「ただし，業務の公正を保ち得る事由があるときは，この限りでない。」との文言があるが，同様の条文を定めた弁護士職務基本規程57条における「職務の公正を保ち得る事由」はその考慮要素として，以下を挙げている。①情報遮断措置の体制，②当該事案の性格や対立の程度，③当該事案における秘密漏洩のおそれの有無，④依頼者への告知や同意の有無，⑤事件の関連性の程度，⑥事件を行い得ない弁護士が事務所を離脱している場合の離脱時期や関与の程度，⑦共同事務所に参加した弁護士が参加前に職務を行い得なかった場合においてはその時期や関与の程度[17]すなわち，このただし書が極めて限定的に解釈されるべきであるとの立場が表明されている。紛争案件においては，司法書士も同様の基準が当てはまると考えるべきであろう。少なくとも，司法書士法22条で規律されている同一事件の原告被告のような状況においては，例外なく受任できないと考えるべきである。

第5　まとめにかえて

　司法書士に対する社会の期待が高まる中で，司法書士が今後も「法律事務の専門家」として利用者から信頼される専門職集団であり続けるためには，司法書士集団としての法的サービスの質の管理と標準化が不可欠であ

17）『解説規程』169頁以下

序　司法書士行為規範

る。価値の多様化が進み，法的ニーズの多様化も進む現代においては，今後，現行の行為規範からは必ずしも明確な指針が出てこないような課題も出現することであろう。そのような課題については，司法書士一人一人が法専門職倫理のコアヴァリューに立ち返り，どのような対応をとるべきか，独自に判断するよりほかない。同時に，新たな課題についても，常に司法書士集団として情報をアップデートし，研修等を通じてどのような対応が適切かを検討し，結論を言語化して適時に行為規範を改めていく姿勢が求められる。

第1部
注釈　司法書士行為規範

名　称

序章　名称・前文

　ここでは，まず，専門職倫理の性格を踏まえ，「司法書士倫理」から「司法書士行為規範」へと名称が変更された理由を述べる。次に，司法書士の使命と司法書士行為規範の関係を明らかにした前文の趣旨について述べる。

名　称
　司法書士行為規範

1　専門職倫理の性格

　専門職倫理とはどのような性格を持つものか？　その性格として，まず指摘できるのは，「特定の専門職における職業倫理（＝ルール）」とされる点である。[1] そして，特定の専門職のルールであるから，一般市民の道徳である倫理とは異なる。そのため，「専門職倫理は一般市民には道徳として課されていないような行動を課し，場合によっては一般市民の道徳と抵触する可能性すらある」[2]。
　次に，指摘できるのは，市場の独占と引き換えに，「適切な職務を行い，公益を促進させること」が求められるとの性格である[3]。このことを加藤新太郎弁護士は，依頼者との関係においては，依頼者と専門職には法的知識や情報の格差があるゆえ，依頼者には専門職の執務の適否がよく分からな

---

1) 石田・論究ジュリ22号55頁
2) 石田・論究ジュリ22号55頁
3) 石田・論究ジュリ22号55頁

23

序章　名称・前文

いのが通常であるから，専門職には倫理を遵守するということがビルトインされていなければならないと述べる[4]。

このように，専門職倫理は，「その専門職に特有の職業ルールであると同時に，独占の対価であるはずの専門職サービスの質を担保する機能を持つ」ものである[5]。

2 司法書士個々人が守るべき行為規範として

司法書士の専門職倫理としては，具体的には，司法書士法，司法書士法施行規則，会則のほか，司法書士行為規範が挙げられる。このうち，司法書士行為規範は，依頼者及び社会に対する宣明の形を取っており，その違反のみでは懲戒処分の根拠にはならない（この点，旧倫理も同様である）。

しかし，司法書士行為規範（旧倫理も同旨）が定める規範は，①法令上の司法書士の義務や禁忌を含むものがあり，その点については法令上の義務や禁忌と同視できること，②法令上の司法書士の義務や禁忌ではない場合であっても，その違反の程度が重大である場合には，司法書士法2条（職責）の規定を通じて，懲戒事由を実質的に解釈する際に一定程度考慮されていること，③司法書士の注意義務を巡る訴訟において，注意義務の解釈基準として用いられていること，④注意勧告又は会長指導を行う際の自律的規範として機能していると言うことができる。

したがって，これらを踏まえれば，その遵守が個々人に委ねられているものではなく，司法書士であれば誰でも遵守しなければならない規範であり，その意味で「法」に近いルールと解するべきである。

このような性格を踏まえ，旧司法書士倫理から司法書士行為規範への改正にあたっては，曖昧であった要件を明確にすることや，法令上の義務又は禁忌の解釈を示す等の見直しを行うことにより，司法書士個々人が守るべき規範であることを明確にして，司法書士にとってのガイドラインとして機能させることを目指した。

4）『専門家責任』377頁
5）石田・論究ジュリ22号56頁

前　文

3 「司法書士倫理」から「司法書士行為規範」へ

　前述の専門職倫理の性格や司法書士個々人が守るべき規範であることを明確にすること，さらには「司法書士倫理」という名称は，いわゆる講学上の「倫理学」との違いが明確でないとの行為規範への改正前に行われた意見照会における指摘も踏まえ，その名称は「司法書士行為規範」へと変更されることとなった。

　平成15年の旧司法書士倫理制定時と今日とを比較すると，司法書士の業務や執務の在り方は大きく変化してきた。その時代に即した専門職倫理を明確にし，これを自覚して適切な職務を通じて質の高い法的サービスを提供することは，利用者である国民の権利を擁護すること，ひいては司法書士法に明記された使命を全うする司法書士像を実現することになる。一人一人の会員が行為規範を実践し，社会の信頼と期待に応えていくことが求められている。

> ### 前　文
> 　司法書士の使命は，国民の権利を擁護し，もって自由かつ公正な社会の形成に寄与することにある。
> 　その使命を自覚し，自らの行動を規律する規範を明らかにするため，司法書士行為規範を制定する。
> 　我々は，これを実践し，社会の信頼と期待に応えることをここに宣言する。

1 趣　旨

　前文は，司法書士の使命と行為規範との関係を明らかにした上で，これを実践し，社会に貢献する司法書士の基本姿勢を表明するものである。

2 司法書士の使命

　令和元年司法書士法改正に至るまで，司法書士の使命は司法書士法に明

25

記されていなかったところ，同改正により，司法書士法にその使命が明記されることとなった。この改正により，司法書士の使命は，国民からの負託によるものであることが明確になるとともに，条文上も主語が「司法書士は」と変更されたことに表れているように，一人一人の司法書士が主体となって国民の権利を能動的に擁護していくことが明確となった。

　また，司法書士法1条の「国民の権利を擁護し，もつて自由かつ公正な社会の形成に寄与する」との表現は，「弁護士の使命規定（弁護士法1条）と共通している」と指摘されている[6]。弁護士法1条は，「弁護士は，基本的人権を擁護し，社会正義を実現することを使命とする。」と定めているところ，ここでいう「基本的人権」とは憲法11条及び97条に定めるところと同義とされる[7]。すなわち，人類の多年にわたる自由獲得の努力の成果であって，過去幾多の試練に堪え（憲97条），侵すことのできない永久の権利として現在及び将来の国民に与えられ（憲11条），信託されたものである（憲97条）。

　そして，司法書士法の使命規定の「国民の権利」も，弁護士法と同様に，「権利」には憲法上の基本的人権を含むことが法案審議の際の法務大臣の答弁でも確認されている[8]。

　さらに，弁護士法のいう「社会正義」とは，正義の概念が多義的であるところ，少なくとも「弁護士にとっての『正義』は，基本的人権の保障を中心とした憲法理念を職務のうえで具現していくところにあると認識することをもって最大公約数とすると考えられている」[9]。そして，司法書士法の使命規定の「自由かつ公正な社会」も，これと同様に考えることができる。司法書士は，その職務を通じて，様々な考え方を持ち多様な生き方を求める人々が，お互いの存在を承認し，尊重しながら，そのかけがえのない人生を誇りと尊厳をもって全うできる社会の形成に寄与することが求められている。

---

6)『注釈法』33頁
7)『解説規程』4頁
8) 平成31年4月11日参議院法務委員会，仁比聡平議員の質疑に対する山下貴司法務大臣の答弁
9)『解説規程』4頁

第1章　基本倫理

　本章は，司法書士が職務を行うにあたっての基本的な行動指針を定めている。旧司法書士倫理の「綱領」に当たるものである。また，本章に定めるものは，法律専門職倫理の中でも特に遵守しなければならない基本的なものであることから，「司法書士行為規範」への改正の際，その名称が「基本倫理」へと変更された。

（使命の自覚）
第1条　司法書士は，使命を自覚し，その達成に努める。

1　趣　旨

　本条は，司法書士の使命を自覚した上で，その達成に向かって努力することを規定したものである。司法書士の使命は，令和元年司法書士法改正により，「司法書士は，この法律の定めるところによりその業務とする登記，供託，訴訟その他の法律事務の専門家として，国民の権利を擁護し，もつて自由かつ公正な社会の形成に寄与することを使命とする。」（法1条）と明記された。一人一人の司法書士が主体となって，国民から負託された使命を実践し，その達成に向かって努力することが期待されている。本条は，このことを行為規範の冒頭の条文においても確認し，宣明するものである。

第1章　基本倫理

> **（基本姿勢）**
> **第2条**　司法書士は，その職責を自覚し，自由かつ独立の立場を保持
> して，司法書士としての良心に従い行動する。

1　趣　旨

　本条は，新設規定であり，司法書士の業務が拡大し，多様化する中に
あっても司法書士の職務に通底するもの，時代や職務の内容は変わっても
司法書士であれば常に意識する「基本姿勢」として定められたものである。
そして，司法書士がこのような基本姿勢に従って行動し，これにより行為
規範1条に規定する司法書士の使命を十全に果たそうとするものである。

2　職　責

　司法書士の職責を明らかにした司法書士法2条と同様に，本条における
職責の内容も，「品位保持義務」，「法令及び実務精通義務」及び「公正か
つ誠実に業務を行う義務（以下「誠実義務」という。）」である。

3　自由かつ独立の立場

　司法書士は，職務上国民の権利を擁護する使命を有し，その役割を全う
するためには他の力に屈したり，妥協したりしてはならず，司法書士自ら
の責任をもって判断し，行動しなければならない。
　以上から，本条で述べる「自由かつ独立」は，①国家権力その他の権力
からの自由と独立，②依頼者からの自由と独立，③司法書士法人，共同事
務所内での他の司法書士からの自由と独立，④その他事件の関係者等から
の自由と独立を意味する。

4　司法書士としての良心

　「司法書士としての良心」とは，裁判官の良心（憲76条3項）と同様に，
職業上の良心を指す。そのため，個々の司法書士の考え方や価値観を反映

28

した個人の主観的な良心とは異なるものである。

　また，司法書士は，依頼者の権利の実現に固執するあまり，法的な公正さを失い，不当な結果を生じさせてはならない。「司法書士の良心」は，その限界を画するものであり，司法書士の職務の公共性を表すものである。

（信義誠実）
第3条　司法書士は，信義に基づき，公正かつ誠実に職務を行う。

1　趣　旨

　司法書士法2条は，「品位保持義務」，「法令及び実務精通義務」及び「誠実義務」という法律専門職としての義務を並列的に規定している。そして，これらの義務は，本来，趣旨を異にするものであるため，行為規範では本条から5条までにおいてこれらが分別して規定されている。このうち，本条は，誠実義務を定めている。

2　公正かつ誠実に職務を行う

(1)　誠実義務

　誠実義務は，依頼者との関係で最も重要な義務とされ，法律専門職倫理の中核をなすものである（秘密保持の義務，利益相反の禁止とともに，法律専門職倫理のコアヴァリューとされる。）。

　誠実義務の内実は，司法書士の義務の中核である依頼者に対する誠実義務及びこれを制約する原理としての第三者や社会に対する配慮義務とされる。

(2)　法的性質

　誠実義務の法的性質については，従来は単なる倫理規範にすぎないとの議論もあった。しかし，現在では法的規範と解するのが一般的とされる。そして，弁護士と依頼者との関係は，委任契約（民643条）又は準委任契約

第1章　基本倫理

（民656条）であると判例上解され[1]，このことは司法書士と依頼者との関係においても当てはまる。そして，法律専門職は委任契約に基づいて善良な管理者の注意をもって，委任事務を処理する義務を負うこととなる（民644条）。誠実義務を法的規範とする立場からは，この善管注意義務が法律専門職としての地位や公共性に照らして加重されたものが誠実義務であるとされる[2]。

　また，このような理解とは異なり，法律専門職が依頼者に対して負う義務は，忠実義務とする考え方もある[3]。

　いずれの理解によるとしても，法律専門職の誠実義務は，法律専門家として高度の義務を負うとの方向で解釈される傾向にあることは共通していると指摘することができる[4]。

(3)　依頼者に対する誠実義務の内容

　依頼者に対する誠実義務は，委任契約に基づき，受任事務を法律専門家として高度な注意義務をもって遂行し，処理することを中心的内容とする[5]。

　行為規範においても，依頼者に対する誠実義務を具体化したものとして，使命の自覚（1条），基本姿勢（2条），信義誠実（3条），意思の尊重（10条），依頼の趣旨の実現（20条），受任の際の説明（21条），報酬の明示（22条），契約書の作成（23条），事件の処理（24条），預り金の管理等（36条），事件の終了後の措置（41条），各章冒頭の基本姿勢の条文などがある。

(4)　第三者，社会に対する配慮義務の内容

　誠実義務は，依頼者に対する誠実義務だけではなく，第三者や社会（裁判所，法制度など）に対する配慮義務も含むものと理解されている。そして，この配慮義務は，積極的な義務と解するよりも法律専門職の「職務に内在する制約原理として捉えるべき」とされる[6]。すなわち，法律専門職は，依頼者の権利を実現するにあたっては，不当な目的のために職務を行い，あ

1）大判昭5・3・4法律学説判例評論全集19巻207頁（刑法），東京高判昭36・11・29東高民時報12巻11号223頁，東京高判昭38・2・25行裁例集14巻2号366頁，東京地判昭62・6・18判時1285号78頁等
2）『法曹の倫理』11頁
3）田村陽子「弁護士の誠実義務と職務の独立性」『新時代の弁護士倫理』29頁
4）田村陽子「弁護士の誠実義務と職務の独立性」『新時代の弁護士倫理』30頁
5）『法曹の倫理』11頁
6）石田・論究ジュリ22号57頁

第4条（品位の保持）

るいは不当な手段によって職務を行ってはならず，その公共的役割に照らしてふさわしい公正と言えるものである必要がある。

このように，第三者や社会に対する配慮義務の根拠にあるのは，法律専門職の公共的使命にあるとされ，司法書士であればその使命（法1条）に基づく職務の公共性及び公益性にあると考えられる。

本条が，単に「誠実に職務を行う」と規定するのではなく，「公正かつ誠実に職務を行う」と規定しているのは，この原理の表れである。

行為規範においてこの原理を反映したと考えられるものは，基本姿勢（2条），違法行為の助長等（14条），相手方等からの利益授受等（16条），不正の疑いがある事件（28条），不動産登記における実体上の権利関係の把握等（44条），商業・法人登記における実体関係の把握（50条），法令遵守の助言（51条），偽証等のそそのかし等（63条），裁判手続の遅延（64条），相手方本人との直接交渉等（65条）などがある。

「職務」と「業務」

　行為規範では，「職務」と「業務」との文言を使い分けている。
　「業務」とは，いわゆる「3条業務」や「業務を行い得ない事件」などの言葉に代表されるように，依頼を受けて行う個々の登記申請事件等を表す際に使用する。なお，司法書士法も「業務」との文言が用いられている（2条，3条，22条等）。
　他方，「職務」は，「業務」よりも広い概念であり，職責，品位保持義務，公共性等を考慮する場合に用いることとしている。

（品位の保持）
第4条　司法書士は，常に，人格の陶冶を図り，教養を高め，司法書士としての品位を保持する。

---

1 趣 旨

本条は，司法書士が国民から求められる法的ニーズに応えていくために

31

第1章　基本倫理

は，常に向上心を持ち，教養を高め，品位を保持しなければならないこと
を示している。また，司法書士の法律専門家としての地位は国民の信頼に
基づくものであって，司法書士の使命は国民の信頼なくしては達成されな
い。国民の信頼を得るためには，次条に定める法令及び実務に精通するだ
けでなく，常に人格の陶冶を図り，教養を高め，名誉を重んじ，品位を高
めることが必要であることは言うまでもない。

2 司法書士としての品位

本条で言う「司法書士としての品位」は，一般通常人の品位ではなく，
司法書士としての品位である。そして，「品位」についての公権的解釈は
示されていないため一義的にそれを確定することは困難であるが，「司法
書士としての品位」を検討する際の考慮要素は，「『国民の権利を擁護し，
もつて自由かつ公正な社会の形成に寄与する』という司法書士の使命を自
覚すること，司法書士の業務が公共性を有することを自覚すること，国民
の司法書士および司法書士制度に対する信頼に応える人格を保つというこ
とを自覚することである。」と考えられる[7]。

3 保持する

司法書士法2条においては，「品位を保持し」と義務として記載されて
いる。しかし，旧司法書士倫理においては，法よりも弱い表現と考えられ
る「努める」とされていた。そこで，これを司法書士法と同様に，「保持
する」へと変更したものである。

（法令等の精通）
第5条　司法書士は，法令及び実務に精通する。

---

7) 石谷毅「品位保持義務とは何か」月報590号30頁

第6条（資質の向上）

1 趣　旨

　本条は，司法書士は，法律専門家として，常に国民の具体的要請に応え
られる実務能力を維持し，向上させる努力をしなければならないことを示
している。まさに，司法書士の存在意義そのものを表すものであり，司法
書士が依頼者に対し提供する法的サービスの根源をなすものである。よっ
て，本条の遵守なくして司法書士はその責務を果たし得ない。そのため，
本条は，努力義務として規定するのではなく，司法書士の決意の表明とし
て「法令及び実務に精通する」と規定している。

2 法令及び実務精通義務

　司法書士が，法律専門職能として，業務を行う上で必要不可欠な法令，
実務及び手続に精通していることは当然のことである。もっとも，誰でも
いきなり「実務に精通した」司法書士となるわけではない。一旦事件を受
任したときは，その事件を遂行する過程において，必要となる法令及び実
務に精通するよう努力しなければならないことが求められる。

（資質の向上）
第6条　司法書士は，自ら研鑽するとともに，その所属する司法書士
　　会及び日本司法書士会連合会（以下「司法書士会等」という。）が
　　実施する研修に参加し，資質の向上に努める。

---

1 趣　旨

　本条は，前条に規定する法令及び実務精通義務と表裏の関係にある。本
条は，司法書士法25条が「司法書士は，その所属する司法書士会及び日本
司法書士会連合会が実施する研修を受け，その資質の向上を図るように努
めなければならない。」と規定していること及び専門職の前提条件は高度
な専門知識を有することとされることを踏まえ，司法書士が主体的に研鑽

33

第1章　基本倫理

すべきことを確認するものである。

2 資質の向上

　司法書士は，高度な専門的知見があって初めてその業務を行うことができるのであるから，自ら研鑽を積むことは当然のことである。しかし，社会の複雑化や法改正が相次ぐ現代社会においては，一司法書士の努力だけでは依頼者の期待に応えられなくなるおそれもある。したがって，司法書士が国民のニーズや社会の期待に十全に応えるためには，司法書士自らの研鑽に加え，司法書士会等の行う研修に参加することも重要であることから，研修に参加すべき努力義務が定められている。

（自治の維持及び発展）
第7条　司法書士は，司法書士自治の維持及び発展に努める。

---

1 趣　旨

　司法書士は，常に自治意識の高揚を図り，司法書士自治を維持及び発展させるため不断の努力を惜しんではならない。本条は，このことを表明するものである。

2 「司法書士自治」について

(1) 司法書士自治の確立段階から維持・発展の段階へ

　専門職の共通の条件の一つとして，「資格付与・教育訓練・規律保持などの権限と責任を持つ自律的な団体が存在すること」が挙げられる[8]。これを敷衍すると，専門職の自治には，「（資格のはく奪にかかる）懲戒」，「研修」，「倫理規程を定めこれを遵守する」の三つの要素があると言うことができ

---

8) 田中成明「法曹倫理と医療倫理の対比—自律と強制，倫理と法の関係をめぐって」樋口範雄・土屋裕子編『生命倫理と法』268頁（弘文堂，2005）

第8条（法制度への寄与）

る。

　この三要素を司法書士について見ると，まず，「懲戒」については，懲戒権者は法務大臣であるものの，全件調査委嘱の定着，注意勧告，会長指導等，司法書士会が一定の範囲で自律的に懲戒制度の運用を行っていると評価することができる。次に「研修」についても，司法書士会等が実施する研修へ参加し，資質の向上を図る体制が整備されている。最後に，「倫理規程を定めこれを遵守する」との点についても，司法書士会等は，広義の意味での専門職倫理（＝会則，諸規則，行為規範）を定め，これを遵守する体制を整備している。

　このように，司法書士自治は，専門職自治の三要素をいずれも満たしており，その確立段階からこれを維持・発展させる段階へと移ったと考えられる。

(2)　司法書士自治は使命達成のための制度的保障

　前述の三要素を満たす司法書士自治を維持発展させることは，個々の司法書士が不当に懲戒されることなく安定して業務を行うことにつながることと言え，ひいては司法書士の使命である国民の権利擁護につながると言うこともできる。その意味で司法書士自治は，使命達成のための制度的保障と言うこともできる。

（法制度への寄与）
第8条　司法書士は，法制度が国民に信頼され，国民が利用しやすいものとなるようにその改善及び発展に寄与する。

1 趣　旨

　司法書士は，その使命が「自由かつ公正な社会の形成に寄与すること」（法1条）にあることを踏まえ，法律専門家として，国民に信頼され，国民が利用しやすい法制度となるよう，その改善及び発展に寄与することを宣言したものである。

35

第1章 基本倫理

2 法制度の改善及び発展に寄与

この間，司法書士は司法制度のみならず，法制度の改善及び発展に寄与する活動を行ってきた（法制審議会等の委員，国会参考人，各種意見書・声明等）。

このような法制度の改善及び発展に寄与する活動は，使命規定の創設により，その重要性はますます高まっている。今後も，さらに法制度の改善及び発展に寄与するための活動が求められている。

（公益的活動）

第9条 司法書士は，その使命にふさわしい公益的な活動に取り組み，実践するように努める。

---

1 趣 旨

司法書士は，公益的な活動を通じて国民の権利の擁護に寄与しているのであり，司法書士として具体的な事件について法律事務を行うということ自体，まさに公共の利益を実現するための活動をすることにほかならない。

しかし，そのような司法書士の公益的存在としての立場を強く自覚するならば，法教育や法律相談，法制度の普及，様々な被害者や罹災者等の法的救済活動など，その使命にふさわしい公益的活動に取り組むこともまた司法書士の責務であり，自由かつ公正な社会の形成に寄与するという使命を果たすために自明のことと言うべきである。

本条は，このことを明らかにし，また，これらの公益的活動に取り組み，実践することを表明するものである。

第2章 一般的な規律

　本章は，第1章の基本倫理を受けて，他の章で定める依頼者等との個別的規律に該当しない，司法書士が日々の業務を行う上で全てに通底する一般的な行動規範を定めている。

> **（意思の尊重）**
> **第10条**　司法書士は，依頼者の意思を尊重し，依頼の趣旨に沿って，その業務を行わなければならない。
> 2　司法書士は，意思の表明に困難を抱える依頼者に対して，適切な方法を用いて意思の表明を支援するように努めなければならない。

1　趣　旨

　司法書士は，業務を行うにあたっては，依頼者の意思を最大限尊重しなければならない。依頼者に対しては，「専門家支配」に陥ることのないよう，十分な情報の提供と説明を行い，依頼者の依頼の趣旨に沿って業務を行わなければならない。また，意思の表明に困難を抱える依頼者については，その支援を行っていく必要がある。つまり，司法書士は，依頼者と共にある支援者であることを，司法書士の業務の根幹に置くべきである。本条は，そのことを明確にする規定である。

2　意思の尊重

　専門家と依頼者との関係においては，専門家支配に陥ることなく，依頼者の意思を最大限尊重することが求められる。

第2章　一般的な規律

　司法書士は，司法書士と依頼者との間の知識や情報量の格差，専門性や権威によって依頼者が疎外されることのないよう，依頼者の意思を尊重しなければならず，そのためには，依頼者の意思決定そのものが，適切に形成される必要があり，意思決定が適切に形成されるためには，司法書士によって，必要かつ十分な情報の提供が求められる[1]。

　ただし，依頼者が，疾病その他の事情によって意思決定に困難がある場合には，例えば，成年後見制度を利用するなど民法等の実体法令に基づいて処理することになる。一方，年齢，身体等の理由によって，依頼者が意思能力はあるが十分な意思の表明をなし得ないときは，適切な処置を講じて依頼者の意思の表明を支援するように努めなければならない。ただし，「尊重」のあまり，依頼者に「従属」することがあってはならないのは言うまでもない。

（秘密保持等の義務）

第11条　司法書士は，業務上知り得た秘密を保持しなければならず，又は利用してはならない。司法書士でなくなった後も同様とする。

2　前項の規定にかかわらず，次に掲げる場合は，その必要の限度において，秘密を開示することができる。

(1)　本人の承諾がある場合

(2)　法令に基づく場合

(3)　司法書士が自己の権利を防御する必要がある場合

(4)　前3号に掲げる場合のほか，正当な事由がある場合

---

1 趣　旨

　司法書士には，業務上取り扱った事件について知り得た事実を他に漏らさない，また，利用しない業務上の義務があることを明定したものである。

---

1)『弁護士役割論』16頁以下参照

第11条（秘密保持等の義務）

司法書士は，依頼を受けた事件について，依頼者や関係者らの秘密に深く立ち入ることが多く，秘密保持についての依頼者の信頼なくしては業務を行い得ない。依頼者は，自らの秘密が守られるという信頼があるがゆえに，司法書士に対し様々な秘密を明かして相談し，解決を依頼するのである。したがって，秘密保持義務及び秘密を利用しない義務は，司法書士と依頼者との関係の最もコアな義務である。

本条２項では，秘密を開示することを許容される「正当な事由」を例示している。ただし，秘密の開示は，秘密主体の利益を考慮して，必要な限度にとどめられなければならない。

2 秘密保持義務

秘密保持義務の対象となる「秘密」とは，司法書士法上は，一般に知られていない事実で，知られていないことにつき利益があると客観的に認められるものである[2]。これは，司法書士法が刑罰規定であることから導かれる定義である。一方，判例・通説は，弁護士法上の定義であり，客観的意味での秘密に加え，本人が特に秘匿しておきたいと考える性質を持つ事項，いわゆる主観的意味での秘密も含むと解されている[3]。本条は，「秘密」の定義として，後者の判例・通説の考え方を採用する。

また，秘密保持義務及び秘密を利用しない義務は，司法書士がその業務を廃止した後でも当然に存続する。

なお，秘密の利用禁止は秘密の保持に含まれるという考え方もあるが，疑義をなくすため明文化した。具体的には，業務上知り得た依頼者の秘密を他の依頼者のためにあるいは司法書士自身のために「利用」する場合である。

業務上知り得た秘密には，事業承継や法人化に伴い承継し保有することとなった秘密が当然に含まれる。

---

2) 『注釈法』274頁
3) 手賀寛「守秘義務」『新時代の弁護士倫理』48頁

39

第2章　一般的な規律

3 秘密を開示することができる場合

　本条2項は，旧司法書士倫理10条で「正当な事由のある場合を除き」と規定されていた「正当な事由」について具体的に例示をしている。

　なお，2項柱書では，「秘密を開示することができる」と規定していることから，「利用してはならないこと」は解除されない。正当な事由があっても，秘密の開示は，秘密主体の利益を考慮して，「必要の限度」にとどめなければいけない。

(1) 本人の承諾がある場合

　「本人」とは秘密の主体を指している。依頼者，依頼者に準ずる者（依頼者の家族など）など司法書士に対して秘密を開示した者がこれに当たり，これらの者の承諾がある場合である。[4]

(2) 法令に基づく場合

　例えば，児童虐待防止法6条3項「児童虐待に係る通告」，障害者虐待防止法7条2項「養護者による障害者虐待に係る通報等」など，秘密保持義務に関する規定の適用を排除する明文規定がある場合はそちらが優先される。他にも，刑事訴訟において証言する場合などが考えられる（刑訴149条参照）。また，弁護士法23条の2の，いわゆる弁護士会照会により照会を受けた場合については，法律上，原則として報告する公的な義務を負うものであるが，正当な理由がある場合には，報告を拒絶できると解される。[5]

(3) 司法書士が自己の権利を防御する必要がある場合

　司法書士自身が，民事手続，刑事手続等の係争当事者となる場合，紛議調停において，報酬の請求理由を説明する必要がある場合や，司法書士が秘密主体から訴訟提起，告訴，懲戒請求等を受ける場合など自己の正当な権利を防御するために特に必要がある場合が考えられる。文書提出命令，税務調査を受けるときなどもこれに準じて処理する。[6]個人的な利益や恣意的に利用できるものではなく，あくまでも司法書士の業務上の利益を保護

---

4) 手賀・月報582号7頁
5) 手賀・月報582号18頁
6) 手賀寛「守秘義務」『新時代の弁護士倫理』52・53頁

40

第12条（不当誘致等）

する必要がある場合である。

(4) 前3号に掲げる場合のほか，正当な事由がある場合

　司法書士が有する公共的役割に鑑み，秘密の開示が公共の利益のために必要な場合が考えられる。この事由は3号までの事由と同程度の正当事由のある場合に限られ，民事訴訟において証言する場合などが考えられるが，証言拒絶ができるにもかかわらず証言をした場合は，秘密保持義務違反となるので注意が必要である[7]。

（不当誘致等）

第12条　司法書士は，不当な方法によって事件の依頼を誘致し，又は事件を誘発してはならない。

2　司法書士は，依頼者の紹介を受けたことについて，いかなる名目によるかを問わず，その対価を支払ってはならない。

3　司法書士は，依頼者の紹介をしたことについて，いかなる名目によるかを問わず，その対価を受け取ってはならない。

---

1 趣　旨

　本条は，不当な方法による事件の依頼の誘致，誘発行為を禁止するとともに，依頼者の紹介を受けたことについて対価を支払い，また，依頼者を紹介したことについて対価を受け取ることを禁止している。不当誘致行為を禁止する趣旨は，司法書士の公正な競争取引を確保するためであり，また，依頼者の司法書士選択の自由を保障するためである。

　本条2項に定める行為は不当誘致行為の典型例であるが，本条3項に定める，依頼者を紹介したことについて対価を受け取る行為が禁止される理由は，「自らの依頼者を紹介しただけのことで対価（紹介料）を受け取るのは，何らの法律事務を行うことなく対価を手にするものであって，依頼者

7）石谷毅「秘密保持義務と司法書士業務」月報582号17頁

41

第2章　一般的な規律

を食い物にした，あるいは依頼者を利用して金を儲けたという側面を有す
るため」[8] であり，司法書士が「依頼者を紹介して対価を受け取ることを
目論んで事件集めをする行為は品位を失するもの」とされるからである[9]。

　また，令和元年6月12日付日司連常発第53号「司法書士への業務紹介料
の支払いの解釈について（お知らせ）」の別紙1においては，旧司法書士倫
理13条が規定している「対価」とは，「その名目如何に関わらず，依頼者
紹介との関係で給付し若しくは給付されるもの」との見解に立っている。
不当誘致については，様々な手法があり得るが，いかなる名目をもってす
るかを問わず禁止されるものである。

2 不当誘致等

　本条1項は，司法書士が，事件依頼の不当な誘致行為及び紛争性のない
事件にあえて紛争性を持たせる行為等をすることを禁止する。誘発行為を
禁止する理由は，本来，事件性がないところに事件性を持たせ，いたずら
に紛議を生じさせ，国民に無用な混乱と負担が生じないようにしようとす
るものである。

3 紹介の対価の支払又は紹介の対価の受領

　本条2項は，不当誘致行為の典型的な行為として，依頼者の紹介を受け
たことについて対価を支払うことを禁止している。ただし，一般的な社会
的儀礼としての贈答を禁止する趣旨ではないので，区別を明確にするため
「その対価」と表記し，対価性が必要であることを明らかにしている。
もっとも社会的儀礼を装っても「対価性」が認められれば本条に抵触する
こととなる。

　本条3項は，依頼者を紹介したことについて対価を受け取ることを禁止
しているが，禁止されるのは対価を受け取る行為であり，依頼者を紹介す
る行為ではないことに注意が必要である。

---

8) 高中正彦『法曹倫理』165頁（民事法研究会，2013）
9)『解説規程』26頁

第13条（非司法書士との提携禁止等）

　本条2項及び3項について，不当誘致に該当すると考えられるものとして，報酬，広告掲載料，業務協力費，紹介料，システム利用料などが挙げられるが，これらは，いかなる名目をもってするかを問わず禁止されるものである。

（非司法書士との提携禁止等）

第13条　司法書士は，司法書士法その他の法令の規定に違反して業務を行う者と提携して業務を行ってはならず，またこれらの者から事件のあっせんを受けてはならない。

2　司法書士は，第三者に自己の名義で司法書士業務を行わせてはならない。

3　司法書士は，正当な事由がある場合を除き，その業務に関する報酬を司法書士又は司法書士法人でない者との間で分配してはならない。

1　趣　旨

　本条は，司法書士法施行規則24条及び会則基準80条の規定を敷衍し，司法書士は，非司法書士や非弁護士など無資格で法律事務を業として行う者と提携してはならないこと，これらの者から事件のあっせんを受けることができないこと，自己の名を利用させることができないことを規定し，司法書士が，司法書士法等に違反して司法書士業務を行うことを業とする者と提携して，これらの者をはびこらせ，あるいはその行為に加担し，助長することを禁止するものである。

　また，本条3項では，司法書士又は司法書士法人以外の者への報酬の分配を規制することを規定した。この規定により分配が規制されるのは，正当な事由がある場合を除き司法書士業務における報酬を司法書士又は司法書士法人以外の者に分配することであり，報酬の面から非司法書士との提携を禁止するものである。

43

第2章　一般的な規律

2 提携禁止

「提携して業務を行う」とは，非司法書士や非弁護士等が当該準拠法令の規定に違反して業務を取り扱うことに協力し，又はその業務を行うことを援助するなどして，法令違反の状況を作出し，あるいは継続させることを容易にし，これによって司法書士自身の利益を図ることである。これらの行為は，司法書士の社会的信頼を失わせるとともに，結果として依頼者の利益を損ねることとなり許されない。

「提携」には，司法書士が，司法書士法その他の法令の規定に違反して業務を行う者を利用して，事件の誘致を図ることも含む。なお，本条は，対価の授受は要件ではなく，事件誘致に伴いその対価を支払えば行為規範12条にも違反することになる。

「あっせん」とは，一般的な意味は，「うまく進むように間に入って世話をし，とりもつこと」[10] であり，「あっせん」行為自体は許容されるもので，自治体や消費生活センターなどから事件のあっせんを受けることは本条違反とはならない。禁止されるのは，司法書士法その他の法令の規定に違反して業務を行う者から事件の「あっせん」を受ける行為であり，これは，これらの者によりあっせんを受けた場合，司法書士自らの意思に基づき報酬を決定することができないような事態になり，結果として依頼者に不利益を与えることになるからである。

3 名義貸し

「第三者に自己の名義で司法書士業務を行わせる」とは，非司法書士であって，その者の裁量により司法書士としての業務を行う者に対し，司法書士がその名の使用を明示的にあるいは黙示的に認め，若しくはその者に協力し，援助して司法書士としての業務を行わせることをいう。司法書士が，いわゆる非司活動を行う無資格者と提携して，これらの者の跳梁を許し，あるいはその行為を助長することはその使命から許されない。

---

10) 法令用語研究会『有斐閣法律用語事典 第5版』5・6頁（有斐閣，2020)

第14条（違法行為の助長等）

4 報酬の分配禁止

本条3項では，正当な事由がある場合を除き，司法書士又は司法書士法人以外の者への報酬の分配を禁止することを規定した。正当な事由とは，例えば，弁護士又は弁護士法人と報酬の分配をする場合が挙げられる。

（違法行為の助長等）

第14条 司法書士は，違法若しくは不正な行為を助長し，又はこれらの行為を利用してはならない。

---

1 趣 旨

司法書士は，違法若しくは不正な行為のない公正な社会の実現を使命とするのであるから，本条は，違法若しくは不正な行為を助長したり，これらの行為を利用したりしてはならないことを明らかにする。なお，会則基準81条は，違法行為の助長の禁止として「会員は，詐欺的行為，暴力その他これに類する違法又は不正な行為を助長し，又はこれらの行為を利用してはならない。」と定めている。

2 違法若しくは不正な行為

弁護士職務基本規程14条は，「違法若しくは不正な行為」の例示として，詐欺的取引と暴力を挙げ，「違法若しくは不正な行為を助長し，又はこれらの行為を利用してはならない。」と定めている（会則基準も同様である。）。「違法若しくは不正な行為」については，「直接的な詐欺的取引や暴力だけでなく，詐欺的取引に匹敵する欺罔行為ならびに暴力に匹敵する威嚇力や強制力を伴う脅迫行為あるいは威力誇示行為を含む。」と解説している[11]。確かに，「違法若しくは不正な行為」では，抽象的で範囲が不明確とも考

11）『解説規程』32頁

45

第2章　一般的な規律

えられるが，対象となるのは，法令に違反する行為又は脱法的行為であり，本条は，これらの行為につき助長し，利用することを禁止したものである。

（品位を損なう事業への関与）
第15条　司法書士は，品位を損なう事業を営み，若しくはこれに加わり，又はこれに自己の名義を使用させてはならない。

1　趣　旨

　本条は，司法書士が公序良俗に反する事業あるいは反社会的事業を営み，若しくはこれに加わることにより，社会的信頼が損なわれることを防止しようとするものである。

2　品位を損なう事業

　本条は，品位を損なう事業を自ら営むことはもちろん，加わることや自己の名義を使用させる行為を禁止している。「加わり」とは，事業資金を出資することにより支配権を行使し，実質的にそのような事業に参加する場合などを指す。

　なお，ここで言う「品位」とは，司法書士としての品位である（行為規範4条）。

　品位を損なう事業に司法書士の名義を使用させることとこれらの事業へ加担することは，その関与の態様等に相違があると考えられるため，加担することと使用させることの禁止が明文化されている。第三者に対してだけでなく，配偶者や補助者等のいかなる者であっても，これらの事業のために司法書士の名義を使用させてはならない。

　何が「品位を損なう事業」に当たるかの具体例を挙げることは困難であるが，司法書士の主観的判断ではなく，社会通念によって決せられるものと考えられる。

第16条（相手方等からの利益授受等）

（相手方等からの利益授受等）
第16条　司法書士は，取り扱っている事件に関し，相手方又は相手方
　　代理人等から利益の供与若しくは供応を受け，又はこれを要求し，
　　若しくはその約束をしてはならない。
　2　司法書士は，取り扱っている事件に関し，相手方又は相手方代理
　　人等に対し，利益の供与若しくは供応をし，又はその約束をしては
　　ならない。

1　趣　旨

　本条は，司法書士法1条及び2条の規定を受け，司法書士が国民の権利
の擁護に寄与するべきものであること，司法書士は公正かつ誠実に業務を
行わなければならないことから，取り扱っている事件に関し，「相手方又
はその代理人等」からの利益の供与等を受け，又はこれを要求し，若しく
は約束すること及び「相手方又はその代理人等」に対し利益の供与等をす
ること，又はその約束をすることを禁止するものである。

2　相手方又は相手方代理人等

　「相手方又は相手方代理人等」とは，依頼者と実質的に利害が対立する
者を含むものと解される。

3　事　件

　「事件」とは，利害が対立する紛争で司法書士が受任し関わっているも
のを指し，訴訟行為の代理に限らず，示談交渉などの裁判外の業務も含む。
これに対し，もっぱら多数当事者間の「調整」を目的とする中立的な業務
の場合は，「相手方又は相手方代理人等」が存在しないため，その限りに
おいては，本条は適用外となる。ただし，ある事案が中立的かつ調整的な
業務に当たるか否かは必ずしも明確ではないので，慎重な対応が求められ
る。「事件に関し」とは，現に「取り扱っている事件」ばかりではく，受

47

第2章　一般的な規律

任予定のものや，完了した事件であっても，事件に関するものであれば含まれる。

4 利益の供与若しくは供応

「利益」とは，人の需要又は欲望を満たすに足りる一切の利益を言う。報酬や謝礼はもちろん，出張に要した日当や旅費等の実費も含まれる[12]。

「供与」とは利益を相手方に得させること，「供応」とは酒食を共にしてもてなすことを言う[13]。

金銭の提供に限らず，高額な飲食等のもてなし，ゴルフや旅行の接待，その他刑法上の賄賂に当たるものは全て「利益」と言える。

> （広告又は宣伝）
> 第17条　司法書士は，虚偽の事実を含み，又は誤認を生じさせるおそれがある広告又は宣伝をしてはならない。
> 2　司法書士は，品位又は信用を損なうおそれがある広告又は宣伝をしてはならない。

1 趣　旨

司法書士業務について広告又は宣伝を行うことは原則自由であるが，依頼者に誤認を生じさせるおそれや，品位又は信用を損なうおそれがある広告や宣伝が許されないのは当然のことである。形式上あるいは表面上では品位を害するものではないにしても，虚偽の事実を含む場合，又はその目的が利用者を欺くような不当な目的を持つものである場合には，その広告又は宣伝は許されない。つまり，司法書士が行う広告又は宣伝は，誤認を生じさせるおそれがあるものであってはならず，利用者の信頼を確保する

12）『法曹の倫理』135頁
13）『法曹の倫理』135頁

48

第18条（記録の作成等）

に足るものでなければならない。本条は，このことを明確にしたものである。

2 広告又は宣伝

「広告」とは，「人々に関心を持たせ，購入させるために，有料の媒体を用いて商品の宣伝をすること。また，そのための文書類や記事。広く世の中に知らせること。」，「宣伝」とは，「主義・主張や商品などに関する知識・効能を広く人々に説明し，理解を得ようとすること。」[14]　という定義が一般的な理解である。

また，「司法書士の業務広告に関する規則基準」では，広告及び宣伝とは，「会員が口頭，文書，放送，電磁的方法その他の方法により自己又は自己の業務を他人に知らせるために行う情報の伝達及び表示行為であって，顧客又は依頼者となるように誘引することを主たる目的とするものをいう」と定義されている（規則基準2条）。

虚偽の事実とは，資格等に虚偽がある（司法書士法3条2項2号の法務大臣の認定を受けていないにもかかわらず，認定を受けているように誤解させる）もの，取扱件数が実際と異なるもの，相談無料という表現により業務を誘引しつつ，実際には相談料を包含した請求を行っていると評価されるものなどが挙げられる。

「品位」とは，司法書士としての品位である（行為規範4条）。「品位を損なう」とは，司法書士の職業的名誉や信用を自ら傷つけることをいう。奇異，低俗，派手すぎるもの，見る人に不快感を与えるもの等がその例である。

（記録の作成等）

第18条　司法書士は，受任した事件の概要，金品の授受に関する事項その他重要と考えられる事項に関する記録を作成し，保管しなけれ

14）松村明・三省堂編修所編『大辞林　第4版』（三省堂，2019）

49

第2章　一般的な規律

ばならない。
　2　司法書士は，前項の記録を保管するに際しては，業務上知り得た
　　秘密及びプライバシーに関する情報が漏洩しないように注意しなけ
　　ればならない。廃棄するに際しても同様とする。

1　趣　旨

　受任した事件について，後日，受任時や事件の経過を明らかにする必要
が生じることがある。その場合，司法書士が受任当時の状況や事実，事件
処理の内容等を明確に記録することにより，証拠保全及び紛争予防機能を
果たすことは重要な責務と言える。
　また，事件記録や情報が漏洩しないよう，保管する際には，秘密及びプ
ライバシーに配慮するよう管理について規定された。

2　記録の保管

　記録とは，受任時の状況や受任した事件の概要及び金品の授受等につい
て作成した文書をいう。
　受任記録は，司法書士本人の事件記録としても大きな役割を持つもので
ある。昨今，司法書士が業務を行う際に，求められる記録の作成の範囲が
広がっており，こちらの条文に記載された以外のものであっても，作成す
べき記録の全てを満たしている必要がある。法令によって記録と保管が義
務付けられている場合には，その法令に従った記録と保管が必要であるこ
とは言うまでもない。なお，会則基準91条の2は，依頼者等の本人である
ことの確認及び依頼された事務の内容に関する記録の保存期間を10年と定
めている。また，事件記録には多くの場合，依頼者だけでなく第三者の秘
密やプライバシーに関する情報が記載されている。
　これらの情報が漏洩しないように配慮することは司法書士の基本的な義
務であり，保管には十分に注意しなければならない。また，廃棄する際も
同様である。なお，「保管」及び「廃棄」には紙のみならず電磁的記録等

第19条（補助者に対する指導及び監督）

の「保存」及び「消去」も含まれる。

（補助者に対する指導及び監督）

第19条　司法書士は，常に，補助者の指導及び監督を行わなければならない。

2　司法書士は，補助者をしてその業務を包括的に処理させてはならない。

3　司法書士は，補助者に対し，その者が業務上知り得た秘密を漏洩し，又は利用しないように指導及び監督しなければならない。

1　趣　旨

　司法書士業務は，当該司法書士のみに許されるのであり，補助者については，司法書士の指導監督下に置かなければならないことは当然である。したがって，これらの者に業務を包括的に処理させることは，司法書士自らが非司活動を助長することになるのであるから，そのような包括的な業務処理は当然ながら禁止されることになる。司法書士が専門的知見を駆使して自ら行うべき業務は，補助者その他の者に包括的に処理させることはできず，司法書士自らが行うことを要する。

　また，司法書士は，秘密保持義務の一環として，補助者に対し，業務上知り得た秘密を漏洩し，又は利用しないように指導監督する義務がある。

2　補助者の指導及び監督

　「補助者」とは，アルバイト，パートなど事務に従事する者を全て含む。司法書士法施行規則25条2項の「補助者」として司法書士会にいまだ届出を行っていない者であったとしても，本条の義務を免れない。

　「指導監督」の根拠は，雇用関係から導かれ，また，受任者（司法書士）と履行補助者との関係から導かれる。司法書士は，その業務の補助をさせるため補助者を置くことができる（規則25条1項）が，履行補助者としての

51

第2章　一般的な規律

立場にある補助者について，平素から適正な業務を行うための指導及び監督をすべき義務を負っている。

3 包括的に処理

「包括的に処理」の具体例としては，不動産取引の立会業務全般を補助者に委ねることや，本人確認及び意思確認を行わせることなどがある。立会業務に限らず，受任事件全般において，補助者に包括的な法的判断を委ねることは，司法書士の職務の専門性から許されない。補助者は，単独で法的判断に立ち入ってはならず，また，司法書士は，補助者に対し，そのような指示を与えてはならない。

司法書士は，補助者を置いてその業務を補助させることができる（規則25条1項）ことから，補助者が司法書士の指導及び監督の下に，司法書士の補助的業務を行うことは認められているが，司法書士が補助者を指導し，監督することなく，その業務を補助者に任せきりであると認められる場合には，補助者に対する監督を怠った場合に該当するのみならず，司法書士法施行規則24条にいう他人をしてその業務を取り扱わせていることに該当する。

4 秘密を漏洩し，又は利用しないように指導及び監督

本条3項は，司法書士は，秘密保持義務の一環として，補助者に対し，業務上知り得た秘密を漏洩し，又は利用しないように指導監督する義務があることを規定している。この義務を果たすためにとるべき方策として，業務上知り得た秘密を漏洩しないことを雇用契約書に盛り込む方法などが挙げられる。

第3章 依頼者との関係における規律

　本章は，依頼者との関係における規律を定める。依頼者との関係における規律は，行為規範の中核をなすものであり，その根本は，依頼者に対する誠実義務である。

　依頼者に対する誠実義務から，秘密を保持する義務，利益相反行為の禁止等が導き出される。

　他方，司法書士は，公益的な役割を負っているため，依頼者に対する誠実義務は，第三者や社会に対する配慮義務（「第三者や社会に対する誠実義務」と呼ばれるほか，「公益配慮義務」又は「一般的法益侵害回避義務」と呼ばれることもある。）により制約される。すなわち，依頼者の権利を実現するにあたっては，不当な目的のために行い，あるいは不当な手段によって行ってはならず，その公共的役割に照らしてふさわしい公正と言えるものである必要がある。

　さらに，裁判手続においては真実義務を負うと解されるが，依頼者に対する誠実義務と真実義務が相克する場合には，どちらを優先させるのか判断に迷う場面も少なくない。本章に定める規律は，このような具体的場面における司法書士の行動指針ともなるものである。

> **（依頼の趣旨の実現）**
> **第20条** 司法書士は，依頼の趣旨を実現するために，的確な法律判断に基づいて業務を行わなければならない。

1 趣　旨

　本条は，司法書士が業務を行うにあたり，依頼者との関係における，専

第3章　依頼者との関係における規律

門家としての基本的な姿勢を規定したものである。司法書士が，依頼者からの依頼の趣旨を実現するためには，依頼の趣旨を的確に把握する必要があり，依頼者に対し専門家としての法律や手続に関する情報の提供，説明及び助言が求められる。

2　依頼の趣旨

　依頼の趣旨を的確に把握するためには正確な聴取が必要であり，これに基づいて的確な法律判断をする必要がある。司法書士の執務は「①事情聴取，②事実の吟味・事実調査，③資料収集，④法的検討，⑤具体的措置の選択，⑥インフォームド・コンセント，⑦職務遂行，⑧依頼者に対する報告・連絡」という過程で構成され，「相談は，①から⑥までに当たる」[1]と解されている。本条は，①から⑧までの過程における司法書士の行為規範を定めたものであるが，①の事情聴取に関しては，⑦の職務遂行中に重要な事実を知ることになる場合もある。司法書士としては，的確な法律判断をするために，必要事項を漏れなく聴取する技術と信頼関係を築くための姿勢が重要となる。

（受任の際の説明）
第21条　司法書士は，事件を受任するにあたり，その処理の方法その他依頼の趣旨を実現するために必要な事項について説明しなければならない。

1　趣　旨

　本条は，司法書士が，事件を受任するにあたり，依頼者に対して，専門家としての説明義務が課されていることを規定したものである。

---

1)『専門家責任』15頁参照

第22条（報酬の明示）

▌2 説明義務

　契約当事者の一方が専門家である場合，専門知識に関する質及び量のバランスを欠いているため，専門家に説明義務（情報提供義務）が課されている。本条では，契約締結における専門家の説明義務に対応して，受任するにあたり司法書士が依頼者に対して，説明義務があることを明記した。

　受任の際の説明においては，行為規範10条の解説でも述べたように依頼者の意思の尊重という観点も重要になる。すなわち，司法書士は，司法書士と依頼者との間の知識や情報量の格差，専門性や権威によって依頼者が阻害されることがないよう，その意思を尊重しなければならず，そのためには，①依頼者の意思決定そのものが，適切に形成される必要があり，意思決定が適切に形成されるためには，②司法書士によって，必要かつ十分な情報の提供が求められる[2]。

　説明義務の具体的範囲は，個々の事例により様々であるが，事件の処理の方法とその見通しは最低限説明が必要であり，予想されるリスクがあれば不利益事実として説明する必要がある。特に，簡裁訴訟代理等関係業務においては，控訴，移送等により代理権が消滅する可能性について説明し，その場合の対応を明確にし，依頼者に不測の損害を被らせないようにしなければならない。

　説明の方法は，依頼者が理解できるように工夫すべきであり，直接面談により，また，必要に応じて書面や画像を利用するなどして行うことが望ましい。

（報酬の明示）

第22条　司法書士は，事件を受任するにあたり，報酬及び費用の金額
又はその算定方法を明示し，かつ，十分に説明しなければならない。
2　司法書士は，その報酬については，依頼者の受ける経済的利益，

---

2)『弁護士役割論』16頁参照

第3章　依頼者との関係における規律

> 事案の難易，その処理に要した時間及び労力その他の個別具体的事
> 情に照らして，適正かつ妥当なものとしなければならない。

1　趣　旨

　報酬については，個々の司法書士の責任において依頼者との間で決定し
なければならない。依頼者との間で報酬等についての無用の紛議を招かな
いためにも，事件の受任に際しては，報酬金額及び諸費用の額又は報酬の
算定方法を明示し，かつ依頼者に対して十分な説明をしなければならない。
また，登録免許税額，訴訟費用，予納金等の諸費用についても，予想され
る金額を明示しておくことが求められる。

　以前は，司法書士報酬基準が定められており，その基準に従って報酬額
を決定しなければならなかったが，平成14年司法書士法改正時に，規制改
革推進三か年計画に従い司法書士会会則の記載事項から報酬に関する規定
が削除されたことにより，報酬基準が撤廃され，司法書士は報酬の額や算
定方法を自由に定めることができるようになった。本条2項は，その報酬
について，最低限の規律を定めたものである。

2　報酬の明示義務

　報酬額等を明示すべき時期は，「受任するにあたり」であり，次条に定
めるとおり，依頼者との間で報酬に関する事項を盛り込んだ委任契約書を
作成することが望ましい。また，受任業務が長期にわたる場合，例えば，
成年後見開始等の申立てや財産管理業務など費用や報酬に変更が生ずるこ
とが予測される場合には，その旨も説明しなければならない。なお，会則
基準89条は，報酬の明示として，「会員は，依頼者に対し，その報酬の金
額又は算定方法を事務所の見易い場所に掲示する等により，明らかにしな
ければならない。」と定めている。

第23条（契約書の作成）

3 適正かつ妥当

「適正かつ妥当」であることは，「依頼者の受ける経済的利益，事案の難易，その処理に要した時間及び労力その他の個別具体的事情」を考慮することになるが，具体的な事案によるため，基準として明確にすることは困難と言わざるを得ない。ただ，行為規範は「自らの行動を規律する規範」（前文）であるので，少なくとも司法書士は，報酬をどのような基準に基づいて計算したのか，そして，その額が適正かつ妥当である旨を説明することができなければならない。

（契約書の作成）

第23条 司法書士は，事件を受任するにあたり，依頼の趣旨並びに報酬及び費用に関する事項を記載した契約書を作成するように努めなければならない。

---

1 趣 旨

司法書士は，事件の受任にあたり，依頼の趣旨を的確に聴取した上で，事件の処理の方法等を説明し，依頼の内容，範囲，報酬及び費用の金額等を明確にして事件を受任することが求められる。特に包括的な代理権限の付与ということになると，依頼者の意思を確認し，委任契約の内容と範囲を書面で明らかにしておくことが，依頼者との関係を規律する意味でも重要になってくる。このことは簡裁訴訟代理等関係業務だけでなく，司法書士の全ての業務に当てはまる。

弁護士においては委任契約書の作成が義務化されているところ（基本規程30条1項），その趣旨は「受任の範囲や弁護士報酬等をめぐる依頼者とのトラブルを未然に防止するため」とされている[3]。

3）『解説規程』108頁

第3章　依頼者との関係における規律

　また,「委任契約書の作成は,直接的には依頼者の利益保護を目的として義務付けられているが,それによって弁護士を無用の紛議から守る効果がある。」,「弁護士の業務は,事件受任から事件終結まで数か月から数か年を要するものが多いから,委任契約書が不備であるために記憶が曖昧になり,互いに少しの悪意もなく紛議に発展することもある。」と指摘されている。[4]

　司法書士においても,簡裁訴訟代理等関係業務や遺産承継業務などその業務の広がりを受け,この趣旨が妥当する場面が増えている。

　不動産登記における司法書士の注意義務が争点となる訴訟においても,依頼者と司法書士との間の委任契約の内容が争点となることが少なくない。

　そこで,契約書の作成の努力義務を規定したものである。

2　契約書の記載事項

　本規定は,行為規範21条と22条を受けて,23条に置いたものであり,契約書の記載事項として,受任の際に説明しなければならない事項及び報酬に関する事項が,最低限必要になる。特にトラブルが多い報酬については,受任の範囲を明確にした上で,報酬の種類,金額,算定方法,支払時期,報酬とは別に要する費用等について,記載すべきである。

3　契約書の作成

　原則として,受任の際に契約書を作成すべきである。ただし,本条は努力義務であるため,報酬や費用の計算が単純であり,受任から業務完了まで短期間である場合等,合理的な理由があれば契約書を作成せずに受任することが許容される。

　契約書を作成せずに受任した場合でも,事件の進展に伴い処理の手段や方法が変更され,報酬や費用が変更されることがある。この場合には,依頼者と協議し合意した内容を契約書として書面化することが望ましい。

---

4)『法曹の倫理』80頁参照

第24条（事件の処理）

> **（事件の処理）**
> **第24条** 司法書士は，事件を受任した場合には，速やかに着手し，遅滞なく処理しなければならない。
> 2 司法書士は，依頼者に対し，事件の経過及び重要な事項を必要に応じて報告し，事件が終了したときは，その経過及び結果を遅滞なく報告しなければならない。

1 趣 旨

　司法書士と依頼者の契約は，委任契約（又は準委任契約）であり，受任者である司法書士は，委任の趣旨に従い，善良な管理者の注意をもって委任事務を処理する義務を負う。専門家である司法書士については，さらに専門家としての高度の注意義務が課せられ，迅速かつ誠実に業務を行うことが求められる。これを依頼者の側から見れば，依頼者にとって満足できる事務処理を司法書士が行わなければならないということになる。

　本条は，依頼者との信頼関係が維持される上で極めて重要な規定となる。

2 本条1項

　事件を受任した場合に，速やかに手続に着手すべきは当然のことである。

　これは登記事件や訴訟事件など事件の種類を問わない。登記事件においては，依頼者の権利を保護するために迅速な処理が要求されることが多く，事件の処理を遅滞させたために期限を徒過することがあったり，依頼された登記申請を遅らせたために先順位の他の登記の出現を招くようなことがあったりしてはならない。なお，会則基準87条は，依頼事件の処理として，「会員は，特別の理由がない限り，依頼の順序に従い，速やかに業務を取り扱わなければならない。」と定めている。

　訴訟の着手金や登記事件における登録免許税などについて依頼者の支払が遅れるような場合，事件を受任した以上これを漫然と放置することは許されず，依頼者に事件の進展上の不利益が予想されるときはこれを告知す

59

第3章　依頼者との関係における規律

るなどして催促する等の措置を講ずべきである。

3　本条2項

　事件の報告は，委任契約から生じる義務であり，依頼者の自己決定の機会を保障するためにも，その前提となる判断材料を提供しなければならない。「必要に応じて」とは，依頼者から要求がある場合だけでなく，依頼者から要求がない場合であっても，事件の進行や結果に影響を及ぼす重要な事項が発生すれば，直ちに依頼者に報告しなければならないことを示している。また，事件が終了したときには，その経過及び結果を「遅滞なく」報告しなければならない。事件処理の結果によっては，依頼者が次の手続の準備をしなければならないこともあり，その準備のための期間を保障するためにも遅滞なく報告しなければならない。「遅滞なく」が具体的にどの程度の日数であるかについては，例えば控訴等，期間の制限が設けられているものについては，その準備のために必要な期間も勘案してその日数が定まってくる。

　なお，事件の終了後の措置として，行為規範41条では，精算義務，書類等の引渡義務が規定されている。

（公正を保ち得ない事件）

第25条　司法書士は，業務の公正を保ち得ない事由がある事件については，業務を行ってはならない。

1　趣　旨

　司法書士が複数の依頼者から同時にあるいは異時に受任する場合だけでなく，同一の事務所において業務を遂行する司法書士が受任した事件について他の司法書士が受任する場合にも適用がある（行為規範84条）。

　司法書士が複数の依頼者から同時にあるいは異時に受任する場合とは，同一の事件について依頼者及びその相手方から依頼を受ける場合がその典

60

第25条（公正を保ち得ない事件）

型例であり，依頼者間において利害が対立する事件であれば，双方の依頼者の代理が禁止されるのは当然であるし，相手方のために書類作成を行うことも，その相談を行うこともできない。

本条は，利益相反的業務を禁止する一般的な規定であり，裁判業務に関する行為規範58条のように個別・特別の規定が存する場合は，その規定が先行的に適用され，判断されることになる。

2 公正を保ち得ない事由

「公正を保ち得ない事由」とは，利益相反する場合だけでなく，司法書士が一定の事件を受任すれば既に受任している事件の依頼者の利益を損ない，あるいは司法書士の信頼を損ねるおそれがある事由を指す。したがって，同一の事件だけでなく，他の事件であっても先行事件の相手方からの依頼による事件，先行事件の依頼者を相手方とする事件の受任を含む。例えば，Ａから委任され，現にその業務（裁判業務に限らず，司法書士の全ての業務）を遂行中に，その相手方であるＢから他の事件の依頼を受ける場合，あるいはＢ以外の第三者からＡを相手方とする他の事件の依頼を受ける場合がこれに該当する。先行事件の相手方からの依頼による他の事件，あるいは先行事件の依頼者を相手方とする他の事件については，先行事件の依頼者の同意があれば，後発事件の受任もできると考えられるが，この場合でも，事件の相手方からの利益供与の禁止規定や秘密保持義務規定に抵触しないように十分に留意して業務を行わなければならない。

問題となる場面を分類すると以下のとおりである。

(1) 登記申請における双方代理

確定的に権利変動が生じた後の債務の履行行為に準じた「登記申請手続代理」は，一人の司法書士が登記権利者及び登記義務者双方の登記申請代理人になることを許容している。最二小判昭43・3・8民集22巻3号540頁は，弁護士が登記申請の双方代理をしても，その弁護士の行為は，特段の事由のないかぎり，弁護士法25条1号に違反しないと判示している。ただし，公正を保ち得ない「特段の事由」がある場合は，登記申請手続代理にあっても双方代理はできない。

61

第3章　依頼者との関係における規律

(2)　潜在的に「公正を保ち得ない事由」がある場合

例えば，当事者間の利害対立が顕在化していない場合において，当事者全員の同意がある場合には，当事者全員の代理人となり，あるいは調整役（法的情報の提供や連絡支援など）としての業務を行うことができるが，後に利害対立が顕在化した場合には，全ての当事者の代理人となることはできず，書類作成の依頼を受けることもできない。受任に際しては，このことについて説明をし，当事者全員の同意を得ておく必要がある。

(3)　「公正を保ち得ない事由」が顕在化している事件

登記手続代理を含め，全ての業務を行うことができない。

本条は，司法書士の全ての業務に関する規定である。裁判業務に関する「業務を行い得ない事件」については行為規範58条で定めている。また，共同事務所に関連する「業務を行い得ない事件」については行為規範84条及び85条で，司法書士法人並びに司法書士法人の社員等が「業務を行い得ない事件」については，行為規範90条から93条までで定めている。本条は，それらの規定の総則的規定である。

（公務等との関係）

第26条　司法書士は，公務員又は法令により公務に従事する者として取り扱った事件については，業務を行ってはならない。

2　司法書士は，仲裁人として取り扱った事件又は裁判外紛争解決手続において手続実施者その他これに準ずる者として関与した事件については，業務を行ってはならない。

1　趣　旨

公務員や仲裁人など公務に従事する者として取り扱った事件について，司法書士が業務を行うことを禁止する趣旨は，そのとき知り得た情報を基にそれを利用して事件処理をすることが司法書士の品位を害し，国民の司法書士に対する信用を害することになるのでこれを防止しようとするもの

62

第26条（公務等との関係）

である。また，国や行政庁の利益を保護することも本条の趣旨である[5]。司法書士法22条1項は，「司法書士は，公務員として職務上取り扱つた事件及び仲裁手続により仲裁人として取り扱つた事件については，その業務を行つてはならない。」と定めているが，本条は，この規定の趣旨を拡大したものである。

本条は，行為規範58条と異なり，裁判業務に限らず，全ての司法書士業務についての規定である。

2 本条1項

本条1項の「公務員」とは，国家公務員法及び地方公務員法の一般職と特別職の公務員をいい，「法令により公務に従事する者」とは，いわゆる「みなし公務員」（職務の内容が公務に準ずる公益性及び公共性を有しているものや，公務員の職務を代行するものとして，刑法の適用について公務員としての扱いを受ける者）を意味するのではなく，調停委員，選挙管理委員会や教育委員会の委員等がこれに該当する[6]。

公務員や公務に従事する者が在職中に取り扱った事件について，退職後あるいは在職中に業務を行うことは禁止される。『注釈法』は，具体的な例として，登記又は供託に関する申請手続に公務員として関与した者が，退職後，司法書士となって同一事件に関して審査請求の代理人となることや，国や行政庁を被告とする訴訟において国や行政庁の指定代理人となった者が，退職後，司法書士となって同一事件について原告のために準備書面を作成することなどを挙げている[7]。

3 本条2項

本条2項は，「仲裁手続により仲裁人として取り扱つた事件」（法22条1項）と，裁判外紛争解決手続の利用の促進に関する法律（いわゆるADR法）に基づき，和解の仲介その他の裁判外紛争解決手続機関の手続実施者等

5）『注釈法』241頁参照
6）『注釈弁護士倫理』122頁参照
7）『注釈法』242頁

第3章　依頼者との関係における規律

（手続管理者等当該手続に関与した者やこれに準ずる者を含む。）として関与した事件についても，司法書士が業務を行うことを禁止している。手続実施者等は，仲裁人と同じく，公平性・中立性を保持する必要性が高いのであり，仲裁人と扱いを異にする理由はないからである。

（公正を保ち得ないおそれ）

第27条　司法書士は，業務の公正を保ち得ない事由が発生するおそれがある場合には，事件を受任するにあたり，依頼者に対し，その事由の内容及び辞任の可能性があることについて説明しなければならない。

1　趣　旨

　潜在的に「公正を保ち得ない事由」があり，事件の受任の段階ではその事由が顕在化していない場合の義務規定である。受任後に利益相反する事由が顕在化した場合には，全ての依頼者の代理人となることはできず，あるいは全ての依頼者から書類作成の依頼を受けることはできないことから，依頼者に対し事前にその旨の説明をなし，必要な場合には，その旨の同意を得ることが求められる。ただし，説明にあたっては行為規範11条の秘密保持義務に留意しなければならない。

2　公正を保ち得ないおそれ

　公正を保ち得ない事由については，行為規範25条で規定している。

　司法書士と依頼者が利益相反する可能性がある場合だけでなく，一定の事件の依頼を受ければ既に受任している事件の依頼者の利益を損なうおそれがあるような場合も含む。

　このような可能性がある場合，あらかじめ依頼者に対しそれが顕在化した場合の辞任の可能性やそうした状況に至った場合の依頼者のとるべき措置等について十分に説明しなければならない。

64

第28条（不正の疑いがある事件）

（不正の疑いがある事件）
第28条　司法書士は，依頼の目的又はその手段若しくは方法に不正の疑いがある場合において，合理的な方法により調査を行ってもなおその疑いが払拭できないときは，その事件を受任してはならない。

1 趣　旨

　司法書士は，依頼者の権利の擁護及び実現という使命を達成するため，依頼者のために最善を尽くしてその業務を遂行すべきであることは言うまでもない。しかし，それはあくまで依頼者の「正当な権利」の実現のためであり，依頼の目的又は手段若しくは方法において不正の疑いがある場合には，合理的な方法により調査を行う必要があり，それでも疑いが払拭できない場合は，事件を受任してはならないことを明らかにしたものである。

2 受任義務

　弁護士の場合，「個々の依頼者と弁護士との間で価値観が大きく異なる場合（ミスマッチ），それは結局，依頼者の利益や権利を十分に擁護することを困難にする原因となり，依頼者にとって不利益である」[8]として，受任拒絶の自由があると理由付けられている。司法書士の簡裁訴訟代理等関係業務に依頼に応ずる義務が課されない理由もこれと同様と言える。

　簡裁訴訟代理等関係業務以外の業務には，司法書士法21条の依頼に応ずる義務があるとされており，これは独占業務資格であり公共的役割を担っているところから導かれている。

　同規定では，「正当な事由がある場合」は適用除外とされているが，司法書士法21条の「『正当な事由』には，司法書士法22条の規定により業務を行うことができない事件について依頼を受けた場合のほか，病気や事故，事務輻輳により業務遂行が困難な場合に依頼を受けたとき，依頼者が犯罪

8）『法曹の倫理』108頁参照

第3章　依頼者との関係における規律

による収益の移転防止に関する法律4条に規定する取引時確認等に応じないとき等も含まれると解される。」[9]と解説されている。

　また，司法書士と依頼者との委任契約の成立時期が問題になるケースがあるが，本条は，委任契約時の規範である。ただし，行為規範14条や会則基準81条で規定されているように，司法書士は，違法若しくは不正な行為を助長し，又はこれらの行為を利用してはならないのであって，受任後に不正の疑いを抱いたときには，行為規範30条により事案に応じた適切な措置をとらなければならない。

3 不正の疑いがある事件

　不正の疑いがある事件とは，偽造の疑いがある書類を受け取った場合，相手方の無知や窮迫に乗じて利息制限法違反の利息請求を行っていることが疑われる場合，相手方の住所が判明しているのに住所不明として登記手続や訴訟手続をすることが疑われる場合，強制執行を免れる目的で真実と反する登記をすることが疑われる場合などである。

4 合理的な方法による調査

　実際の業務においては，不正の疑いがあるか否かの判断が難しいケースがあり，司法書士法21条との関係で受任拒否すべきか否かを迷うことがある。そこで，行為規範では，「合理的な方法により調査を行ってもなおその疑いが払拭できないとき」を判断基準として規定した。

　合理的な方法による調査とは，事案により異なるため一律に基準を示すことはできないが，司法書士は，不正の疑いを抱いたときには，関係書類の調査，現地調査，依頼の経緯の確認，関係者及び依頼者への聴き取りなど，適宜の方法を用いて疑いが晴れるように努力することが求められる。

　その結果，不正の疑いが払拭できないときは，受任してはならず，この場合は依頼を拒む正当事由になる。なお，依頼者から依頼を拒むことについて理由書の交付（規則27条1項）を求められた際には，守秘義務にも十分

9）『注釈法』236頁

第29条（特別関係の告知）

に留意しなければならない。

> **（特別関係の告知）**
> 第29条　司法書士は，事件の受任に際して，依頼者の相手方と特別の
> 関係があるために，依頼者との信頼関係に影響を及ぼすおそれがあ
> るときは，依頼者に対しその事情を告げなければならない。

1 趣　旨

　依頼者の相手方と特別な関係にある場合，受任の時点でとるべき措置について定めたものであり，司法書士は，依頼者に対し，その事情を告げ依頼者の自己決定の機会を保障し，これにより依頼者の利益を保護し，司法書士の業務遂行の公正を確保するとともに品位保持と信用を確保することを目的とする。

2 特別の関係

　「特別の関係」とは，依頼者の相手方本人又は相手方関係者との縁故・親戚関係等の身分上の関係や，社会的・経済的関係等，その事件の処理上直接又は間接に何らかの影響を及ぼすおそれがある一切の事情をいい，その関係が現在のものであるか過去のものであるかを問わない。依頼者が司法書士に委任をするに際して，その事情を事前に承知していれば，依頼する司法書士の選択に影響があると認められるものをいう。

　司法書士は，依頼者の相手方との特別関係のゆえに依頼者との信頼関係を損なうおそれがあるときは，あらかじめ依頼者に告知すべきことを定め，依頼者が委任するか否かの判断をするため必要な情報の提供を義務付けるものである。ただし，説明にあたっては，行為規範11条の秘密保持義務に留意しなければならない。

67

第3章　依頼者との関係における規律

> **（受任後の措置）**
> **第30条**　司法書士は，事件を受任した後に前5条に該当する事由があ
> 　　ることを知ったときは，依頼者に対し速やかにその事情を告げ，事
> 　　案に応じた適切な措置をとらなければならない。

1　趣　旨

　一旦受任した後，前5条（行為規範25条〜29条）に該当する事由があるこ
とを知った場合の措置について定めている。受任する段階では，必ずしも
前5条に該当する事由が明らかでない場合もあり得る。例えば，複数の司
法書士が同一の事務所で執務している場合，事務所の形態によっては，他
の司法書士が受任している事件の存在をすぐには知り得ないことも多いと
思われ，事件を受任するにあたっては，できる限り依頼者から事情を聴取
する等して，依頼の趣旨を見極めるように努めなければならない。

2　受任後の措置

　一旦は受任したが，その後に前5条に該当する事由があることを知った
場合，例えば，依頼の趣旨が，その目的又は手段若しくは方法において不
正なものであるときは，依頼者を説得して翻意させる努力を行うことも求
められる。

　「適切な措置」については，依頼者の同意（複数の依頼者がある場合は全て
の依頼者の同意）があれば，引き続き受任事件の業務を継続できる場合と，
依頼者の同意があっても業務を継続できない場合（行為規範28条に該当する場
合等）があることに注意をしなければならない。

　辞任した場合，依頼者のとるべき措置を説明する等をして，できるだけ
依頼者が法的不利益を被らないよう努めなければならない。

68

第32条（他の司法書士の参加）

> （利益相反の顕在化）
> 第31条　司法書士は，同一の事件で依頼者が複数ある場合において，
> 　　その相互間に利益相反が生じたときは，各依頼者に対してその旨を
> 　　告げ，事案に応じた適切な措置をとらなければならない。

1　趣　旨

　司法書士は，受任している事件と利益相反する事件を受任してはならない。しかし，行為規範25条の解説で述べたように，ある事件について複数の依頼者から中立的な調整役（法的情報の提供や連絡支援など）として事件を受任することもある。この場合，事件を受任したものの，その後事件処理の過程で依頼者間の利害の衝突が顕在化した場合，司法書士としてはいずれか一方の依頼者に与することはできない。もはや調整が不可能なものであるならば，調整役としての地位を辞する等，事案に応じた適切な措置をとらなければならない。

2　利益相反

　「利益」とは法律上保護に値する利益を指し，利益が相反する場合には法律上問題とする必要のない感情的な対立や軋轢などは含まない。
　形式的に利益相反に該当するように見える場合であっても，実体的に利益が相反しない場合や利益相反関係にあるがそれが顕在化していない場合はこれにあたらない。

> （他の司法書士の参加）
> 第32条　司法書士は，受任している事件について，依頼者が他の司法
> 　　書士又は司法書士法人に，相談又は依頼をしようとするときは，正
> 　　当な理由なくこれを妨げてはならない。

69

第3章　依頼者との関係における規律

1　趣　旨

　依頼者が，自己の事件について，一人の司法書士にその処理を委任するか，複数の司法書士に委任するかは自由である。依頼者が複数の司法書士による事件の処理を希望する場合には，当初から複数の司法書士に事件処理を委任したい意向を示して事件の受任を求められるときと，既に受任している事件について，さらに他の司法書士にも委任したい意向を示すときとがあるが，司法書士は，いずれの場合においても正当な理由なく反対してはならない。依頼者が複数の司法書士に委任したいとの意向を示すことは，必ずしも一人の司法書士に対する不信任の意思を示したことにはならず，依頼者のセカンド・オピニオンを求める権利は尊重されるべきだからである。

2　他の司法書士の参加

　司法書士甲に依頼した依頼者が，さらに司法書士乙に依頼したいという場合，甲はその意図を確認すべきである。依頼者が甲の事件処理に不安を感じていた場合は，まず信頼関係を回復する努力をした上で，乙の参加について意見を述べなければならない。また，依頼者が複数での処理を希望する理由や，乙を選任する理由を知るためには，甲は，乙と連絡を取ることを希望すべきであるし，甲が乙と面識もない場合は特に乙と今後の事件処理について協議の上，依頼者に対し意見を述べるべきであり，そのようなことをせずに乙を中傷したり，辞任したりすることは避けるべきである（行為規範97条参照）。

　「正当な理由」とは，「事件処理に関する方針についての重要な部分での見解の相違，司法書士相互の調整の困難さ等の，依頼者に不利益を及ぼすおそれのある場合等である」[10] そのような事由があると判断した場合は，司法書士は，率直にその事実を依頼者に告げ，判断を求めなければならない。他の司法書士の参加への単なる主観的な拒絶は，「正当な理由」には

---

10)『注釈倫理』44頁

該当しない。

　司法書士には，依頼者の利益を尊重するという誠実義務があり，同業者に対する配慮と，依頼者の利益とが相反するときは，依頼者の利益を優先しなければならない。しかし，共同して事件処理にあたることが困難であり，結果として依頼者との信頼関係を維持できないことで，依頼者に不利益が生ずると判断した場合には，辞任という手段を選択することもあり得る。

（受任司法書士間の意見の不一致）
第33条　司法書士は，同一の事件を受任している他の司法書士又は司法書士法人がある場合において，その処理に関して意見の不一致により依頼者に不利益を及ぼすおそれがあるときは，依頼者に対しその事情を説明しなければならない。

1　趣　旨

　依頼者には事件の処理についての最終決定権がある。複数の司法書士間に意見の不一致がある場合には，依頼者に事情を知らしめ，委任関係を維持するかどうかの点を含め，事件の処理方針について依頼者の判断を尊重することで，行為規範31条と同様，依頼者の利益を守りつつ依頼者との間における無用の紛議を回避することを目的とする。

2　意見の不一致

　司法書士間の意見の不一致は，例えば，ある主張をするか否か，その証拠を提出するか否か，和解に応じるか否か等，様々な場合に生じる。このような場合には，できる限り協議を重ね，他の司法書士の意見を聴き，相互に誤りがあればこれを改める等の努力をしなければならない。

71

第3章　依頼者との関係における規律

> **（依頼者との信頼関係の喪失）**
> **第34条**　司法書士は，受任している事件に関し，依頼者との信頼関係
> 　が失われ，かつ，その回復が困難である場合には，辞任する等適切
> 　な措置をとらなければならない。

1　趣　旨

　司法書士と依頼者との委任関係の基礎にあるのは互いの信頼関係である
から，それが失われ回復が困難な場合には，司法書士は，依頼者からの解
任を待たずに，辞任その他の方法により委任関係の解消措置を講ずる等，
適切な措置をとらなければならない。

2　信頼関係の喪失

　信頼関係喪失の原因として依頼者と連絡がつかない，虚偽の事実を述べ
た，費用を払わない等の依頼者の責に帰す場合と，報告や説明義務を果た
さない等の司法書士側に原因がある場合がある。
　信頼関係が失われたとしても，司法書士は，直ちに辞任するのではなく，
依頼者との信頼回復のための努力を惜しんではならない。努力をしたにも
かかわらず，依頼者が委任契約を解除する旨の意思表示をしたときは，司
法書士は，速やかに精算等の適切な措置をとることになる。自らの報酬な
ど経済的利益のために辞任等の適切な措置をとらないことは許されない。
委任関係が解消された後においても，委任契約の終了の理由の如何を問わ
ず，依頼者がその後に十分な法的サービスを受けられる機会を得られるよ
う努力することが求められている。

> **（預り書類等の管理）**
> **第35条**　司法書士は，受任している事件に関し，依頼者から預かった
> 　書類等を，善良な管理者の注意をもって管理しなければならない。

第35条（預り書類等の管理）

1 趣 旨

　司法書士は，依頼者との契約（委任又は準委任契約）により善良な管理者の注意義務をもって，委任事務を処理する義務を負う（民644条）。さらには専門家としてより高度な注意義務が課されている。

　依頼者からあるいは依頼者のために書類や印章等の物品を預かる場合，預り書類等が散逸したりすることがないよう十分な管理を行う必要がある。また，依頼者から預かる書類等は，依頼者のプライバシーに関するものが多いことから，これらの書類等が不用意に人の目に触れることがあってはならない。書類等の収納場所と依頼者ごとのファイル等を整備し，書類や資料を所定の場所に保管することを徹底しなければならない。

2 受任している事件

　本条は，受任中の預り書類等の管理についての注意義務を規定したものである。行為規範41条の規定により，事件終了後は，預かった書類等は遅滞なく依頼者に返却することになるため，過去に受任した事件は本条の適用対象とはならない。なお，事件終了後も事件記録の資料として写しを保管する場合については，行為規範18条2項の規定により情報が漏洩しないように注意する義務がある。

　また，受任に至る前段階で書類等を預かる場合にも，本条と同様の注意義務があると考えるべきである。

3 依頼者から預かった書類等

　本条では，依頼者から預かった書類等とされているが，委任事務のために相手方や関係人から書類等を預かることもある。このように委任事務のために依頼者以外から預かったものがあれば，それについても同様の注意義務があると考えるべきである。

4 書類等の管理

　書類等の管理とは上記のとおり所定の場所に保管することだけでなく，

73

第3章　依頼者との関係における規律

依頼者と無関係の者にみだりに交付してはならないことも含む。

また，登記事件において関係書類を当事者の一方に相手方の承諾なしに返却することなども本条違反となり得る。

（預り金の管理等）

第36条　司法書士は，受任している事件に関し，依頼者から又は依頼者のために金員を受領した場合には，自己の金員と区別し，預り金であることを明確にして管理しなければならない。

2　司法書士は，受任している事件に関し，依頼者のために金品を受領した場合には，速やかにその事実を依頼者に報告しなければならない。

1　趣　旨

司法書士は，依頼者あるいは第三者から金員を預かることがあるので，依頼者とのトラブルを防止するためには，善良な管理者の注意をもって，その管理を行わなければならない。いわゆる「預り口」の口座等を設けて，物理的に自己の金員と区別すべきである。同一口座で管理し，帳簿上で区別するだけでは，自己の金員と区別して管理することにならない。

2　本条1項

預り金は当然のことながら依頼者の金員であり，受任から事件の終了まで自己の金員と区別して管理し，事件の終了後はいつでも精算できるようにしておかなければならない。なお，会則基準90条の2第1項は，「会員は，依頼者から預り，又は依頼者のために預かった金銭については，自己の金銭と明確に区別し得る方法で保管し，かつ，その保管の記録を作成し，これを管理しなければならない。」と定めている。

74

第37条（受任の継続不能）

3 本条2項

　司法書士は，依頼者のために第三者から金品を受領したときは，その事実を速やかに依頼者に通知する義務を負うことは当然のことである。民法上の報告義務と異なり，依頼者の請求がなくても，速やかに報告することが求められる。

（受任の継続不能）
第37条　司法書士は，受任している事件の処理を継続することができなくなった場合には，依頼者が損害を被ることがないように，事案に応じた適切な措置をとらなければならない。

---

1 趣　旨

　受任した事件の処理を継続することができなくなる事由には，受任後に利益相反が判明した場合や依頼者との間の信頼関係を喪失した場合などが考えられるが，原因となった理由を問わない。依頼者から要求があれば，他の司法書士等の紹介を含めて依頼者が損害を被らないよう適切な措置をとらなければならない。

2 受任の継続不能

　受任の継続不能の多くは，依頼者からの契約解除又は解任による場合と司法書士の辞任による場合が考えられるが，辞任の場合には，相手方への辞任の通知や依頼者に対し後任者の選任の必要性を助言する等の適切な措置が求められる。

　また，事件の受任後依頼者からの連絡がなかったり，関係書類が提出されなかったりする等により事件の手続を進めることができない状態に陥ることがある。このような場合に漫然と事件を放置することなく，事件を中止することも必要となる。

75

第3章　依頼者との関係における規律

（係争目的物の譲受け）

第38条　司法書士は，係争事件の目的物を譲り受けてはならない。

1　趣　旨

　係争事件の目的物を譲り受けることは，司法書士が当該事件の当事者になることを意味する。弁護士法28条の趣旨と同様に，司法書士が事件に介入して利益をあげることにより，その職務の公正，品位が害されること及び譲り受けた権利を実行するために濫用的な訴訟等がなされることを未然に防止する[11]ため，規定されている。また，依頼者からの独立性を確保するためにも，係争事件の目的物を譲り受けることは禁止される。

2　係争目的物の譲受

　「係争事件の目的物」とは，広く紛争の対象となった物又は権利であり，訴訟等に係属したか否かを問わない。会則基準84条は，「会員は，受任している事件について係争の目的物を譲り受けてはならない。」と規定しているが，「係争事件の目的物」と「係争の目的物」とは同義である。

　「譲受け」とは権利を移転する一切の行為を指し，その態様や有償又は無償は問題とならず，最終的には司法書士法2条の品位保持義務違反に該当するものと評価できるか否かの実質的判断の問題である。

　なお，弁護士法28条は係争権利を譲り受けることを禁止し，同法73条は何人も譲り受けた権利を訴訟等により実行することを業とすることを禁止している。

（依頼者との金銭貸借等）

第39条　司法書士は，特別の事情がない限り，依頼者と金銭の貸借をし，又は自己の債務について保証をさせ，若しくは依頼者の債務に

11）最三小判昭35・3・22民集14巻4号525頁参照

第40条（賠償保険）

ついて保証をしてはならない。

1 趣 旨

　司法書士が，依頼者との間で金銭上の特別の利害関係をもった場合には，司法書士が独立性を失い，業務の公正を保ち得ないおそれが生じる。また，これらを原因として依頼者との間に利益相反関係が生じ，信頼関係を損なう可能性も高いことから禁止されている。

　禁止される行為には，依頼者の債務について司法書士が保証人となることのみならず，司法書士が自己の債務について依頼者に保証人となることを求めることなども含まれる。

2 金銭貸借等の禁止

　受任事件に伴うものだけでなく，広く司法書士と依頼者間の委任外の関係による金銭の貸借や保証を含む。

　依頼者とは，現に事件を受任している場合に限らず，継続的又は断続的な依頼者，例えば金融機関や不動産会社もこれに含まれる。

　また，金銭貸借と同様の経済的作用を有するものもこれに含まれる。例えば，係争中の建物の賃貸借，債務引受や費用を立て替える場合などである。ただし，緊急の場合の立替えや依頼者の窮状を考慮して報酬等の支払を猶予する約定を取り交わした場合などは正当な事由として本条には当たらない。

（賠償保険）

第40条　司法書士は，依頼者を保護するために，業務上の責任について賠償責任保険に加入するように努めなければならない。

77

第3章　依頼者との関係における規律

1　趣　旨

　司法書士は，業務遂行上依頼者等に損害を与えることがあってはならないことは言うまでもないが，司法書士も人間である以上，過ちが生じないとは言えない。万一，依頼者若しくは相手方その他第三者に損害を与えた場合は，これらの者に対しその損害を賠償できる手立てを講じておくことが望ましい。

2　業務賠償責任保険

　平成17年に会則基準が改正され，同78条の2で，「本会は，連合会が定める業務賠償責任保険に，会員全員を被保険者として加入する。」と定められた。これは，各司法書士会が司法書士会員（司法書士法人会員を含む。）を被保険者として，連合会が包括契約を締結した保険会社の中から保険会社を選定して当該保険者との間で個別契約を締結するものであった。なお，平成27年に同78条の2は改正され，現在各司法書士会は，三つの方法により保険会社と契約（又は連合会に保険契約を委託）できるようになった。この保険（強制保険）によって填補される限度額は，1事故につき1,000万円（免責金額は100万円）であるが，司法書士に対する損害賠償請求訴訟で裁判所に認容された損害額が1億円を超えるケースもある。そのため，司法書士が任意の賠償責任保険に加入することが求められる。なお，賠償責任保険に関し，次のような指摘があることも注意すべきである。

　「専門家賠償責任保険は，専門家の職務に対する緊張感を弛緩させ多くのミスを誘発するとされてきた。日本医師会の医師賠償責任保険が免責金額を100万円とし，一般に専門家責任保険においては比較的多額の免責金額や一定の縮小填補が定められていることに思いを致すべきである。」[12]

　また，デジタル技術が発展する状況において，情報漏洩に関しても司法書士に損害賠償責任が発生する可能性があり，依頼者保護のためにこれに備えて賠償保険への加入が求められる。

12）平沼直人「法律専門職の職業倫理と司法書士賠償責任保険」月報493号37頁

第42条（依頼者との紛議等）

（事件の終了後の措置）
第41条 司法書士は，受任した事件が終了したときは，遅滞なく，金銭の精算，物品の引渡し及び預かった書類等の返還をしなければならない。

1 趣 旨

　受任した事件が終了したときに，事件に関する金銭の精算，物品の引渡し及び預り書類等を遅滞なく返還することは，司法書士としての当然の義務である。

　「遅滞なく」としたのは，場合により精算あるいは引渡しについては，一定の期間を必要とすることもあり，その期間を考慮したものだが，依頼者が疑念を抱かないためにも速やかに処理を行わなければならない。

2 事件の終了

　事件が完全に終了した場合は当然であるが，事件が何らかの事情で長期間中断するような場合も，依頼者と十分に協議して状況によっては一旦精算しなければならないこともある。さらには協議した内容を事件記録に記載する等をして依頼者との紛議を防止すべきである。

（依頼者との紛議等）
第42条 司法書士は，依頼者との信頼関係を保持し紛議が生じないように努め，紛議が生じた場合には，協議により円満に解決するように努めなければならない。

1 趣 旨

　司法書士は，依頼者や他の司法書士との間で業務上における紛議が生じ

79

第3章　依頼者との関係における規律

た場合には，相手方の立場を理解し，誠意をもって当事者間で協議することにより，解決を図るよう努力すべきである。特に司法書士と依頼者との紛議は，司法書士に対する社会的信用を害する結果になりかねない。

2　紛議の処理

　司法書士が業務を行う上で，依頼者との信頼関係を維持することは欠かすことができない。依頼者との間で業務に関して紛議が生じたときは，慎重な対処が必要となる。なぜなら，その紛議が司法書士と依頼者との間で係争に発展すれば，当事者のみではなく，司法書士に対する社会的信用を害する結果を招くことにもなりかねないからである。司法書士は，依頼者との話合い等を通じ，自ら円満に解決するよう努め，信頼を回復するよう努めなければならない。

　司法書士は，当事者間の話合いで解決することができない場合，会則基準108条の規定に基づき設置されている紛議調停手続，裁判所の民事調停手続，裁判外紛争解決手続等により解決するように努めるべきであり，依頼者等との間の紛争の内容によっては訴訟手続により解決することも考えられる。いずれの方法による場合でも司法書士には，行為規範11条により秘密保持義務が課せられており，例外的に秘密を開示する場合であってもその必要がある限度にとどめなければならない。

第4章 不動産登記業務に関する規律

　第4章から第11章までは，司法書士の各業務に関する行動指針を定めている。

　本章は，不動産登記業務に関する規律を定めている。冒頭の条文（43条）で不動産登記業務における基本姿勢を「登記の真正担保」に据えた上で，続く条文（44条）では，これを果たす上で必要不可欠なものとしての「実体上の権利関係の把握」に関して規律がされている。次の，公平の確保（45条）及び登記手続の中止又は登記申請の取下げ（46条）の各条文は，いずれも複数の当事者が関わる登記業務における規律である。その後，補助者による立会の禁止（47条）の規律があり，最後に，近年増えつつある，複数の代理人が関与する登記手続（48条）に関する規律が置かれている。

> **（基本姿勢）**
> **第43条** 司法書士は，不動産登記業務を行うにあたり，登記の原因となる事実又は法律行為について調査及び確認をすることにより登記の真正を担保し，もって紛争の発生を予防する。

1 趣　旨

　不動産登記制度は，不動産に関する権利関係を公示すること，及びこれにより権利者の権利を保全するとともに不動産取引の安全と円滑に奉仕することをその役割としている。権利の実体と相違する登記がされたり，権利の実体の変動を登記すべきであるのに中間省略登記がされたりすることは，制度に対する国民の信頼を著しく損なうものであり，紛争を惹起し，

第4章　不動産登記業務に関する規律

ひいては国民の不動産に関する権利の実現を阻害するものともなり得る。

　司法書士は，その使命が国民の権利を擁護することにあることを自覚し，これまで「登記の専門家」として果たしてきた「登記の真正を担保する」という役割を今後も担っていかなければならない。

（実体上の権利関係の把握等）

第44条　司法書士は，不動産登記業務を受任した場合には，依頼者及びその代理人等が本人であること及びその意思の確認並びに目的物の確認等を通じて，実体上の権利関係を的確に把握しなければならない。

2　司法書士は，前項の確認を行った旨の記録を作成し，保管しなければならない。

1 趣　旨

　司法書士の執務として，従来から人，物及び意思の確認が強調されてきた経緯を踏まえて，実体上の権利関係を把握することの義務を明示したものである。

　不動産取引の安全と正当な権利の実現は，虚偽の登記の作出を防止し，真正な登記を担保することにより確保されるものである。司法書士は，不動産登記業務を受任した場合は，真正な登記がされるよう，「人及び意思並びに物の確認等」を通じて，実体上の権利関係を的確に把握しなければならない。

2 依頼者及びその代理人等

　「依頼者」及び「代理人等」の定義は，次のとおりである。[1]

---

1) 依頼者等の本人確認等に関する規程基準による定義（規程基準2条1号・2号）と同義である。

82

第45条（公平の確保）

「依頼者」：司法書士に対して事務の依頼をする自然人又は法人をいう。

「代理人等」：法定代理人，法人の代表者，法人の業務権限代行者，法人の代表者以外の役員，商業使用人，任意代理人又は使者等をいう。

なお，「代理人等（中略）の確認」には，代理人等の代理権限等を確認することが含まれているのは言うまでもない。

3 確認記録

「確認を行った旨の記録」とは，本人確認等の記録及び登記原因証明情報等の登記原因の有効性の確認を証する記録である。

（公平の確保）

第45条 司法書士は，不動産登記業務を受任した場合には，当事者間の情報の質及び量の格差に配慮するなどして，当事者間の公平を確保するように努めなければならない。

---

1 趣 旨

不動産登記業務における司法書士の執務実態は，登記権利者及び登記義務者双方又は複数の申請人からの委任によることが多く，中立的な役割を期待されている。そのような不動産登記業務を受任した場合における司法書士の執務姿勢として，当事者間の公平を確保することの努力義務を定めるものである。

2 当事者間の情報の質及び量の格差に配慮

本条の主眼は，「当事者間の公平を確保する」ことであるが，そのための方法の一つとして「当事者間の情報の質及び量の格差に配慮する」ことを掲げている。とりわけ，当事者間において，不動産登記に関する情報の「質」（登記の役割及び効果に関する正確な知識，登記がされない又は登記が遅れることのリスクの認識等）や「量」（過去の不動産取引や不動産登記の経験等）に格差が

第4章　不動産登記業務に関する規律

存在すると認められる場合，司法書士は，適切に説明し，又は助言するなどして一方の当事者の利益が不当に害されることのないよう配慮することが求められる。

　東京地判平9・5・30判時1633号102頁は，融資経験のない債権者から農地に対する抵当権設定登記手続の委任を受けた司法書士が，債務者からの指示により条件付所有権移転仮登記の手続を優先させた事例について，「委任者の一方又は双方から，登記申請手続に関し特定の事項について指示があった場合においても，その指示に合理的理由がなく，これに従うことにより，委任者の一方の利益が著しく害され，申請の原因たる契約等により当該委任者が意図した目的を達成することができない虞があることが明らかであるときは，司法書士は，当該委任者に対し，右指示事項に関する登記法上の効果を説明し，これに関する誤解がないことを確認する注意義務があると言うべきである。」と判示しているが，このような，当事者に対して説明をしたり確認をするといったことも，本条にいう，公平を確保するための措置の具体例であると考えられる。

> **（登記手続の中止又は登記申請の取下げ）**
> 第46条　司法書士は，当事者の一部から，不動産登記手続の中止又は不動産登記申請の取下げの申出を受けた場合においては，他の当事者の利益が害されることのないように当事者全員の意思を確認し，適切な措置をとらなければならない。

1　趣　旨

　本条は，前条の「公平の確保」の一環として，当事者の一方から不動産登記手続の中止や不動産登記申請の取下げの申出を受けた場合の対応について規定するものである。司法書士に既に認知されている規範として，「登記権利者及び登記義務者双方から登記手続の委任を受け，その手続に必要な書類の交付を受けた場合においては，登記手続の完了前に登記義務

第46条（登記手続の中止又は登記申請の取下げ）

者から書類の返還を求められても，登記権利者の同意等の特段の事情がない限り，それに応じてはならない」とするものがあるが，これを敷衍した上で明文化されたものである。

2 適切な措置

上記1で掲げた規範の根拠とされている最一小判昭53・7・10民集32巻5号868頁は，その理由として，登記義務者と司法書士の間の委任契約は，登記権利者と司法書士の間の委任契約と「相互に関連づけられ，前者は，登記権利者の利益をも目的としているというべきであり，（中略）このような場合には，登記義務者と司法書士との間の委任契約は，契約の性質上，民法651条1項の規定にもかかわらず，登記権利者の同意等特段の事情のない限り，解除することができないものと解するのが相当である。」と判示している。

このような考え方を踏まえ，司法書士は，当事者の一部から不動産登記手続の中止等の申出を受けた場合においても，当事者間に利害の対立が生じている可能性があることを的確に洞察し，他方当事者の利益が害されることのないよう当事者全員の意思を確認し，適切な措置をとらなければならないとされている。

「適切な措置」とは，まず，当事者間に何らかの誤解や認識の不一致等が認められる場合においては，当事者間の話合いを促したり，説明及び助言をしたりすることなどが考えられる。このような状況に応じた対応を経てもなお当事者間の意向が一致しないときには，司法書士は，次に，申出に従って不動産登記手続の中止等を行うか，あるいは委任契約に基づいて不動産登記手続を続行するかの対応を迫られることとなる。

この点について，仙台高判平9・3・31判タ953号198頁は，登記義務者が登記権利者とともに司法書士に登記手続を委任した場合において，登記義務者が単独で委任契約を解除することができる「特段の事情」（上記最高裁判決参照）とは，登記権利者の同意又はこれと同視できる事情がある場合に限られるものではなく，「当該委任契約の基になった登記原因たる契約の成否ないし効力に関して契約当事者間に争いがあって，登記を妨げる

85

第4章　不動産登記業務に関する規律

事由があるとの登記義務者の主張に合理性が認められ」，かつ，「司法書士としても登記義務者の主張に合理性があると判断するのに困難はないと認められるような事情がある場合」も含まれると解される旨を判示しており，司法書士が対応を決するにあたっての判断基準となり得るものである。

3　当事者全員の意思を確認

　本条は，登記手続の準備が整った後（登記申請までの間）に手続の中止を求められたり，登記を申請した後に申請の取下げを求められたりしたような場合を想定した規定である。いずれの場合も通常，短期間での出来事であり，その間に当事者と連絡が取れなくなってしまうことは通常の事案では考えられにくいことから，当事者「全員」の意思を確認することについての例外規定は置かれていない。

（補助者による立会の禁止）

第47条　司法書士は，不動産取引における立会を，補助者に行わせてはならない。

1　趣　旨

　本条は，不動産取引における立会を補助者に行わせることを禁止する規定である。

2　補助者による立会

　不動産取引における立会は，登記必要書類の審査のほか，人，物及び意思の確認をし，さらには代金支払の促しや代金受領の確知など取引の実体関係にも関与するものである。これらはまさに「専門家」たる司法書士自らによって行われるべきもので，補助者に委ねるということがあってはならない。

第48条（複数の代理人が関与する登記手続）

（複数の代理人が関与する登記手続）

第48条 司法書士は，複数の代理人が関与する不動産登記業務を受任した場合には，依頼者の依頼の趣旨を実現するために必要な範囲において他の代理人と連携するように努めなければならない。

1 趣　旨

　本条は，複数の代理人が関与する不動産登記業務において司法書士が他の代理人と連携することの努力義務を定めるものである。

2 複数の代理人が関与する不動産登記業務

　「複数の代理人が関与する不動産登記業務」とは，連件申請において前件と後件の代理人が異なる場合や，一件の申請で登記権利者と登記義務者がそれぞれ別々の代理人を選任する，いわゆる「分かれ」（「京都方式」と呼ばれることもある。）の場合を想定している。

　上記の登記業務においては，一方の代理人の業務遂行が他方の代理人の業務遂行に影響を及ぼす関係にあるのが通常である。代理人は，それぞれが担当する業務について職責を果たすことは当然のことであり，さらには，依頼者の権利を擁護し利益を実現するために，他の代理人と連携することが求められる。

3 他の代理人との連携

　「連携」とは，例えば，不動産の売買取引において，前件たる所有権移転登記申請の代理人司法書士Ａが，後件たる抵当権設定登記申請の代理人司法書士Ｂからの求めに応じて，前件の登記申請情報，添付情報その他関係資料を（当事者の同意を得た上で）提示し，司法書士Ｂがこれらの資料を確認する（その上で司法書士Ｂは金融機関に対し融資の実行を依頼する。）ことが考えられる。

　この場合，後件の司法書士Ｂは，どの程度の注意レベルで前件の司法書

87

第4章　不動産登記業務に関する規律

士Aの提示した書類を確認すればよいか。この点，参考裁判例である東京
高判令元・5・30判時2440号19頁では，後件の司法書士（B）は，「原則
として，前件の登記手続書類については前件の登記が受理される程度に
揃っているかといった形式的な調査確認をする義務を負うにとどまり，前
件の司法書士の態度等から，同人を信頼したのでは，前件の登記自体が完
了しない結果，後件の登記も完了しないことが具体的に予見できるような
事情がない限り，当該書類の真否を調査確認すべき義務を負わない」と判
示している。

第49条（基本姿勢）

第5章 商業・法人登記業務に関する規律

　本章は，商業・法人登記業務に関する規律を定めている。本章でも，冒頭の条文（49条）で商業・法人登記業務における基本姿勢—真正な登記の実現に努めること—が定められた上で，続く条文（50条）において，真正な登記の実現のために必要な執務姿勢としての「実体関係の把握」に関する規律が置かれており，この点は，第4章と同様の条文の配列となっている。また，昨今における企業のコンプライアンス意識の向上等も踏まえた条文として，法令遵守の助言（51条）の規律が置かれている。

（基本姿勢）
第49条　司法書士は，商業・法人登記業務を行うにあたり，登記原因及び添付書面等の調査及び確認をすることにより真正な登記の実現に努め，もって取引の安全と商業・法人登記制度の信頼の確保に寄与する。

1　趣　旨

　商業登記制度は，経済社会の重要な担い手である株式会社等に関して，その商号，本店，資本金の額，代表者等を公示することにより，その実体を明らかにし，取引の安全を図ることを主な目的とするものである。法人登記制度は，会社以外の法人に関する公示制度であるが，その目的は商業登記と何ら変わるところはない。
　このように商業・法人登記制度は，会社や法人（以下単に「法人」という。）に関する一定の事項を公示して取引の安全を図る制度であるとともに，法

89

第5章　商業・法人登記業務に関する規律

人の信用を維持する制度でもあるから，その登記は真正なものでなければ
ならない。

　司法書士は，故意又は過失による不実（真実に反する虚偽）の登記を防止
し，真正な登記の実現に努めることにより，国民の商業・法人登記に対す
る信頼度を向上させるという，「登記の専門家」としての職責を果たさな
ければならない。

2　登記原因の調査及び確認

　「登記原因」の「調査及び確認」とは，依頼者から聴き取った情報や依
頼者から提供された書類等に照らして，登記の事由が実体法上有効に生じ
ているどうかを調査・確認することなどである。間接的な情報・資料に基
づく調査・確認を想定しているため，例えば司法書士が株主総会や取締役
会に同席するといった直接的な確認までを求める趣旨ではない。

（実体関係の把握）
第50条　司法書士は，商業・法人登記業務を受任した場合には，会社
　若しくは法人の代表者又はこれに代わり依頼の任に当たっている者
　（以下「代表者等」という。）が本人であること，依頼の内容及び意
　思の確認をするとともに，議事録等の関係書類の確認をするなどし
　て，実体関係を把握するように努めなければならない。
2　司法書士は，議事録等の書類作成を受任した場合には，代表者等
　にその事実及び経過等を確認して作成しなければならない。

1　趣　旨

　真正な登記とは，すなわち，登記が実体に合致していることにほかなら
ない。よって，司法書士は，真正な登記を実現するために，実体関係を把
握するように努めなければならない。議事録等の書類の作成を依頼された
場合も，実体関係を確認して作成しなければならない。

90

第50条（実体関係の把握）

2 本条1項

　「実体関係の把握」に関する努力義務を定めたものであり，また，その具体的方法として「代表者等の本人確認，依頼内容及び意思の確認」，「議事録等の関係書類の確認」を例示したものである。

　登記手続の依頼に関し正当な権限を有する者から登記業務を受任すること（つまり，業務権限の確認及び本人であることの確認）は，不正又は不実な登記を防止するという観点において最も基本的な執務姿勢である。また，登記の申請にあたっては添付書面となる議事録等の記載内容を確認することが重要であることは言うまでもないが，それが依頼の趣旨と合致しているか，実体関係と符合しているかについても代表者等に確認すべきである。司法書士は，これらの確認等を通じて実体関係を把握するように努めなければならない。

3 依頼の任に当たっている者

　本条1項の「依頼の任に当たっている者」の文言は，犯罪収益移転防止法4条4項の「現に特定取引等の任に当たっている自然人」と同趣旨であり（ただし，行為規範では「代表者又はこれに代わり依頼の任に当たっている者」と規定していることから，「依頼の任に当たっている者」に代表者は含まれないということになる。），法人の代表者に代わって司法書士に登記手続を依頼している者をいう。

　現に依頼の任に当たっている自然人であれば，使者，履行補助者等も含まれるので，その任に当たる従業員，使用人等も該当する[1]。また，必ずしも法人内部の従業員等に限定されない[2]。

　当然のことながら，司法書士は，代表者が作成した業務権限証明書を取得するなどして，依頼の任に当たっている者が実際に登記手続の依頼に関し正当な業務権限を有していることを確認しなければならない。

---

1)「犯収法実務対応Q&A」Q2-3-2参照
2)「犯収法実務対応Q&A」Q2-3-11参照

第5章　商業・法人登記業務に関する規律

4 本条2項

　司法書士は，議事録等の書類作成を依頼された場合，議事の内容や結果等が正確に文書に反映されるように，代表者等に対し，総会等が適法な手続に基づいて開催されて決議されたかどうかなど，その事実及び経過を確認しなければならない。このことは，登記手続とともに議事録等の作成の依頼を受けた場合のみならず，議事録等の作成のみを受任した場合も同様である。

　本項は，議事録等の作成にあたりその事実関係の把握を目的として代表者等に確認を取る行為そのもの（例えば代表者へ聴き取りをすること）を義務付ける規定である。

（法令遵守の助言）

第51条　司法書士は，商業・法人登記業務を受任し，又はその相談に応じる場合には，会社及び法人の社会的責任の重要性を踏まえ，依頼者に対して，法令を遵守するように助言しなければならない。

---

1 趣　旨

　会社法をはじめとする法人関係法令は，経済社会の変動に伴って頻繁に改正が行われているため，司法書士は，依頼者又は相談者に対して正確かつ最新の情報（法情報）を的確に提供する必要がある。現代において法人が果たす社会的及び経済的役割の重要性を考えれば，法人が法令を誠実に遵守すること（いわゆるコンプライアンス）が「法人の社会的責任」を果たす基礎となるのであるから，司法書士は，実体法や手続法を遵守するよう助言しなければならない。

2 法令遵守の助言

　「法令遵守の助言」の具体的内容としては，次のようなことが考えられ

第51条（法令遵守の助言）

る[3]。

① 株主総会の開催手続や決議の方法について法令上瑕疵がないように説明助言すること。

② 登記手続に関連して行わなければならない公告，催告，通知等の事務について説明助言すること。

③ 登記すべき期日（期間）や登記懈怠による過料の制裁について説明助言すること。

④ 登記手続と隣接職能の専門領域（税務会計，行政庁の許認可手続等）が関連する場合，当該領域についても配慮し，必要に応じ隣接職能と連携するなどの対応をすること。

3）『注釈倫理』54頁参照

第6章　供託業務に関する規律

供託業務に関する規律

　本章は，供託業務に関する規律を定めている。供託業務（相談を含む。）は，供託そのものを目的として行われる場合よりも，登記業務や裁判業務といった他の業務に関連して行われる場合が多いという実情があり，これを踏まえて，基本姿勢（52条）と供託が関係する相談（53条）の二つの条文が置かれている。

> **（基本姿勢）**
> **第52条**　司法書士は，供託業務を行うにあたり，実体上の権利関係を的確に把握し，登記手続，裁判手続その他の関連する手続を踏まえて供託の目的を達成させる。

1　趣　旨

　供託制度は，地代・家賃の弁済や営業の保証等に利用されるなど，国民の日常的な経済生活と密接に関わっており，国民の権利擁護のために欠かすことのできない制度である。
　司法書士は，供託手続を適切に行うことはもとより，実体上の権利関係を的確に把握し，依頼の趣旨が実現（供託の目的が達成）されるように業務を行わなければならない。

2　関連する手続

　供託は，例えば，休眠担保権登記抹消における債務弁済供託は不動産登記手続，執行供託は裁判手続というように，関連する手続を踏まえて業務

94

第53条（供託が関係する相談）

を行うことが多い。したがって，関連する手続の要件等を十分に考慮して供託手続を行わなければならない。

> **（供託が関係する相談）**
> **第53条** 司法書士は，供託が関係する相談に応じる場合には，相談者が置かれている状況を的確に把握したうえで，供託手続の役割，内容及び方法について説明及び助言をしなければならない。

1 趣　旨

　相談者が抱える問題，紛争等は，供託により解決できる場合があるため，司法書士は，相談者の置かれている状況を的確に把握した上で，供託手続の役割，内容及び方法について説明及び助言しなければならない。

2 供託が関係する相談

　例えば，「家主が一方的に家賃の値上げを通告してきて，従前の賃料を提供しても受け取らないので困っている」と相談を受けた場合，当事者間で和解が整うまでは，家賃を供託する方法があることを説明する場面があると思われる。このように，法律相談や登記相談ということで始まった相談が，次第に供託の説明に発展したというような事例を想定して設けられたのが本条である。なお，当然のことながら，供託手続そのものについての相談も，本条の「供託が関係する相談」に含まれる。

95

第7章 裁判業務等に関する規律

裁判業務等に関する規律

　本章は，裁判業務に関する規律を定めている。冒頭で，裁判業務における基本姿勢（54条）を規定し，次に紛争解決における司法書士の役割（55条）について規定した。以下裁判書類作成関係業務（56条）及び簡裁訴訟代理等関係業務（57条）を受任した場合の規定を設けた後に，裁判業務を行うに当たり注意すべき事項（業務を行い得ない事件（58条），受任の諾否の通知（59条），法律扶助制度等の教示（60条），見込みがない事件の受任の禁止（61条），有利な結果の請け合い等の禁止（62条），偽証等のそそのかし等（63条），裁判手続の遅延（64条）及び相手方本人との直接交渉（65条））を規定している。

> **（基本姿勢）**
> 第54条　司法書士は，裁判の公正及び適正手続の実現に寄与する。

1 趣　旨

　本章の基本姿勢として，司法書士が，裁判の公正と適正手続の実現に寄与することを定めた条文である。
　司法が国民に信頼されるためには，裁判が公正でなければならないことは言うまでもないが，公正な裁判が実現されるためには，裁判の手続が適正でなければならない。司法書士は，自らの職務を公正に行うとともに，裁判の公正及び適正手続の実現に寄与する責務がある。

2 裁判の公正及び適正手続

　民事訴訟法2条は，裁判所及び当事者の責務を明らかにするため，「裁

判所は，民事訴訟が公正かつ迅速に行われるように努め，当事者は，信義に従い誠実に民事訴訟を追行しなければならない。」と規定している。これは，訴訟の運営を主宰する裁判所に訴訟が公正かつ迅速に行われるように配慮すべき努力義務を負わせた趣旨のものであると同時に，当事者には民事訴訟の追行における信義誠実義務を負わせたものである。

したがって，司法書士は，裁判所又は裁判官が具体的事件について行う判断が公正なものとなるように，それに至るまでの訴訟，審判，仮処分等の裁判手続において公正な裁判の実現に向けて努力をすべきである。

裁判が公正なものとなるためには，裁判の手続が適正でなければならない。適正手続とは，その裁判を行う手続において，当事者その他の関係人についての手続的保障が法令に定められた内容に従って履践されるとともに，実体的事実の発見が保障されるように運用がされることを指す。司法書士は，それぞれの裁判手続の段階と場面に応じ職責を果たすことを通じて，適正手続の実現に努めるべきである[1]。

> **（紛争解決における司法書士の役割）**
> 第55条　司法書士は，依頼者が抱える紛争について，正確な知識及び情報を提供し，最善の方法をもって業務を遂行することにより，依頼者の正当な権利の擁護及びその利益の実現に努めなければならない。

1 趣　旨

本条は，市民の身近な法律家として，依頼者が抱える紛争を解決するための司法書士の役割について規定したものである。司法書士は，依頼者から聴取等をした情報を基に，依頼者が抱える紛争に関する正確な知識及び情報を提供し，最善の方法をもって業務を遂行することにより，依頼者の正当な権利の擁護及びその利益の実現に努めなければならないことを規定

---

1) 『解説規程』206頁参照

第7章　裁判業務等に関する規律

している。

　具体的には，聴取等した情報に基づく事件の見通しや，処理の方法の選択肢（コストや処理に要する期間などを含む。）を示すなどして，依頼者に対して十分な説明と協議を行い，事件処理の方針を決定することが考えられる。

2　事案解明協力義務について

　旧司法書士倫理にあった「事案解明に協力する義務に基づき，」が削除された。事案解明に協力する義務について旧司法書士倫理では，「『事案解明に協力する義務』の根拠は，民事訴訟の目的が，真実の発見に努め，紛争を解決することによるものである。民事訴訟法2条は，『裁判所は，民事訴訟が公正かつ迅速に行われるように努め，当事者は，信義に従い誠実に民事訴訟を追行しなければならない。』と規定しており，同条の当事者のなかには簡裁訴訟代理権を行使する司法書士が含まれることは当然であり，裁判所に提出する書類を作成する司法書士も依頼者と一体となって訴訟書類を作成する者であるからここに含まれる。このことから，司法書士は，紛争の最終の解決機関たる裁判所に対し，『事案解明に協力する義務』を負う。」[2] とされていた。

　一方，似たような言葉で一部の民事訴訟法学者が用いている「事案解明義務」とは，公害訴訟や医療過誤訴訟等の証拠が偏在している訴訟において，証明責任を被告側に負わせるとの考え方であり，言葉は似ているが意味は異なる。

　このように，似たような言葉が異なる意味で使われており紛らわしいこと，また，「事案解明に協力する義務」は，行為規範54条の基本姿勢で述べられている裁判の公正及び適正手続に含まれると考えられることから，この文言は削除された。

---

2) 日本司法書士会連合会「『司法書士倫理』解説・事例集」59頁（2016）

第56条（裁判書類作成関係業務）

（裁判書類作成関係業務）

第56条 司法書士は，裁判書類作成関係業務を受任した場合には，依頼者との意思の疎通を十分に図り，事案の全容を把握するように努め，依頼者にその解決方法を説明するなどして，依頼者自らが訴訟等を追行できるように支援しなければならない。

1 趣　旨

　裁判書類作成関係業務は，司法書士の裁判業務における伝統的な中核業務で，かつ本人訴訟の支援者として評価され，それが司法書士の独自性として市民の身近な法律家と言われた所以のものである。

　本条は，司法書士が裁判書類作成関係業務を受任した場合，依頼者との意思の疎通を十分に図った上で，事案を高所から洞察し，事案の全容の把握に努め，専門家としての知識，経験，判例，学説等を踏まえて，最善な紛争解決策を提示して説明し，それによって，依頼者自らが訴訟等を追行できるよう支援しなければならないことを定めている。

　その際に，依頼者と司法書士との関係において避けなければならないのは「専門家支配」であり，そのためには，インフォームド・コンセントの徹底あるいは依頼者の自己決定権の尊重が重要である。

2 裁判書類作成関係業務

　裁判書類作成関係業務は，従来から本人訴訟支援を目的としていることから，そのことを明確にするため「依頼者自らが訴訟等を追行できるように支援しなければならない。」との文言が追加された。本人訴訟の支援のためには，本人が自律して訴訟活動を行うことができるよう，適宜適切な法的助言を行う必要がある。

　また，条文には記載していないが，裁判書類作成関係業務においても「法的に整序」しなければならないことは，司法書士として当然のことである。行為規範20条の「的確な法律判断に基づいて業務を行わなければな

99

第7章　裁判業務等に関する規律

らない。」や，本条で示されている「解決方法を説明するなどして」との
例示が「法的に整序」することを前提とするものであることから，条文に
は明示しないこととした。

> **（簡裁訴訟代理等関係業務）**
> 第57条　司法書士は，簡裁訴訟代理等関係業務を受任した場合には，
> 　代理人としての責務に基づき，依頼者の自己決定権を尊重して，業
> 　務を行わなければならない。

1 趣　旨

　本条は，簡裁訴訟代理等関係業務を受任した場合の規定である。依頼者
との意思の疎通を十分に図った上で，事案の全容の把握に努め，専門家と
しての知識，経験，判例，学説等を踏まえて，依頼者にとって最善の紛争
解決策を提示することは，裁判書類作成関係業務と同様であるが，さらに，
高度な専門家として，依頼者の主張を明らかにし，これを証拠によって証
明し，相手方の主張に反論する等して紛争を解決することにある。した
がって，専門的な知識と，これを駆使する技術が要求されることを明記す
るものである。

2 簡裁訴訟代理等関係業務

　訴訟代理権は，長期にわたり継続的に行使されるものである。その範囲
は相手方からの反訴に応じたり，保全手続の要否を判断し，必要であれば
それを代理したり，その他，攻撃防御は適切な時機にしなければならない
等，広範囲であることから代理人の責務に基づき，事件管理に十分な注意
を払う等をして業務を行わなければならない。

　裁判上の和解，調停又は裁判外の和解についての代理権も，訴訟代理権
と同じく長期にわたり継続的に行使されるものであるため，依頼者と事前
の打合せを十分に行うとともに，その条件等に齟齬が生じないように努め

100

第58条（業務を行い得ない事件）

なければならない。

　簡裁訴訟代理等関係業務においても避けなければならないのは「専門家
支配」であり，裁判や交渉の経緯等を依頼者に報告し，依頼者の自己決定
権を尊重して業務を行わなければならない。

（業務を行い得ない事件）

第58条　司法書士は，裁判業務（裁判書類作成関係業務及び簡裁訴訟
　　代理等関係業務をいう。以下同じ。）に係る次の事件については，
　　裁判業務を行ってはならない。ただし，第4号に掲げる事件につい
　　ては，受任している事件の依頼者が同意した場合は，この限りでな
　　い。

　(1)　相手方の依頼を受けて行った事件又は相手方から受任している
　　事件

　(2)　相手方の協議を受けて賛助し，又はその依頼を承諾した事件

　(3)　相手方の協議を受けた事件で，その協議の程度及び方法が信頼
　　関係に基づくと認められるもの

　(4)　受任している事件の相手方からの依頼による他の事件

　(5)　受任している事件の依頼者を相手方とする他の事件

　(6)　その他受任している事件の依頼者と利益相反する事件

　2　司法書士は，かつて司法書士法人の社員等（社員又は使用人司法
　　書士をいう。以下同じ。）であった場合は，裁判業務に係る次の事
　　件（自ら関与したものに限る。）については，裁判業務を行っては
　　ならない。

　(1)　社員等として業務に従事していた期間内に，当該司法書士法人
　　が相手方の依頼を受けて行った事件

　(2)　社員等として業務に従事していた期間内に，当該司法書士法人
　　が相手方の協議を受けて賛助し，又はその依頼を承諾した事件

　(3)　社員等として業務に従事していた期間内に，当該司法書士法人
　　が相手方の協議を受けた事件で，その協議の程度及び方法が信頼

101

第7章　裁判業務等に関する規律

関係に基づくと認められるもの

1　趣　旨

　本条は，司法書士法22条の趣旨を拡大させたものであり，行為規範25条
の特則規定である。行為規範25条は，司法書士の全ての業務について規定
したものであるが，本条は，司法書士の裁判業務について規定したもので
ある。

　司法書士が利益相反事件につき業務を行ってはならないとされることは，
依頼者に対する誠実義務から導き出されるもので，司法書士の基本的義務
の一つであり，司法書士法22条の趣旨は，依頼者の利益保護及び司法書士
の品位及び信用の保持にあるとされている[3]。

　本条1項は，個人の司法書士が裁判業務を行い得ない事件についての規
定であり，本条2項は，かつて司法書士法人に所属していた司法書士が，
独立して個人で開業した場合における裁判業務を行い得ない事件について
の規定である。さらに，本条1項は1号から3号までが同一事件（双方代
理型）を，4号から5号までは依頼者を相手方とする他の事件（依頼者保護
型）を対象としており，本条2項では同一事件（双方代理型）のみを対象と
している。

2　本条1項

(1)　相手方の依頼を受けて行った事件又は相手方から受任している事件
（1号）

　本号は，裁判業務を行った事件又は現に行っている事件についての規定
である。

　司法書士法22条2項1号では，相手方の依頼を受けて裁判書類作成関係
業務（相談業務を除く。）を行った事件について裁判書類作成関係業務を行

---

3) 『注釈法』245・250・251頁等参照

102

うことは禁止されているが，同条３項の簡裁訴訟代理等関係業務では業務を行った事件は明記されていない。立法担当者としては，簡裁訴訟代理等関係業務を受任した事件，又は受任している事件は，同条３項１号の「その依頼を承諾した事件」に含まれると考えたものと思われる。この点，本号と２号においては重複する場面が出てくると思われるが，行為規範では法の規定とは異なり，裁判書類作成関係業務と簡裁訴訟代理等関係業務を「裁判業務」と規定しているため，本号が裁判業務を行った事件又は現に行っている事件，２号はいまだ業務を行っていないが，協議を受けて賛助するか又は依頼を承諾した事件として区別することにした。

(2) 裁判書類作成関係業務における業務を行った事件又は現に行っている事件について（１号）

「弁護士が利害相反する両当事者の事件を受任して職務行為を行えば，双方代理として無権代理行為となる」[4]とされており，民法108条１項の規定により相手方から受任した事件について業務を行うことが禁止されると述べている。簡裁訴訟代理等関係業務においては前記『弁護士法概説』の解説どおりとなるが，裁判書類作成関係業務の場合は，書類作成のため代理とはならず，双方代理の禁止規定は及ばない。しかし，一方当事者のために書類作成業務を行った事件について，相手方のために裁判書類作成関係業務を行うことは先の依頼者の利益を損なうことになり，双方代理に類似した行為となるため，特に司法書士法で禁止されたものである。

また，裁判書類作成関係業務においては「依頼を承諾したものの取り扱わなかった事件は，簡裁訴訟代理等関係業務に関するもの（本条３項１号参照）と異なり，（（筆者注）業務を行った事件又は現に行っている事件には）含まれない」[5]と解されていることから，本号の意義は，裁判書類作成業務を行った事件又は現に行っている事件において，相手方のために裁判書類作成関係業務ができないことを確認する点にある。

---

4) 髙中正彦『弁護士法概説　第５版』123頁参照（三省堂，2020）
5) 『注釈法』249頁参照

第7章 裁判業務等に関する規律

(3) 相手方の協議を受けて賛助し，又はその依頼を承諾した事件（2号）

本号の「協議を受けて」とは，具体的事件の内容について，法律的な解釈や解決を求める相談を受けることをいう。「賛助し」とは，協議を受けた具体的事件について，相談者が希望する一定の結論又は利益を擁護するための具体的な見解を示したり，法的手段を教示し，又は助言したりすることをいう[6]とされている。

「依頼を承諾し」とは，事件を受任することの依頼に対する承諾をいい，協議を受けることの依頼を承諾しただけでは，これに当たらない[7]とされている。また，事件の受任の依頼を承諾した場合にはそれだけでこれに該当し，協議を受けることは必要としない[8]ともされている。

先に述べたとおり，司法書士が利害の相対立する両当事者の代理人となって行う行為は，双方代理となって無効である（民108条1項）。本号で禁止しているのは，双方代理に至らない場合であっても一方当事者の協議を受けて賛助したり，事件依頼を承諾したりした場合に，相手方のために業務を行うことは双方代理に類似した行為として，先の依頼者の利益を損なうことを明らかにしたものである。

本号の場合も，先行事件につき裁判書類作成関係業務と簡裁訴訟代理等関係業務を区別していない。したがって，裁判書類作成関係業務について相談を受けて法的手段を教示し，あるいは助言をしたり，依頼を承諾したりした場合には，その相手方（新たな依頼者）のために裁判業務を行い得ない。

また，先行業務は現在進行中の事件に限定されず，過去に相手方の協議を受けて賛助し，又はその依頼を承諾した事件であっても，協議の対象として関連性があり，事件として同一であれば，後発事件の受任は禁止される。

(4) 相手方の協議を受けた事件で，その協議の程度及び方法が信頼関係に基づくと認められるもの（3号）

本号の「協議を受けた」についての意義は，前号と同じである。

---

6) 『注釈法』258頁参照
7) 『注釈法』258頁参照
8) 『解説規程』80頁参照

第58条（業務を行い得ない事件）

「協議の程度及び方法が信頼関係に基づくと認められるもの」という場合の「協議の程度」とは，協議の内容，深さに着目するものであり，「協議の方法」とは，例えば，回数，時間，場所，資料の有無等の協議の態様に着目するものである。「信頼関係に基づくと認められるもの」とは，協議の程度と方法を全体として見たときに，「依頼を承諾した」場合と同程度の強い信頼関係に基づくものと判断されるような場合をいう[9]とされている。

例えば，偶然出会って立ち話をしたような場合には，協議の程度や方法は浅いといえ，本号には該当しないが，まとまった時間を取り資料を見ながら何回か協議を行ったような場合には，「賛助」していなくても，本号の「信頼関係に基づくと認められるもの」に該当する場合があると考えられる。

本号の場合も，前2号と同じく先行事件につき裁判書類作成関係業務と簡裁訴訟代理等関係業務を区別しておらず，過去の事件も対象となる。

(5) 受任している事件の相手方からの依頼による他の事件（4号）

司法書士法22条3項3号及び4項は，認定司法書士は，「簡裁訴訟代理等関係業務に関するものとして受任している事件の相手方からの依頼による他の事件」については，裁判業務を行い得ないと規定しているが，本号では，全ての司法書士を対象とし，先行業務，受任が禁止される業務ともに裁判書類作成関係業務であるか簡裁訴訟代理等関係業務であるかを問わない。

「依頼による他の事件」には，受任している事件の相手方からの他の事件の相手方が，受任している事件の依頼者である場合のみならず，それ以外の者である場合も含まれる[10]。また，「他の事件」とは，現に受任している事件以外の事件であり，過去において受任し，既に終了している事件を含まない[11]。したがって，事件として完了した場合には，その事件の相手方から他の事件を受任することは可能である。また，事件の種類について

9）『注釈法』258・259頁参照
10）『注釈法』259頁参照
11）最二小判昭40・4・2民集19巻3号539頁参照

105

第7章　裁判業務等に関する規律

制限はないが，本号により禁止される業務は裁判業務である。なお，対象の事件が現に受任している事件そのものであるときは，1号に該当する。

本号の場合は，依頼者の利益の保護の要請が強いと考えられるので，受任中の事件の依頼者の同意があれば相手方からの依頼による他の事件であっても受任できる（行為規範58条1項ただし書）。同意は，事前に得ておく必要があるし，書面化することも求められよう。しかし，訴訟は常に動くものであり，人間の感情も刻々変化することを考えれば，たとえ依頼者の同意を得られたとしても，相手方からの裁判業務の受任は避けることが望ましいと言える。

(6)　受任している事件の依頼者を相手方とする他の事件（5号）

本号は，司法書士法には規定されていない。しかし，司法書士法22条3項3号は，受任している事件の相手方からの依頼による他の事件の受任を，受任事件の依頼者の同意がない場合について禁止しており，この規定の趣旨は，前述したように依頼者の利益の保護及び司法書士の品位と信用を保持させることである。そうである以上，依頼者本人を相手方とする他の事件の受任行為が認められるとすれば，同号に規定する場合と同様に依頼者の利益の保護に欠けることは無論，司法書士の品位と信用を著しく傷つけることになると言わざるを得ない。したがって，依頼者を相手方とする他の事件を受任できないことは，職業倫理上要請されるものである。

「事件の依頼者を相手方とする他の事件」とは，例えばAB間の貸金返還請求事件において，Aから裁判書類作成関係業務又は簡裁訴訟代理等関係業務を受任している場合で，B以外の第三者からAを相手方とする別個の事件について裁判業務を行う場合を指す。

本号も，「現に受任中の事件」についての禁止規定であるから，既に完結した事件の依頼者であった者を相手方とする事件を受任することは制限されない。しかし，この場合でも，かつての依頼者を相手方とすることであるから，既に受任した事件により知り得た秘密について保持義務違反を来さぬよう十分注意をする必要があり，秘密保持義務違反を招くおそれがある場合には，事件の受任はすべきでないことは言うまでもない。

旧司法書士倫理では，本号の場合においても依頼者の利益の保護の要請

第58条（業務を行い得ない事件）

が強いと考えられるので，受任中の依頼者の同意があれば受任できる（旧倫理61条ただし書）としていたが，ある事件では依頼者の味方となり，別の事件で同じ依頼者を相手方とすることは，実務上は依頼者の同意があったとしても業務を行うことは難しいと考えられる。また，依頼者の心情も時間の経過とともに変化することも考えられるので，行為規範では依頼者の同意があっても本号の場合は裁判業務を行うことができないものとした。

(7) **その他受任している事件の依頼者と利益相反する事件**（6号）

本号は，現に受任している事件と利益相反する事件についての裁判業務を禁止するものである。本項の1号から5号までは，利益相反又はそれにつながる行為を例示したものであり，本号は，この例示以外をひとまとめにしたその他利益相反する事件という意味である。したがって，1号から5号までに該当しなくても，本号に該当して裁判業務を行い得ない場合もあり得る。この意味で様々な場合が想定され，本項の4号の事件のように，依頼者の同意があれば受任することができる事件もあると思われるが，場合分けが複雑にならざるを得ないので本号の事件についても依頼者の同意があっても受任できないとした。

「利益相反する事件」とは，法令上の利益相反関係及び法律上の利害対立だけでなく，「社会生活における事実上の利害対立を生ずるおそれのある場合を広く包含する」ものと解される。

3 本条2項

本項は，かつて社員又は使用人司法書士（以下「社員等」という。）として司法書士法人に所属していたが，現在は独立して個人で業務を行っている司法書士が裁判業務を行い得ない事件についての新設規定である。

(1) **対象となる司法書士**

本項の趣旨は，司法書士法22条2項2号と同様であり，司法書士が個人として同一事件につき利益相反回避義務を負うのみならず，司法書士法人の社員等として自ら関与して裁判業務を行った事件についても，司法書士法人を脱退した後に相手方のために同一事件について裁判業務を行うことは，「依頼者の利益を害し，司法書士の品位又は信用を害するおそれがあ

107

第7章　裁判業務等に関する規律

る」[12] ためである。

　なお，『注釈法』では，「関与後に司法書士法人に所属している場合のみ
ならず，当該司法書士法人を脱退した場合やその後別の司法書士法人に所
属することになった場合にも及ぶ」[13] とされているが，本項は，司法書士
法人を脱退し個人で開業している司法書士を対象としている。司法書士法
人に所属している場合や別の司法書士法人に移籍した場合については，行
為規範92条で規制している。

(2)　対象となる事件

　本項の対象となる事件は，司法書士法人の社員等であった場合に「自ら
関与した事件」である。したがって，事件自体については司法書士法人が
受任し，その業務を担当した事件又はその補助にあたった事件が本項の対
象となる事件となり，使用人司法書士が個人で受任した事件については行
為規範58条１項の適用を受けることになる。

　また，本項は，同一事件（双方代理型）の受任を禁止するものであり，受
任している事件の相手方からの依頼による事件や，依頼者を相手方とする
他の事件（依頼者保護型）を対象としていない。これは，依頼者保護型の事
件の受任禁止は，現に受任している事件がある場合に要請されるが，本項
で対象となる司法書士は，既に司法書士法人を離脱しており，現に受任し
て自ら関与している事件がないためである。

（受任の諾否の通知）

第59条　司法書士は，簡裁訴訟代理等関係業務の依頼に対し，その諾
　否を速やかに通知しなければならない。

---

12)『注釈法』250・251頁参照
13)『注釈法』262頁参照

108

第60条（法律扶助制度等の教示）

1 趣 旨

　本条は，簡裁訴訟代理等関係業務の依頼に対して，受任するかどうかの諾否を依頼者に対して速やかに通知することを規定している。

　司法書士法21条は，「司法書士は，正当な事由がある場合でなければ依頼（簡裁訴訟代理等関係業務に関するものを除く。）を拒むことはできない。」と定めている。したがって，裁判書類作成関係業務にあっては，正当な事由がある場合でなければ依頼を拒むことはできないが，簡裁訴訟代理等関係業務には受任義務がない。

　しかし，簡裁訴訟代理等関係業務について受任の申込みを受けたときは，その諾否を速やかに通知しなければならない。これは，事件によっては早急に対処，処理をしなければ取り返しのつかない結果を招き，依頼者に不測の危険や損害を与えることになるからである。依頼を承諾しない場合は，速やかにその旨を通知して，依頼者が他の司法書士や弁護士に依頼する等の機会を奪わないようにしなければならないとするものである。

　また，裁判業務にあっては，「受任事件を中途解約するときも速やかな通知を要する。」[14]とされている。

2 諾否の通知

　諾否の通知の方法は書面に限定されてはいないが，依頼者に確実にその諾否を伝えられる方法によらなければならない。また，依頼の諾否のみを通知すればよく，その理由は含まれない。

（法律扶助制度等の教示）

第60条　司法書士は，依頼者に対し，事案に応じて法律扶助制度又は訴訟救助制度を教示するなどして，依頼者の裁判を受ける権利が実現されるように努めなければならない。

14）『注釈弁護士倫理』69頁

第7章　裁判業務等に関する規律

1 趣　旨

　司法書士は，国民の権利を擁護し，もって自由かつ公正な社会の形成に
寄与することが使命とされている。

　本条は，司法書士が，裁判を受けるために必要な費用報酬を負担する資
力に欠ける者に対しても，法律扶助制度や訴訟救助制度を教示することに
よって，これらの者の裁判を受ける権利が保障されるよう努めるべきこと
を定めたものである。

2 法律扶助制度等の教示

　法律扶助制度と訴訟救助制度は，資力の乏しい者の権利保護のための制
度の例示である。民事法律扶助については，日本司法支援センター（法テ
ラス）が，法律扶助協会が実施してきた事業を引き継いでおり，法律相談
援助や司法書士の費用（「代理援助」,「書類作成援助」）の立替えを行うことが
明定されている。このため，条文では努力規定になっているが，資力に乏
しい依頼者が，援助の要件に合致する限り，法律扶助制度についての教示
を行うことは，司法書士の義務であると言える。

　したがって，「資力に欠ける依頼希望者に対しては，法律扶助制度や訴
訟救助制度の内容を説明し，可能な限り，それらを利用するように勧める
べきであって，支払能力の不足を理由とする単純な受任拒絶は，本条の趣
旨に沿う態度とはいえない。」[15)]とされている。

> **（見込みがない事件の受任の禁止）**
> 第61条　司法書士は，依頼者が期待するような結果を得る見込みがな
> 　　いことが明らかであるのに，あたかもその見込みがあるかのように
> 　　装って事件を誘発し，受任してはならない。

---

15)『解説規程』114頁

第61条（見込みがない事件の受任の禁止）

1 趣　旨

　本条は，司法書士の判断によれば，依頼者の期待するような成果を得る見込みがないことが明らかであるのに，受任を目的としてあたかもその成果を得る見込みがあるかのように装って事件を引き受けるような行為を禁止するものである。

　司法書士は，依頼者から事件に関して相談を受け，あるいは受任の依頼の申込みを受けたときは，事実上及び法律上の問題点を具体的に検討し，最も依頼者の利益となる手段及び方法について率直な意見を述べなければならないが，本条は，いわゆる不当誘致になるような行為を禁止するものである。

2 見込みがない事件

　本条にいう「見込みがない事件」とは，例えば，判例，学説等から勝訴の見込みがないのに，勝訴の見込みがあるとして受託する事件や，明渡請求の正当事由がないのにこれをねつ造し，相手方を単に苦しめる目的のために訴訟を提起する行為をいう[16]。

　「見込みがあるかのように装って」とは，「『依頼者の期待するような結果を得る見込みがない』ことが客観的に認められ，」かつ，司法書士自身も「そのような見込みがないことについての主観的認識を有していながら，この主観的認識を依頼者に事前告知していない」場合である。したがって，司法書士の合理的な判断水準に照らして，当該司法書士が「依頼者の期待するような結果を得る見込みがない」ことの主観的認識を有していなかったときは，一般的には本条違反が問題とされることはないとも考えられる。

　また，敗訴の見込みが高いと思われる事件を，結果の見通しについては何も言わず黙って受任し，又は最後までやってみなければ結果は予測できないなどと申し向け，藁にもすがりたい気持ちになっている依頼者の気持ちを引きつけた上で受任し，又は受任し続けることは，事件の不当受任や

16）『注釈弁護士倫理』71頁参照

111

第7章　裁判業務等に関する規律

依頼者に対する説明義務違反にもとる結果を招くことがあるから注意を要する。[17]

（有利な結果の請け合い等の禁止）

第62条　司法書士は，受任した事件について，依頼者に有利な結果を
請け合い，又は保証してはならない。

---

1 趣　旨

　本条は，司法書士が，依頼者に有利な結果の実現を保証して職務を行うべきでないことを明らかにするものである。司法書士がこのような倫理を自覚することによって，依頼者からの独立の立場を危うくしたり，不公正な職務への誘惑を生じたりしないようにし，司法書士の独立性と職務の公正を保持すると同時に，これにより，仮に依頼者において意図した結果が実現しない場合であっても，司法書士と依頼者間に紛議を招来させることがないように未然に防止しようとするものである。

2 有利な結果の請け合い又は保証

　有利な結果を請け合い，又は保証することは禁じられるが，司法書士が，「依頼者に対し，勝訴の可能性が高いなどと事件の結果について予測した意見を告知することは許される。このことは，直ちには有利な結果を請け合ったり，保証したりすることを意味するものではない。しかし，予見意見の告知が，依頼者に誤解を生ぜしめないように十分な説明が必要」[18] である。

　また，本条は，司法書士に対し「依頼者に有利な結果を実現すべき努力義務を免除するものではない。」[19] とされている。

---

17) 『解説規程』107・108頁
18) 『解説規程』107頁参照
19) 『解説規程』107頁参照

第63条（偽証等のそそのかし等）

（偽証等のそそのかし等）

第63条 司法書士は，偽証又は虚偽の陳述をそそのかしてはならない。

2 司法書士は，虚偽と知りながらその証拠を提出し，又は提出させてはならない。

1 趣 旨

　本条は，行為規範3条に定める誠実義務，及び同54条に定める公正な裁判の実現に努力する義務を，証拠の提出等について具体的に規定したものである。

　当事者が虚偽の陳述をし，又は証人が真実に反する証言をすることは，裁判における事実認定を歪め，裁判の公正を害する。司法書士として，偽証若しくは虚偽の陳述をそそのかすこと，証拠をねつ造すること，虚偽の証拠を提出すること，あるいは事件の当事者が虚偽の証拠を提出することを知っていながら黙認すること等は断じて行ってはならない。また，偽証教唆等の疑いを受ける言動を慎むことも当然のことである。

2 偽証又は虚偽の陳述をそそのかす

　「偽証又は虚偽の陳述をそそのかす」とは，司法書士が，証人又は本人に対し，虚偽であると知りながら当該虚偽の証言を行うことを教唆するような言動を行うことである。司法書士が，想定される質問と回答を全て作成し，証人らの記憶の如何にかかわらず，これを記憶させそのまま証言するよう指導することは，これに当たる可能性がある。

　また，反対尋問対策として，想定される質問と回答を司法書士が全て用意し，証人の記憶に反してもそのとおり証言をさせたり，記憶のない部分について証言内容を一方的に指示する等，証人や本人の記憶を強引に誘導したりすることのないよう留意すべきである[20]。

---

20) 『解説規程』208頁参照

113

第7章　裁判業務等に関する規律

3 虚偽の証拠の提出

　「虚偽と知りながらその証拠を提出し，又は提出させてはならない」とは，司法書士が，当該証拠が虚偽であることを知っている場合に，裁判の証拠として提出することを禁じたものである。ここでの「虚偽」とは，客観的事実に反することをいう。司法書士が，当該証拠を主観的に虚偽と思っていても，客観的事実に合致していた場合は本条違反とはならない。[21]

（裁判手続の遅延）

第64条　司法書士は，不当な目的のために又は職務上の怠慢により，裁判手続を遅延させてはならない。

---

1 趣　旨

　本条は，司法書士が不当な目的のために裁判手続を遅延させること，及び職務上の怠慢により裁判手続を遅延させることを禁止する規定であり，行為規範54条に定める基本姿勢の要求から当然のことを規定したものである。

　裁判が公正かつ迅速に行われるべきことは，司法に対する基本的な要請であり，この要請に応えることは，司法書士の責務と言うべきである。[22]

2 遅延行為

　本条にいう「不当な目的のために裁判手続を遅延させる」行為とは，例えば以下の行為をいう。

　①　訴えを提起したが口頭弁論において必要な主張，立証活動を行わず，また口頭弁論期日に欠席したり，訴訟手続が休止となるや期日の指定

21）『解説規程』209頁参照
22）『解説規程』209頁参照

114

第65条（相手方本人との直接交渉等）

の申立てをしたりする等の行為

② 2，3年商売を続けたいので，あるいは立ち退き先が見つかるまで，その間訴訟を引き延ばしてくれと依頼された事件を受任する行為[23]

③ 相手方の苦痛を長引かせることのみを目的として，裁判手続の遅延を策する行為

④ 相手方を精神的に困惑させ，又は相手方を経済的に追い込み，それに乗じて不当に自分に有利な解決策を図る意図で裁判手続の遅延を策する行為

⑤ 依頼者から受ける司法書士報酬等の額を多くする目的のもとに，裁判手続の遅延を策する行為（特に，報酬額が出廷回数に応ずる約定になっている場合）

一方，次のような場合には不当な目的とは言えないであろう。

① 複雑な事案において，多数の人証又は多数の書証の取調べを申請し，長文の準備書面を提出すること。

② 自分の側の応答ができる条件が整うまで相手方に対して返答の延期を求めること（例えば，支払方法や明渡時期をめぐる和解交渉など。ただし，そのような場合は相手方に対して事情を説明しておくべきであろう。）[24]。

（相手方本人との直接交渉等）

第65条 司法書士は，受任している事件に関し，相手方に法令上の資格がある代理人がいる場合は，特別の事情がない限り，その代理人の了承を得ないで相手方本人と直接交渉してはならない。

2 司法書士は，受任している事件に関し，相手方に法令上の資格がある代理人がいない場合において，相手方が代理人の役割について誤解しているときは，その誤解に乗じて相手方を不当に不利益に陥れてはならない。

23）『注釈倫理』73頁参照
24）『解説規程』211頁参照

115

第7章　裁判業務等に関する規律

1 趣　旨

　本条1項では，紛争の相手方当事者が，事件の解決を法令上の資格を有する代理人に委任した場合には，司法書士は，その趣旨を踏まえて原則として相手方の代理人と交渉すべきであり，相手方本人と直接交渉をしてはならないことを規定している。

　本条2項では，相手方に法令上の資格がある代理人がいない場合において，相手方が代理人である司法書士の役割を誤解している場合，そのことに乗じて相手方を不当に不利益に陥れてはならないことを規定している。

　紛争の当事者がその解決を司法書士に委任するのは，法律実務の専門家である司法書士の能力にそれを委ねて，妥当な解決を図るためである。司法書士は，常に品位を保持し，公正かつ誠実に業務を行わなければならず（法2条），相手方の誤解に乗じるなどして，相手方を不当に不利益に陥れるような方法で依頼者からの事件を解決することは，司法書士の社会的信頼を失墜させることとなる。

2 本条1項

　相手方に法令上の資格を有する代理人がある場合，司法書士が，その代理人に無断で，直接相手方本人と交渉することは，相手方が代理人を選任した意味を失わせるとともに，相手方を不利益に陥れるおそれが大きく，公正の精神に反する行為である。したがって，相手方に代理人があるときは，特別の事情がない限り，その代理人の了承を得ないで相手方本人と直接交渉してはならない。

　法令上の資格を有する代理人とは，司法書士のほか，事件の内容により弁護士，外国法事務弁護士，弁理士等一定の範囲で業として代理人として交渉することが法令上認められている者がこれに当たる。したがって，民法上の代理人（親権者や法定後見人等）がいる場合の関係は，本条の規定するところではない。

　なお，相手方との直接交渉が許される「特別な事情」について，田中紘

第65条（相手方本人との直接交渉等）

三弁護士は次のような場合であると説明している[25]。

① 訴訟の遅延を回避するために相手方代理人が同意している場合，又はその同意を拒否しないと予測できる合理的な理由があるとき。

② 受任事件の範囲に属さない事項に関する場合

③ 相手方に代理人がいると聞かされていても，その代理人との直接の接触関係が確認できない場合

④ 緊急性のある交渉事項であって，相手方代理人との連絡方法が相手方本人に問い合わせても判明せず，その判明を待つ暇がない場合において，一種の緊急避難といえる事情があるとき（ただし，後日相手方代理人の追認を受ける必要がある。）。

3 本条2項

本条2項は，相手方に法令上の資格を有する代理人がいないときは，相手方が，代理人である司法書士の役割を中立的であると誤解して，司法書士が提示する和解案等を，自己に対して不当に不利なものであると知らずに受け入れることがないよう規定するものである。

本項にいう「誤解に乗じて」とは，相手方が代理人である司法書士の役割を知らず，又は公正中立であると誤解しており，司法書士もそのことを知っている，ということである。このような場合，司法書士は，自分が公平な立場で関わる者であるがごとく称したり，装ったりして，その誤解に乗じて相手方を不当に不利益に陥れてはならないことは言うまでもない。

なお，司法書士が，自らの依頼者の正当な利益を最大化することは職務上の要請であり，法令や判例の趣旨に鑑みて妥当な範囲内で依頼者の正当な利益を最大化することは，相手方が司法書士の役割について誤解している場合でも本条に違反するものではない。

しかし，相手方本人が誤解をしている場合に相手方本人と直接交渉をして，不当に相手方を不利益に陥れなかったとしても，後に相手方が，依頼者側の代理人である司法書士の役割を知った場合には，自分は騙されたの

---

25) 田中紘三『弁護士の役割と倫理』355頁（商事法務，2004）

117

第7章　裁判業務等に関する規律

ではないかと疑心暗鬼を生じたりして，苦情の申出やトラブルに発展することも考えられる。したがって，司法書士は，相手方が自分の役割を知らず，又は誤解していることを知ったときは，自分は依頼者側の代理人である旨や役割を説明し，相手方に対して専門家に相談するよう勧めるなどして，その誤解などを解消するように努めなければならない。

第66条（審査請求手続）

第8章 司法書士法第3条に定めるその他の業務に関する規律

　本章は，司法書士行為規範第4章から第7章までに定められている業務以外の業務で，司法書士法第3条に定める業務に関する規律を定めている。

　具体的には，66条で審査請求手続（法3条1項3号）についての規律が，67条で国籍に関する書類の作成（法3条1項2号）についての規律が，68条で検察庁に提出する書類の作成（法3条1項4号）についての規律が，それぞれ定められている。

> **（審査請求手続）**
> **第66条**　司法書士は，審査請求手続を受任した場合には，審査請求の意義を依頼者に説明し，依頼者の権利が実現されるように努めなければならない。

1　趣　旨

　審査請求は，登記官の不当な処分の是正を求める行政上の救済であり，不動産登記法（156条～158条）及び商業登記法（142条～147条）には，行政不服審査法の特則が設けられている。

　司法書士は，登記・供託に関する審査請求手続について代理することができ（法3条1項3号），審査請求手続を受任した場合には，審査請求の意義を依頼者に説明し，依頼者の権利が実現されるように努めなければならないとしたものである。

119

第8章　司法書士法第3条に定めるその他の業務に関する規律

2　審査請求

不動産登記法156条1項及び商業登記法142条は，「登記官の処分に不服がある者又は登記官の不作為に係る処分を申請した者は，当該登記官を監督する法務局又は地方法務局の長に審査請求をすることができる。」と定めている。

司法書士は，審査請求手続を受任した場合には，審査請求の意義（登記官の処分のどこが問題か，審査請求をしてどのように変わる可能性があるかなど）を依頼者に説明し，依頼者の権利が実現されるように努めなければならない。

> **（国籍に関する書類の作成）**
> **第67条**　司法書士は，国籍に関する書類の作成を受任した場合には，その要件等を依頼者に説明及び助言をし，依頼者や関係者のプライバシー等の人権に配慮して，業務を行うように努めなければならない。

1　趣　旨

帰化等の国籍に関する書類の作成については，手続の要件等が厳しい場合もあり，提出しなければならない書類も多岐にわたることから，その要件等を依頼者に説明及び助言をし，また，依頼者の生活等に関する情報を聴取することが不可欠であることから，依頼者や関係者のプライバシーや，その人権に配慮して，業務を行うように努めなければならないとしたものである。

2　説明・助言及び人権への配慮

国籍に関する書類の作成は，いずれも依頼者の人生に大きな影響を与える事柄である。手続の要件等が厳しい場合もあり，提出しなければならない書類も多岐にわたる。そのため，依頼者へその要件等の十分な説明及び

120

第68条（検察庁に提出する書類の作成）

助言が必要である。例えば，帰化手続については，帰化の条件が国籍法5条1項に定められているが，これらの条件を満たしていたとしても必ず帰化が許可されるとは限らないことから，それらの説明及び助言が求められる。

また，依頼者の親族の状況，生計の状況等を具体的な書面として作成することがあるほか，依頼者の思想や素行についても知ることがあるため，依頼者及び関係者の人権，特にプライバシーの保護に配慮して，業務を行うように努めなければならない。

> **（検察庁に提出する書類の作成）**
> 第68条　司法書士は，検察庁に提出する書類の作成を受任した場合には，関係者の人権に配慮して，正義の実現に努めなければならない。

1 趣　旨

検察庁に提出する書類の作成は，司法書士の業務であり，告訴状，告発状等の作成がこれに該当する。これらの書類の作成にあたり，司法書士は，依頼者のみならず関係者の人権にも配慮した上で，社会正義の実現に努めなければならないとしたものである。

2 書類の作成

検察庁に提出する書類としては，告訴状・告発状（検察審査会に提出する審査申立書もこれに含まれると解されている。）のほかに，刑事確定記録の閲覧請求書，刑の軽重に関する上申書・嘆願書，被害回復給付金支給申請書等が考えられるが，告訴状・告発状が主であると思われる。

これら書類の作成にあたっては，依頼者の主張や希望についてはこれをできる限り尊重すべきであるが，他方，依頼者の主張や希望が不当なものである場合には，依頼者にその主張や希望が不当である理由を説明し，客観的真実に反する告訴又は告発を行えば，虚偽告訴等罪（刑172条）等によ

121

第8章　司法書士法第3条に定めるその他の業務に関する規律

り刑事責任を問われたり，損害賠償請求により民事責任を問われたりする可能性があることを説明するなど，依頼者が適切な手続を選択できるよう努めなければならない。

第9章 成年後見業務等に関する規律

　本章は，法定後見業務のほか，任意後見業務，成年後見人等の監督業務及び相談業務を対象とした成年後見業務等に関する規律を定めている。

　条文の配列としては，本章の冒頭で成年後見業務等の全体を規律する基本姿勢（69条）を規定し，以下，相談業務（70条），書類作成業務（71条），任意後見契約の締結等に関する業務（72条）を規定した上で，最後に成年後見人等の就任後を想定した支援者等との連携（73条）について規定することで，成年後見業務等の一連の流れを想定した配列となっている。なお，本章における「本人」の定義は，各条文中の文脈に委ねるものとしている。

> **（基本姿勢）**
> **第69条** 　司法書士は，成年後見業務等を行う場合には，本人の意思を尊重し，その心身の状態並びに生活及び財産の状況（以下「心身の状態等」という。）に配慮する。

1　趣　旨

　本条は，民法858条，任意後見契約に関する法律6条等を参考にした規定であるが，本人の財産の状況により，本人がとり得る選択肢や将来の人生設計等も変わることから，本人の財産の状況についても配慮することを基本姿勢として定めている。

2　本人の意思の尊重

　「本人の意思を尊重」するとは，本人の真意を探り，その表明を支援す

る行為を含めた概念として規定している。したがって，成年後見人等（保佐人，補助人及び任意後見人を含む。以下同じ。）には，本人が忌憚なく意思を表明できるよう本人との関係づくりが肝要となるが，そのためには，本人を非難することや，自身の価値観を本人に押し付けるなど，本人の意思表明や感情表現を阻害することのないよう注意が必要となる（以下の「社会福祉士の行動規範」Ⅰ-3及びⅣ-8を参照）。

このことは，成年後見人等が本人の法律行為を代理する場合も同様であり，第二期「成年後見制度利用基本計画」（令和4年3月25日閣議決定）では，「法律行為の内容に本人の意思及び選好（本人による意思決定の土台となる本人の生活上の好き嫌いをいう。以下同じ。）や価値観を適切に反映させる必要がある。」（11頁）とされているところである。

「社会福祉士の行動規範」（2021年3月20日採択）抜粋

Ⅰ．クライエントに対する倫理責任
　3．受　容
　　社会福祉士は，クライエントに対する先入観や偏見を排し，クライエントをあるがままに受容しなければならない。
　　3-1　社会福祉士は，クライエントを尊重し，あるがままに受け止めなければならない。
　　3-2　社会福祉士は，自身の価値観や社会的規範によってクライエントを非難・審判することがあってはならない。
Ⅳ　専門職としての倫理責任
　8．自己管理
　　社会福祉士は，自らが個人的・社会的な困難に直面する可能性があることを自覚し，日頃から心身の健康の増進に努めなければならない。
　　8-1　社会福祉士は，自身の心身の状態が専門的な判断や業務遂行にどのように影響しているかについて，認識しなければならない。
　　8-2　社会福祉士は，自身が直面する困難が専門的な判断や業務遂行に影響を及ぼす可能性がある場合，クライエントなどに対する支援が適切に継続されるよう，同僚や上司に相談し対応しなければならない。

3　成年後見業務等の位置づけ

成年後見制度は，判断能力の不十分な人々（認知症高齢者，知的障害者，精

第70条（法定後見等に関する相談）

神障害者等）の権利を擁護するための制度である。高齢化社会への対応及び知的障害者，精神障害者等の福祉の充実の観点から，自己決定の尊重，残存能力の活用，ノーマライゼーション等の理念と本人の保護の理念との調和を旨として，各人の個別の状況に応じた柔軟かつ弾力的な利用しやすい制度として利用者に提供されることが必要である。この制度の健全な発展が，司法書士の使命である国民の権利の擁護に大いにつながるものと考える。このような観点から，司法書士は，健全な成年後見制度の発展に大いに努力すべき責務を負っており，国民の権利を擁護するため，その使命を自覚してその業務を行っていかなければならない。

（法定後見等に関する相談）
第70条　司法書士は，法定後見又は任意後見に関する相談に応じる場合には，本人のほか，親族，福祉，医療及び地域の関係者等の支援者（以下「支援者」という。）から，その意見，本人の心身の状態等を聴取するなどしたうえで，適切な助言をしなければならない。

1 趣 旨

成年後見制度に関連した相談への対応は，定型化しにくい要素がある。そのため，この制度利用の入口であり，その後の手続選択に重大な影響がある相談業務は，当然に丁寧な対応が必要とされる。

2 相 談

成年後見制度に関する相談は，高齢者や障害者等の本人だけでなく，その支援者から寄せられることも多い。本人以外の者が判断せざるを得ない場合であっても，本人の最善の利益（ベスト・インタレスト）を優先しなければならないことは当然である。特に，誰の権利を擁護するのかを常に念頭に置きながら，本人の権利が侵害されることがないように適切な助言を心がける必要がある。

125

第9章　成年後見業務等に関する規律

　なお，支援者から意見等の聴取を行う場合，少なからず本人に関する情報を支援者と共有することになるため，本人の意向やそのプライバシーに配慮しなければならず，また，本人が置かれた状況によって，聴取の必要性も変わることから，意見等の聴取は，「適切な助言」をするための手段の一つとして位置づけており，必ず行わなければならないものではない。

> **（後見等開始申立書類の作成）**
> **第71条**　司法書士は，後見等開始申立書類を作成する場合には，本人，
> 　　　申立人及び支援者の意見を聴取するなどしたうえで，本人の権利を
> 　　　擁護し，心身の状態等に適した内容になるよう配慮しなければなら
> 　　　ない。

1 趣　旨

　法定後見制度における類型や代理権及び同意権の範囲の選択は，本人の生活，介護，療養看護及び財産管理に関する将来設計を立てる上で重要なものとなる。したがって，これらの選択にあたっては，成年後見制度の目的である自己決定権の尊重，残存能力の活用，ノーマライゼーション等の理念を活かし，かつ，福祉の充実が図られ，本人の最善の利益が確保されるよう配慮しなければならない。

2 申立書類の内容

　旧司法書士倫理74条では，「本人及び申立人の意思を確認」した上で手続の選択をすべきとされていたが，平成29年3月24日に閣議決定された第一期「成年後見制度利用促進基本計画」において，「成年後見制度の利用者の能力に応じたきめ細かな対応を可能とする観点から，成年後見制度のうち利用が少ない保佐及び補助の類型の利用促進を図る」（4頁）ものとされていることを踏まえ，本人が置かれている状況を過不足なく把握するため，本人及び申立人に加え，支援者の意見についても聴取するなどした上

第72条（任意後見契約の締結等）

で，後見等開始申立書類を作成すべきものとしている。「適した内容」とあるのは，法定後見制度における類型の選択，保佐人や補助人の代理権及び同意権の範囲を，本人の状況に応じて適切に選択すべきことを規定したものである。また，「配慮しなければならない」としているのは，書類作成業務という性質上，司法書士は相談や助言を行うことはできても，書類内容を決定すべき者は申立人となるためである。

なお，意見の聴取は，適切な後見等開始申立書類を作成するための手段の一つとして位置づけており，必ず行わなければならないものではなく，とりわけ，支援者の意見を聴取する場合，少なからず本人に関する情報を支援者と共有することになるため，本人の意向やそのプライバシーに配慮しつつ，その必要性を判断することを想定している。

（任意後見契約の締結等）

第72条 司法書士は，自己を受任者とする任意後見契約の締結を依頼された場合には，見守り契約等の任意後見契約に関連する契約の必要性を検討したうえで，本人の権利を擁護し，心身の状態等に適した契約になるように配慮しなければならない。

2 司法書士は，前項の任意後見契約及びこれに関連する契約を締結する場合には，本人の心身の状態等に配慮し，本人が理解できるように適切な方法及び表現を用いて契約内容を説明しなければならない。

3 司法書士は，第1項の任意後見契約を締結した場合において，精神上の障害により本人の事理弁識能力が不十分になったときは，本人及び支援者の意見を聴取するなどしたうえで，任意後見契約の効力を生じさせるなど，遅滞なく適切な措置をとらなければならない。

---

1 趣 旨

任意後見契約に関しては，本人に判断能力があることが前提となるが，高齢になってから，又は，自己の判断能力に不安を抱くようになってから，

第9章　成年後見業務等に関する規律

契約の締結を検討し始めるケースが多く，加えて，移行型や将来型のように，契約が発効するまで長期に及ぶケースもあるため，先々を見越した上で契約内容を検討することが求められている。そこで，本条1項では，任意後見契約の締結を依頼された場合，見守り契約等の任意後見契約に関連する契約の必要性を検討し，本人の状況に合わせた契約内容になるよう配慮すべきことを規定し，本条2項では，その契約内容について，本人も十分に理解し，慎重な判断ができるようにすべきであることから，説明義務について規定し，本条3項において，本人の事理弁識能力が不十分になったときは，遅滞なく適切な措置をとるべきことを規定している。

2　適切な措置

本条3項は，平成29年3月24日に閣議決定された第一期「成年後見制度利用促進基本計画」において，「移行型任意後見契約が締結されているケースのうち，本人の判断能力が十分でなくなり，さらにはそれを欠く等の状況に至っても任意後見監督人選任の申立てがなされず，本人の権利擁護が適切に行われない状態が継続しているようなケースがないか等にも留意」（15頁）する必要性が指摘されていることから，新たに規定を設けたものである。任意後見契約を発効させるためには，任意後見監督人の選任が必要となるが，本人の同意が得られない場合，又は，取消権の行使が必要な場合など，任意後見制度を利用することに支障がある場合にも対応できるよう，本条3項では，本人が置かれた状況に応じ「適切な措置」をとるべきことを定めている。

（支援者との連携）
第73条　司法書士は，成年後見人等に就任した場合には，支援者と連携を図るように努めなければならない。
2　前項の場合において，司法書士は，本人のプライバシーに配慮しなければならない。

第73条（支援者との連携）

1 趣　旨

　成年後見制度は，本人の権利擁護の砦となり得るが，本人の生活全体を全てカバーしきれるものではなく，行政をはじめとする関係機関や福祉，医療従事者等の様々な支援者と連携することで，本人の福祉の充実を図っていく必要がある。

　また，成年後見人等に就任後は，支援者と連携するにあたり，本人の健康状態や日常生活の状況など，本人の情報を支援者との間で共有する場面が想定されることから，本条2項において，プライバシーに関する配慮義務が新たに設けられている。

2 本人に関する情報の取扱い

　司法書士は，司法書士法24条により秘密保持義務を負うところであるが，司法書士法施行規則31条に定める業務に関しては，司法書士以外の者も行うことができるとの理由から，当該業務は秘密保持義務の対象とはならないとの見解が示されている[1]。しかしながら，仮に成年後見業務等を行うにあたり，司法書士法24条が適用されないとしても，成年後見人等には善管注意義務が課されていることからして（民869条等による同法644条の規定の準用），本人に関する情報をみだりに明らかにすることは許されるものではない。

　他方で，本人の支援者と連携するにあたっては，本人に関する情報を共有する場面が想定されるため，司法書士において，本人に関する情報を支援者に提供することや，支援者が当該情報を他の支援者に提供することの同意をすることができるのかについて，検討を要するところである。

　この点，個人情報保護法においては，個人情報取扱業者が個人データを第三者に提供するにあたり，「個人情報の取扱いに関して同意したことによって生ずる結果について，未成年者，成年被後見人，被保佐人及び被補助人が判断できる能力を有していないなどの場合は，親権者や法定代理人

---

1) 平成28年5月18日衆議院法務委員会，小川秀樹法務省民事局長（当時）の発言

129

第9章　成年後見業務等に関する規律

等から同意を得る必要がある。」[2]との見解が見られる一方，プライバシー
の権利が一身専属的要素をもつことからして，成年後見人等には，本人に
関する情報を第三者に提供する場合及び第三者提供に同意する場合の双方
において，原則として，当該権利を代理行使する権限はないが，第三者提
供する目的，必要性及び方法等に照らし，代理行使が許容される場面も存
在し得るとの見解が示されている[3]。

　このように本人に関する情報の取扱いについては，成年後見人等にどの
ような権限が認められているのか，確言が難しいところもあるものの，本
人の意思を尊重するという観点からは（行為規範69条），まずは本人の承諾
を得られるかどうかを検討すべきである。また，本人に関する情報が，業
務上知り得た秘密に該当する場合，行為規範11条が適用されるため，本人
の承諾が得られない場合，又は承諾するに足る判断能力を本人が有してい
ない場合には，情報提供することについて正当な事由の有無を検討しなけ
ればならない。

3 プライバシーに配慮

　「プライバシーに配慮」とは，本人のプライバシー（みだりに私事を公表さ
れない権利及び自己情報コントロール権を想定）を踏まえ，本人に関する情報を
支援者との間で共有するにあたり，たとえ，本人の承諾又は正当な事由が
ある場合であっても，本人の情報を必要以上に収集又は提供することなく，
また，本人の意向を反映させることを目的としている（次頁の「社会福祉士
の行動規範」Ⅰ-8を参照）。

---

2) 個人情報保護委員会「個人情報の保護に関する法律についてのガイドライン（通則
　編）」28・72頁※1参照（平成28年11月（令和5年12月一部改正））
3) 赤沼康弘ほか編集代表『Q&A成年後見実務全書　第2巻』474・477・478頁参照
　（民事法研究会，2015）

第73条（支援者との連携）

「社会福祉士の行動規範」（2021年 3 月20日採択）抜粋

Ⅰ．クライエントに対する倫理責任
　8．プライバシーの尊重と秘密の保持
　　社会福祉士は，クライエントのプライバシーを尊重し，秘密を保持しなければ
　ならない。
　8－1　社会福祉士は，クライエントが自らのプライバシーの権利を認識できる
　　　　ように働きかけなければならない。
　8－2　社会福祉士は，クライエントの情報を収集する場合，クライエントの同
　　　　意を得なければならない。ただし，合理的な理由がある場合（生命，身体
　　　　又は財産の保護のために緊急に必要な場合など）は，この限りではない。
　8－3　社会福祉士は，業務の遂行にあたり，必要以上の情報収集をしてはなら
　　　　ない。
　8－4　社会福祉士は，合理的な理由がある場合を除き，クライエントの同意を
　　　　得ることなく収集した情報を使用してはならない。
　8－5　社会福祉士は，クライエントのプライバシーや秘密の取り扱いに関して，
　　　　敏感かつ慎重でなければならない。
　8－6　社会福祉士は，業務中であるか否かにかかわらず，また業務を退いた後
　　　　も，クライエントのプライバシーを尊重し秘密を保持しなければならない。
　8－7　社会福祉士は，記録の取り扱い（収集・活用・保存・廃棄）について，
　　　　クライエントのプライバシーや秘密に関する情報が漏れないよう，慎重に
　　　　対応しなければならない。

第10章 財産管理業務に関する規律

財産管理業務に関する規律

　旧司法書士倫理第12章では，財産管理事務（旧倫理78条）のほか，検察庁へ提出する書類の作成（旧倫理76条），審査請求手続（旧倫理77条）及び国籍に関する書類の作成（旧倫理79条）について規律していたが，これらを第8章において規律することとしたため，新たに独立した章として「財産管理業務に関する規律」を設けている。なお，本章では，財産管理，遺言執行及び遺産承継に関する業務の規律を定めているが，財産管理に関する規律は，法定後見業務及び任意後見業務にも適用されることを想定している。

> **（基本姿勢）**
> **第74条** 司法書士は，他人の財産を管理する場合には，自己の財産又は管理する他者の財産と判然区別することが可能な方法で各別に保管するなど，善良な管理者の注意をもって行う。

1 趣 旨

　行為規範36条は，預り金の管理方法を定めた規定であるが，財産管理業務においては，現金に限らず，通帳や不動産の権利証等の多様な財産を管理することになり，また，法律に携わる専門家であることを自覚し，誠実に財産管理業務を行う必要があることから，本条が設けられている。

2 財産管理業務

　民法その他の法律で財産管理を規定している条項には，不在者財産管理人，所有者不明土地（建物）管理人，成年後見人，相続財産清算人，遺言

132

第75条（委任による財産管理）

執行者，破産管財人，特定不能土地等管理者などがある。

財産管理は，画一的な概念ではなく，求められる場面によりその範囲に違いがあり，任意後見人が行う財産管理や依頼者との委任契約に基づく財産管理の場合，個々の契約によりその内容が決まることになる。

いずれにしても，財産管理とは，それぞれの目的に従って財産を活かすための保全，利用，処分等の一切の行為を指し，財産管理業務を受任した司法書士は，高度な倫理観の下に，善良な管理者の注意をもってこれにあたらなければならず，特に自己又は自己が管理する他の財産と混同を生じないように，判然区別が可能な方法で各別に保管するなどしなければならない。

（委任による財産管理）

第75条 司法書士は，委任により他人の財産を管理する場合には，委任者が適切な手続を選択することができるように説明しなければならない。

2 司法書士は，前項の場合には，委任者と利益相反する行為をしてはならない。

3 司法書士は，財産管理の状況について，定期的に委任者に報告しなければならない。委任者から報告を求められたときも，同様とする。

---

1 趣 旨

委任による財産管理においては，合意により委任内容が決定され，また，当事者間の信頼関係が基礎にあることから，本条では，司法書士の説明責任，利益相反の禁止及び報告義務について規定している。

2 利益相反行為

司法書士が，本人との間で利益相反行為をなすことは，業務の公正さを

第10章　財産管理業務に関する規律

保ち得ないおそれが生ずるとともに，事務処理上の信頼関係を破綻させる可能性が高いことから禁止されるものである。利益相反行為に当たるかどうかは，判例[1]及び実務によれば，その行為の外形から判断するべきであり，行為の意図やその実質的効果等によって判断するべきではないとするものであるが，潜在的に利益相反の関係にあたるおそれがある行為（例えば，本人が入所している施設との顧問契約の締結，施設入所に際して連帯保証人となること等）に該当するかどうか，執務にあたっては十分に注意する必要がある。

③ 財産管理人の義務

　財産管理人としては，委任者に対し，財産目録の調整や受取物等の引渡し，報告，清算等の義務を負うのは当然のことであり，これらの義務を履行するにあたっては，収支を明確にするための記帳や記録，会計計算書類の備えが必要となる。

　本条3項では，委任契約という性質から，財産管理人による管理状況について，委任者による確認・監督が想定されるため，とりわけ委任者に対する報告義務を明文化したものである。財産管理人としては，常日頃から行った業務の内容を業務日誌等に記録し，関連する資料等を整理しておくことで，委任者からの報告の求めにいつでも対応できるよう準備することが肝要となる。

（法律の定めによる財産管理）
第76条　司法書士は，法律の定めにより他人の財産を管理する者に選任された場合には，その目的を達するため誠実に財産管理を行わなければならない。

---

1) 最一小判昭42・4・18民集21巻3号671頁

第77条（遺言執行）

1 趣旨

　所有者不明土地の解消に向けた民事基本法制の見直しのため，令和3年に民法及び不動産登記法が一部改正された。とりわけ，改正後の民法においては，所有者不明土地（建物）管理制度及び管理不全土地（建物）管理制度が新たに設けられることとなり，相続財産の管理や共有物の管理についても改正が行われているところである。今後は，所有者不明土地（建物）管理人や管理不全土地（建物）管理人等には，司法書士も入っていることから，法律の定めによる財産管理として，誠実義務を明文化している。

　なお，所有者不明土地（建物）管理人の選任を裁判所に請求するにあたって，申立書類を作成した司法書士を管理人の候補者とする場合，注意が必要であると考えられる。例えば，隣地の購入を希望している隣人を利害関係人として申し立てる場合，管理人に申立書類を作成した司法書士が就任すると，売却にあたり裁判所の許可が必要になるとはいえ（民264条の3），売却の必要性等を当該管理人が公正な立場から判断しているのか，疑いを招くおそれが生じるからである。

（遺言執行）

第77条　司法書士は，遺言執行者に就任した場合には，遺言の内容を実現するため直ちに遺言執行事務に着手し，善良な管理者の注意をもってその事務を遂行しなければならない。

2　司法書士は，遺言執行者に就任している場合において，遺言者の相続財産（遺言が相続財産のうち特定の財産に関する場合には，その財産に限る。）に係る事件であって，相続人又は受遺者の依頼により，他の相続人又は受遺者を相手方とする裁判業務を行ってはならない。遺言執行者でなくなった後も，同様とする。

第10章　財産管理業務に関する規律

1　趣　旨

　平成30年の民法改正により，特定財産に関する遺言執行者の権限が明確化されたことから（民1014条），民法1007条（遺言執行者の任務の開始）及び1012条（遺言執行者の権利義務）を参考に本条１項を定め，行為規範25条（公正を保ち得ない事件）を踏まえ本条２項を設けている。

2　相続財産に関する裁判業務の禁止

　平成30年の改正前民法1015条では，遺言執行者は，相続人の代理人とみなされていた。しかし，「必ずしも相続人の利益のためにのみ行為すべき責務を負うものとは解されない。」[2] ことから同条が改正されたところである。元来，遺言執行者は，相続人のうちに反対する者がいたとしても，遺言書の内容に従い遺言を執行しなければならず，また，遺言書の解釈や有効性を判断しなければならない立場にあり，遺言執行事務を遂行するにあたり，公正性及び中立性が求められることになる。そのため，遺言執行事務における公正性及び中立性を担保するため，本条において，遺言執行事務が終了しているか否かにかかわらず，一定の場合に裁判業務を行い得ないものとしている。

（遺産承継業務）

第78条　司法書士は，遺産承継業務を受任する場合には，委任契約書を作成するなどして，依頼者に対し，受任事務の内容及び範囲を明らかにしなければならない。

2　司法書士は，前項の場合においては，事案に応じて，依頼者に対し，業務の中断又は終了に関する事由を明らかにしなければならない。

2）最三小判昭30・5・10民集9巻6号657頁

第78条（遺産承継業務）

1 趣 旨

遺産承継業務とは，「他の法令に反しない限りにおいて司法書士が行う遺産分割協議の合意内容に基づく遺産の承継手続，及びその手続のために必要な相続財産・相続人の確認，遺産分割協議の成立に向けた支援等の事務をいう。」とされており，相続分の確認，遺産の範囲の確認，遺産分割協議書の作成支援，解約・換価・名義変更・分配，報酬受領・精算の各事務より構成され，このうち，解約・換価・名義変更・分配にかかる事務が中核業務となり，これを含まない業務は，遺産承継業務に該当しないとの定義がされているところである[3]。

遺産承継業務においては，受任事務の内容及び範囲が不明確であることから，また，相続人間の紛争の顕在化による業務の中断又は終了をめぐり，依頼者とトラブルになる事案が見られるところであり，本条において，これらを防止するための規定を設けている。

2 受任事務の明確化

本条1項は，事案によって多種多様である遺産承継業務に通底する規律を定めている。多種多様であるからこそ，受任にあたっては受任事務の内容及び範囲を明らかにすることが必要となる。司法書士の業務範囲は，司法書士法及び他士業法等との関係でも画されることになるが，「受任事務の内容及び範囲」としては，この点も踏まえ依頼者に対し明らかにすべきである。

3 業務の中断又は終了

本条2項では，遺産の範囲や遺産分割協議書の内容をめぐり，相続人間で見解の相違が生じた場合等，遺産承継業務を遂行することが困難になったときに備え，業務の中断又は終了に関する事由を明らかにすべきことを規定している。また，仮に相続人間で見解の相違が生じたとしても，話合

---

3)「遺産承継業務Handbook」1頁

137

第10章　財産管理業務に関する規律

いにより合意に至ることも想定し得るところであり，このような場合，遺産承継業務を再開しても支障はないため，終了事由だけでなく，中断事由についても明らかにすべきであるとしている。

（事件の終了）

第79条　司法書士は，他人の財産の管理を終了したときは，遅滞なく，その管理する財産を委任者など受領権限がある者に引き渡さなければならない。

1　趣　旨

　財産管理業務は，契約又は法律の定めにより，終了事由が定められることとなるが，依頼者や本人が死亡した場合においても，管理財産を受領権限がある者に引き渡すまでは，管理義務が継続することになるため（民654条，697条），本条において，管理財産の引渡義務を定めている。

2　受領権限がある者への引渡し

　本条においては，受領権限がある者への引渡しを義務付けているが，管理財産が残されているにもかかわらず，事件終了後に受領権限のある者がいないケースも想定し得るところである。この場合，利害関係人として，不在者財産管理人（民25条）や所有者不明土地管理人（民264条の2），相続財産清算人（民952条）等の選任を申し立てることで，受領権限がある者への引渡しが可能になる。しかしながら，管理財産が僅少で，高額な予納金を申立人が負担しなければならない事態や，管理財産の内容によっては供託（民494条）することも想定し得るところであり，民法654条や同697条を根拠に漫然と財産管理を継続するのは好ましくないものの，本条においては，一律にこれらの申立てを義務付けるものではない。

138

第11章 民事信託支援業務に関する規律

　民事信託とは，信託業法の適用を受けない信託である。本章は，司法書士が，依頼者に対して，民事信託の設定及び設定後の事務や変更，終了手続等を支援する業務（以下「民事信託支援業務」という。）を行う際の基本的な事項並びにその姿勢を定めている。

　民事信託支援業務に携わる司法書士が増加する中，これまで以上に国民の信頼を得られるよう，司法書士行為規範において，新たに，民事信託支援業務に関する規律を定めたものである。

> **（基本姿勢）**
> **第80条**　司法書士は，民事信託支援業務を受任したときは，信託目的の達成に向けて，委託者，受託者，受益者その他信託関係人の知識，経験，財産の状況等に配慮して業務を行う。

1 趣　旨

　民事信託支援業務において，受託者に就任するのは委託者の親族や関係者が多く，司法書士自らが財産管理人等に就任して行う従来の財産管理業務とは異なる点に注意を要する。民事信託支援業務は，相談から始まり，信託が設定されるまでの支援の段階と，信託設定後の支援の段階とに分けて考えることができる。本条においては，まず業務全体に通ずる基本的な姿勢について定め，次条では，信託の設定までと設定後の各段階において，司法書士が民事信託支援業務を行う際の留意点について定めている。

第11章　民事信託支援業務に関する規律

2 基本姿勢

　本条においては，民事信託支援業務における基本姿勢を定めている。司法書士が業務を受任して信託の設計をする際には，信託の根幹である「信託の目的」が達成されることを第一に考慮しなければならない。そして，設計された信託が適法かつ有効なものとなるよう，様々な配慮を行う必要がある旨を規定している。なお，条文中，配慮すべき対象者として「委託者，受託者，受益者」のみならず「その他信託関係人」も加えている。これは，信託の目的が達成されるためには，信託法上の受益者代理人や信託監督人，信託事務代行者等，その他の信託関係人の協力が必要となることを考慮したためである。また，多くの場合，信託の関係者は財産管理の専門家ではないことに鑑み，その知識や経験，財産の状況に応じて，事案ごとに適切な配慮が必要であることを規定している。

（適正な民事信託の支援）
第81条　司法書士は，民事信託の設定を支援するにあたっては，委託者の意思を尊重し，かつ，信託法上の権利及び義務に関する正確な情報を提供するように努めなければならない。
2　司法書士は，民事信託の設定後においては，受託者の義務が適正に履行され，かつ，受益者の利益が図られるよう，必要に応じて，継続的な支援に努めなければならない。

---

1 趣　旨

　本条は，適正に民事信託支援業務が行われるよう，1項において，信託が設定されるまでの支援について定め，2項では，信託設定後の支援について定めている。

140

第81条（適正な民事信託の支援）

2 本条1項

　1項は，相談から民事信託の設定までの業務に関する規律である。

　民事信託は，高齢者，障害者その他の国民の財産管理及び財産の承継について重要な役割を果たす。民事信託支援業務を行うにあたっては，主な依頼者である委託者の意思を最大限尊重することが重要であるため，その旨を規定している。その上で，受託者も含め，信託によって生じる利益及び不利益について十分に説明をし，信託法上の権利及び義務についても，正確な情報の提供に努めるよう定めたものである。信託法上，各種の義務が課されている受託者に対しては，特に，正確な情報の提供に努める必要がある。また，リスクの説明においては，単に責任の内容や，制度上のデメリット等に言及するのみではなく，どのような場合にどのような事象が生じ得るかについて，具体的な説明を行う必要がある。

3 本条2項

　2項は，民事信託の設定後における業務に関する規律である。

　受託者の義務の適正な履行を通じて，信託の目的の達成と，受益者の利益の保護を図るための支援の在り方について規定している。民事信託の設定後においては，受託者に対して，司法書士が適正な継続的支援を行うことにより，時には受託者に寄り添い，また，時には信託を適正に監督する立場に立ち，信託設定時の委託者の意思を尊重した上で，受益者の利益が図られるよう，信託事務の適切な遂行を目指して，支援業務を行っていくこととなる。民事信託は，成年後見制度又は商事信託と異なり，公的な監督が及ばないため，法律専門家が信託の適正な運用に関与するという姿勢が重要である。

141

第12章　共同事務所における規律

第12章　共同事務所における規律

　複数の司法書士が事務所を共にする共同事務所（法人を除く。）においては，司法書士が複数所属していることによる共同事務所特有の問題が生じ得る。本章は，共同事務所における業務を行い得ない事件や共同事務所に所属する司法書士の秘密保持義務など，共同事務所の一般的規律を定めている。

> **（遵守のための措置）**
> **第82条**　複数の司法書士が事務所を共にする場合（以下「共同事務所」という。）において，その共同事務所を監督する立場にある司法書士があるときは，当該司法書士は，共同事務所に所属する全ての司法書士（以下「所属司法書士」という。）が，法令，会則等を遵守するために必要な措置をとらなければならない。

1　趣　旨

　共同事務所を監督する立場にある司法書士がいる場合，その司法書士は所属司法書士の業務遂行について責任を負うべき立場にあると言えるから，法令，会則等の各規定を遵守させる責任があることは言うまでもない。所属司法書士も，監督する立場にある司法書士からの業務命令であることを理由に免責されるものではないが，事実上の主従関係から様々な制約を受けることもあり得ることから，本条は，監督する立場にある司法書士に対し，法令，会則等を遵守するために必要な措置をとることを求めたものである。

第83条（秘密保持の義務）

2 共同事務所

　本条は，共同事務所の定義を，「複数の司法書士が事務所を共にする場合」と定義した。これは，弁護士職務基本規程55条を参考にした規定である。共同事務所といっても，人件費，事務所賃料など事務所経費のみを共同負担し，収入は各自別経営であるものや，収入も経費も同一会計で行い，収入を一定のルールに従って分配するものがある。本章の適用となる共同事務所に該当するかどうかは，事務所の実態に即して判断されるべきである。

3 遵守のための措置

　本条の「必要な措置」とは，所属司法書士が法令，会則等を遵守するために必要なものであり，事務所内部の規律の作成や指導，司法書士会が実施する年次制研修及びその他の研修等への参加のための環境整備等が含まれる。一方で，共同事務所によって様々な態様や規模があると考えられるため，それに応じて適切な対応をとらなければならない。

（秘密保持の義務）
第83条　所属司法書士は，正当な事由がある場合を除き，他の所属司法書士が業務上知り得た秘密を保持しなければならず，又は利用してはならない。所属司法書士でなくなった後も同様とする。

---

1 趣　旨

　司法書士には業務上知り得た秘密について秘密保持の義務があるが（法24条，行為規範11条等），共同事務所においては，それぞれの司法書士が業務を行う中で，他の所属司法書士が業務上知り得た秘密を知り得る機会があることも想定できる（ただし，他の所属司法書士と共同受任とする等，守秘義務への配慮をしなければならない。）。行為規範11条は，司法書士として業務上知り得た秘密の保持義務を規定しているが，自らの業務上において知り得た秘

143

第12章　共同事務所における規律

密でなければ守秘義務がないとすると，他の所属司法書士の依頼者の利益を害し，かつ，共同事務所における司法書士の業務に対する信頼を失うことになる。本条は，自らの業務上において知り得た秘密でなくても，依頼者の利益を保護し，その共同事務所における司法書士の信頼を確保するために，他の所属司法書士が業務上知り得た秘密について保持義務を定めたものである。

2 秘密保持義務

本条にいう秘密保持義務は，他の所属司法書士が業務上知り得た秘密であって，事務所を共同使用することによって知り得ることとなる秘密が全て対象となり得る。また，行為規範11条と同様，共同事務所において，業務上知り得た秘密の利用は禁止される。

本条の義務は，司法書士がその共同事務所から離脱した後も免除されるものではない。

なお，「正当な事由がある場合」については，行為規範11条2項の規定に準じて判断されるべきである（行為規範11条の解説3「秘密を開示することができる場合」（本書40・41頁）を参照）。

（共同事務所における業務を行い得ない事件）

第84条　所属司法書士は，他の所属司法書士（所属司法書士であった者を含む。）が業務を行い得ない事件については，業務を行ってはならない。ただし，業務の公正を保ち得る事由があるときは，この限りでない。

---

1 趣　旨

所属司法書士の一人が公正を保ち得ない事件や利益相反事件等により業務を行い得ない場合において，他の所属司法書士がこれを取り扱うことは，共同事務所内において利益が相反する両当事者について業務上関わること

144

第84条（共同事務所における業務を行い得ない事件）

になり，依頼者の信頼や司法書士の業務の公正を損なうことになる可能性がある。そこで，利益相反に関する規範を共同事務所内で敷衍して規定し，他の所属司法書士が業務を行い得ない事件について，所属司法書士が業務を行うことを禁止している。ただし，業務の公正を保ち得るような事由がある場合には，これを禁止する理由はないものとし，例外的に業務を行い得るものとしている。

2 共同事務所における業務を行い得ない事件

本条で禁止される業務は，他の所属司法書士が行為規範25条，58条などにより業務を行い得ない事件についての業務である。ただし，業務の公正を保ち得る事由があると認められるときは，この限りでない。

本条が想定する事例としては，例えば，XY間の訴訟につき，A・B共同事務所の所属司法書士である司法書士AがXから裁判業務の依頼を受けている場合が挙げられる。

この場合において，利益相反事由のある司法書士Aだけでなく，A・B共同事務所の所属司法書士である司法書士Bも，その相手方であるYからの依頼を受けることができない。さらに，司法書士Aが共同事務所を離脱した後も，司法書士BはYからの依頼を受けることができない。司法書士Aが，本条括弧書きにいう「所属司法書士であった者」に該当するからである。

3 業務の公正を保ち得る事由

「業務の公正を保ち得る事由」があるかどうかは，事案ごとに判断されることになるが，例えば，共同事務所内で，業務の内部的分担関係や業務上の秘密の内部的開示や共用などがない仕組み（事務所内情報遮断措置）が構築されており，それが依頼者や相手方に明確にされている場合や依頼者の理解を得てその承諾を得た場合などは，「業務の公正を保ち得る事由」があると認められる可能性があるものと言えるであろう。

なお，弁護士職務基本規程57条に本条と同様の規定が存在するが，「『職務の公正を保ち得る事由』とは，客観的・実質的に考えたときに，依頼者

145

第12章　共同事務所における規律

の信頼確保，弁護士の職務の公正確保という本条の趣旨に照らして，所属弁護士が，他の所属弁護士（所属弁護士であった場合を含む）が職務基本規程27条または28条の規定により職務を行い得ない事件について職務を行ったとしても，なお弁護士の職務に対する信頼感を損ねるおそれがなく，弁護士の職務執行の公正さを疑われるおそれがないと判断される特段の事情（事由）をいうものと解される。」[1]　と解説されている。さらに「『職務の公正を保ち得る事由』は，一種の規範的要件であるから，一律の基準をもって解釈することは硬直化するおそれがあってかえって適当ではなく，その事由の有無は具体的事案に即して実質的に判断されるべきである。」[2]　と解説され，「情報遮断措置」や「依頼者の同意，承諾の有無」だけでなく，「事件の性格や利害の対立の程度」，「秘密の共有・漏洩や証拠流用のおそれの有無」など，他の様々な事情を総合考慮して個別具体的かつ実質的に判断すべきであることを示している。

（所属司法書士であった者が裁判業務を行い得ない事件）

第85条　所属司法書士であった司法書士は，所属司法書士であった期間内に，他の所属司法書士が取り扱った裁判業務に係る事件で，自らこれに関与していた事件については，その事件の相手方の依頼を受けて裁判業務を行ってはならない。

1　趣　旨

本条は，かつて共同事務所の所属司法書士であった司法書士を対象とする規定である。共同事務所を離脱した後も，共同事務所に所属していた期間内に，他の所属司法書士が取り扱った事件に自ら関与していた場合においては，利益相反事由が発生することから該当する業務を禁止する規定で

---

1) 『解説規程』169頁
2) 『解説規程』169頁

第86条（受任後の措置）

ある。なお，行為規範58条2項と同趣旨の規定である。

2 所属司法書士であった者が裁判業務を行い得ない事件

本条は，共同事務所に所属していた期間内に，他の所属司法書士が取り扱った事件に自ら関与していた司法書士が共同事務所を離脱した後についての規定である。これは，主として個人の司法書士に雇用されていた使用人である司法書士を対象にしている。

例えば，ＸＹ間の訴訟につき，Ａ・Ｂ共同事務所の所属司法書士である司法書士ＢがＸから裁判業務の依頼を受けている場合においては，前条本文の規定により，Ａ・Ｂ共同事務所に所属する司法書士Ａもその相手方であるＹからの依頼を受けることができない。

この場合，司法書士Ａが共同事務所を離脱したときは，もはや所属司法書士ではなくなるから前条の適用を受けることはないと解されている。

しかし，司法書士Ａが，司法書士Ｂの受任したＸの事件に関与していたときは，本条により，Ｙからの依頼を受任することができない。

（受任後の措置）

第86条　所属司法書士は，事件を受任した後に第84条本文に該当する事由があることを知ったときは，依頼者に対し，速やかにその事情を告げ，事案に応じて適切な措置をとらなければならない。

---

1 趣　旨

行為規範84条本文のようなケースは，他の所属司法書士が受任した事件に関連することであり，それ以外の所属司法書士が事件を受任する際には細かい事情に至るまで必ずしも明確なわけではない。事件の進行とともに隠れた事情が明らかになり，利益相反事件であることが明確になることもある。本条は，そうした場合に適切な措置をとるべき旨を定め，依頼者の利益の保護を図るための規定である。

147

第12章　共同事務所における規律

2 受任後の措置

　行為規範84条本文に該当する事由があると明らかになった時点で，依頼者の利益を害さないよう，また，所属司法書士やその事務所に対する信頼を損なわないよう速やかに辞任等の適切な措置をとることを定めたものである。

（業務を行い得ない事件の受任防止）
第87条　所属司法書士は，共同事務所として，当事者情報の確認その他必要な措置をとるなどをして，業務を行い得ない事件の受任を防止するように努めなければならない。

---

1 趣　旨

　共同事務所においては，所属司法書士等が多くなれば多くなるほど行為規範84条に定める「業務を行い得ない事件」に該当する事件を受任する可能性が高くなると予想されるが，共同事務所に対する信頼を確保するためには，そうした事態を未然に防ぐ措置を講じておく必要がある。本条は，共同事務所での取扱事件に関する当事者情報の確認や事件内容の照会など，利益相反事件の受任を事前に回避するための方策をとる努力義務を定めたものである。

2 受任防止

　共同事務所の規模や態様によって，とり得る対策は変わってくるものと思われるため，本条は努力義務の範囲にとどめているが，依頼者の氏名，住所，生年月日などの情報から，速やかに利益相反事件に該当するか否かがわかるシステムの構築が望ましい。また万一，利益相反事由が存するにもかかわらず事件を受任してしまったときは，依頼者に対して説明するなど，即座に適切な対応をとらなければならない。

第13章 司法書士法人における規律

　本章は，司法書士法人における業務を行い得ない事件や秘密保持義務など司法書士法人の一般的規律を定めている。

　社会が複雑多様化している現代において，依頼者の多様な要請や期待に十分に応えるために事務所を法人化し，事件を組織的かつ継続的に処理することで安定的な法的サービスを提供することは，利用者である国民の利便性の向上という要請に応える一方法である。

　一方，司法書士法人は，その組織体としての特質故に，個人の司法書士における規定だけでは賄いきれない部分があるため，本章においてその手当をしている。

（遵守のための措置）
第88条　司法書士法人は，その社員等が法令，会則等を遵守するための必要な措置をとらなければならない。

1　趣　旨

　司法書士法人は，法人として社員等に法令，会則等を遵守させる義務がある。これに加え，本条は，司法書士法人に対し，法人の社員等が法令，会則等を遵守するための必要な措置を講ずるよう義務を定めるものである。司法書士法人という共同体の一員となった個々の司法書士が，互いに法令，会則等を遵守するよう努力していくことなしに，法人として法令，会則等を遵守していくことはできない。司法書士法人の社員は，各自法人を代表し，業務を執行する義務を負う立場にあるから（法36条），業務を執行する

第13章　司法書士法人における規律

にあたり，法令，会則等が遵守されるための体制を組織として整える義務を負う。

2　遵守のための措置

本条の「必要な措置」とは，司法書士法人に所属する社員等が法令，会則等を遵守するために必要なものであり，法人内部の規律の作成や指導，司法書士会が実施する年次制研修及びその他の研修等への参加のための環境整備等が含まれる。共同事務所と同様，司法書士法人によって様々な態様や規模があると考えられるため，それに応じて適切な対応をとらなければならない。

（秘密保持の義務）

第89条　社員等は，正当な事由がある場合を除き，司法書士法人，他の社員等が業務上知り得た秘密を保持しなければならず，又は利用してはならない。社員等でなくなった後も同様とする。

1　趣　旨

行為規範83条と同趣旨の規定である。社員等は，業務上その司法書士法人又は他の社員等の依頼者に関する秘密を知り得る立場にある。行為規範11条は，司法書士として業務上知り得た秘密の保持義務を規定しているが，本条は，司法書士法人の社員等が自らその業務に関与していなくても，業務を行う上で司法書士法人の依頼者や他の社員等の依頼者に関する秘密を知り得る場合があることが予想されるため，依頼者の利益を保護し，その司法書士法人や司法書士の信頼を確保するために，他の社員等が業務上知り得た秘密について保持義務を定めたものである。

2　社員等が業務上知り得た秘密

社員等が業務上知り得た秘密は，司法書士法人にとって知り得た秘密で

150

第90条（司法書士法人が業務を行い得ない事件）

あり，当然に秘密保持義務がある（行為規範11条2項，96条）から，司法書士法人は，これに必要な措置を講じなければならない。万一，社員等が秘密を漏示すれば，司法書士法人が責任を問われることになるのは当然である。また，行為規範11条と同様，司法書士法人においても，業務上知り得た秘密の利用は禁止される。

本条の義務は，社員等がその司法書士法人から離脱した後も存続する。

なお，「正当な事由がある場合」については，行為規範11条2項の規定に準じて判断すべきである（行為規範11条の解説3「秘密を開示することができる場合」（本書40・41頁）を参照）。

（司法書士法人が業務を行い得ない事件）

第90条　司法書士法人は，裁判業務に係る次の事件については，裁判業務を行ってはならない。ただし，第4号に掲げる事件については，受任している事件の依頼者が同意した場合はこの限りでない。

　(1)　相手方の依頼を受けて行った事件又は受任している事件

　(2)　相手方の協議を受けて賛助し，又はその依頼を承諾した事件

　(3)　相手方の協議を受けた事件で，その協議の程度及び方法が信頼関係に基づくと認められるもの

　(4)　受任している事件の相手方からの依頼による他の事件

　(5)　受任している事件の依頼者を相手方とする他の事件

　(6)　その他受任している事件の依頼者と利益相反する事件

1　趣　旨

本条は，個人の司法書士の業務を行い得ない事件について定めた行為規範58条1項を，そのまま司法書士法人に当てはめたものであり，自然人である司法書士に対する規制と同様の規制を司法書士法人にも課すものである（行為規範58条の解説2「本条1項」（本書102〜107頁）を参照）。

151

第13章　司法書士法人における規律

> **（司法書士法人が社員等の関係で業務を行い得ない事件）**
>
> **第91条**　司法書士法人は，裁判業務に係る次の事件については裁判業務を行ってはならない。
>
> (1)　社員等が相手方から受任している事件
>
> (2)　第25条，第26条若しくは第58第1項第1号から第6号まで又は第92条第2項第1号から第3号までに掲げる事件として社員の半数以上（簡裁訴訟代理等関係業務に係る事件については特定社員の半数以上）の者が裁判業務を行ってはならないこととされる事件

1　趣　旨

　本条は，司法書士法の規定の趣旨を拡大させ，司法書士法人が社員等の関係で業務を行い得ない事件について定めたものである。

2　本条1号

　本条1号は，司法書士法41条1項2号の趣旨を拡大したものである。司法書士法では，「使用人司法書士」となっているが，本条では，「社員等」としている。これは，司法書士法41条1項は，司法書士法人が裁判書類作成関係業務を行ってはならない場合について規定しており，この場合，社員は，競業禁止義務（法42条1項）により裁判書類作成関係業務を行うことができないからである。法人が簡裁訴訟代理等関係業務を目的に定めていない場合，司法書士法3条2項の認定を受けた司法書士である社員が同業務を行うことができるかどうかについては，『注釈法』では消極に解している[1]が，司法書士法の規定は必ずしも明らかではないので，本条では，社員が受任できる場合もあるとして定めを置いている。

---

1)　『注釈法』372頁

第92条（社員等が司法書士法人との関係で業務を行い得ない事件）

3 本条2号

本条2号は，司法書士法41条1項3号及び同条3項2号の趣旨を拡大させたものである。

本条2号括弧書きでは，特定社員の半数以上の者が裁判業務を行い得ない事件は，司法書士法人として，簡裁訴訟代理等関係業務は行うことができないことを定めている。

この括弧書きについては，逆に，特定社員の半数以上の者が裁判業務を行い得ない事件でなければ，全社員の半数以上が裁判業務を行い得ない場合であっても，司法書士法人は受任できると解することができるようにも思える。しかし，行為規範の規律は司法書士法の枠内のものであるため，当該ケースにおいても，司法書士法人が簡裁訴訟代理等関係業務を行うことはできない。『注釈法』でも，受任できない旨が記載されている[2]。

（社員等が司法書士法人との関係で業務を行い得ない事件）

第92条 社員等は，裁判業務に係る次の事件については，裁判業務を行ってはならない。ただし，第2号に掲げる事件については，司法書士法人が受任している事件の依頼者の同意がある場合は，この限りでない。

(1) 司法書士法人が相手方から受任している事件

(2) 司法書士法人が受任している事件の相手方の依頼による他の事件

2 社員等は，かつて別の司法書士法人（以下「その司法書士法人」という。）の社員等であった場合は，裁判業務に係る次の事件（自ら関与したものに限る。）については，裁判業務を行ってはならない。

(1) その司法書士法人の社員等として業務に従事していた期間内に，

---

2) 『注釈法』366頁

第13章　司法書士法人における規律

> その司法書士法人が相手方の依頼を受けて行った事件
> (2)　その司法書士法人の社員等として業務に従事していた期間内に，その司法書士法人が相手方の協議を受けて賛助し，又は依頼を承諾した事件
> (3)　その司法書士法人の社員等として業務に従事していた期間内に，その司法書士法人が相手方の協議を受けた事件で，協議の程度及び方法が信頼関係に基づくと認められるもの

1　趣　旨

　本条は，司法書士法人の社員等が司法書士法人との関係で業務を行い得ない事件を定めている。本条１項においては，現に所属している司法書士法人との関係で，２項においては，かつて所属していた司法書士法人との関係で，業務を行い得ない事件を定めたものである。

2　本条１項

　本条１項は，司法書士法22条２項３号及び同条３項６号の趣旨を拡大させたものである。司法書士法との相違点，理由は前条と同じである。

　なお，司法書士法22条３項６号は，「当該司法書士が自ら関与しているものに限る。」と限定されているが，その趣旨について，『注釈法』では「自ら関与した事件に限り，自ら扱った事件と同様に扱うのが相当であるから」と説明している[3]。しかし，自ら関与していない事件については，司法書士法人が受任している事件の依頼者の同意が得られる場合であると考えるため，本項２号は限定を付してはいない。

3　本条２項

　本条２項は，行為規範58条２項と同趣旨であるが，社員等がかつて別の

---

3)『注釈法』264頁

第93条（社員等が他の社員等との関係で業務を行い得ない事件）

司法書士法人の社員等であり，現在は司法書士法人の社員等である場合の規制である。かつて所属していた司法書士法人が相手方から受任していた事件等で自ら関与していたときは，依頼者から裁判業務を受任できないことを定めている。

（社員等が他の社員等との関係で業務を行い得ない事件）
第93条　社員等は，他の社員等が業務を行い得ない事件については，業務を行ってはならない。ただし，業務の公正を保ち得る事由があるときは，この限りでない。

---

1 趣　旨

司法書士法人の社員等の一人が公正を保ち得ない事件や利益相反事件等で業務を行い得ない場合において，他の社員等がこれを取り扱うことは，同一法人内において利益が相反する両当事者について業務上関わることになり，依頼者の信頼や，司法書士の業務の公正を損なうことになる可能性がある。そこで，利益相反に関する規範を同一の法人内で敷衍して規定し，他の社員等が業務を行い得ない事件について，社員等が業務を行うことを禁止している。ただし，依頼者の信頼や，業務の公正を保ち得るような事由がある場合には，これを禁止する理由はないものとし，例外的に業務を行い得るものとしている。

2 他の社員等との関係で業務を行い得ない事件

本条で禁止される業務は，他の社員等が行為規範25条，58条などにより業務を行い得ない事件についての業務である。ただし，業務の公正を保ち得る事由があると認められるときは，この限りでない。

3 業務の公正を保ち得る事由

業務の公正を保ち得る事由がある場合に例外的に業務を行い得るとした

155

第13章　司法書士法人における規律

点は，共同事務所の行為規範84条と同様である（同条の解説3「業務の公正を
保ち得る事由」（本書145・146頁）参照）。なお，司法書士法人は従たる事務所
の設置が認められているので，事務所を異にすることは，業務の公正を保
ち得る事由がより多く認められる可能性があるものと思われる。

（受任後の措置）

第94条　司法書士法人は，事件を受任した後に，第90条又は第91条の
　　規定に該当する事由があることを知ったときは，依頼者に対し，速
　　やかにその事情を告げ，事案に応じて適切な措置をとらなければな
　　らない。

　2　社員等は，事件を受任した後に，前2条の規定に該当する事由が
　　あることを知ったときは，依頼者に対し，速やかにその事情を告げ，
　　事案に応じて適切な措置をとらなければならない。

---

1 趣　旨

　受任時には明らかでなくとも，事件の進行とともに利益相反事件である
ことが明確になることもある。本条は，そうした場合に適切な措置をとる
べき旨を定め，依頼者の利益の保護を図るための規定である。

2 受任後の措置

　本条1項は，司法書士法人が受任した後，その事件が行為規範90条又は
91条により，業務を行うことが禁止された事件であることが判明した場合
は，依頼者に速やかにその事情を告げた上，事後の対処をすべきことを定
めたものである。

　また，本条2項は，社員等が事件を受任した後に，その事件が社員等の
所属する司法書士法人において相手方から受任している事件であること等
が判明した場合に，依頼者の利益を害さないよう，また，依頼者の司法書
士やその司法書士法人に対する信頼を損なわないよう速やかに辞任等の適

第95条（業務を行い得ない事件の受任防止）

切な措置をとることを定めたものである。

（業務を行い得ない事件の受任防止）
第95条　司法書士法人は，業務を行い得ない事件の受任を防止するために，当事者情報の確認その他必要な措置をとるように努めなければならない。

---

1 趣　旨

　共同事務所と同様に，司法書士法人においても，自ら関与していない事件であっても，他の社員等が業務を行い得ない事件であることとの関係で，結果として業務を行い得ない場合がある。このような事情は，あらかじめ予測できるものではないが，司法書士法人に対する信頼を確保するためには，そうした事態を未然に防ぐ措置を講じておく必要がある。本条は，司法書士法人での取扱事件に関する当事者情報の確認や事件内容の照会など，利益相反事件の受任を事前に回避するための方策をとる努力義務を定めたものである。

2 受任防止

　本条において求められるのは，行為規範90条から93条までの規定により，司法書士法人又は社員等が業務を行い得ない事件の受任を防止するための措置であり，その一つとして当事者情報（司法書士法人及び社員等の依頼者及び相手方，依頼事件の内容など）の確認が例示されている。したがって，業務を行い得ない事件の受任を未然に防ぐことを目的とし，その目的達成のための手段としての当事者情報の記録の整備が求められる。

　司法書士法人の規模や態様によって，とり得る対策は変わってくるものと思われるため，本条は努力義務の範囲にとどめているが，依頼者の氏名，住所，生年月日などの情報から，速やかに利益相反事件に該当するか否かがわかるシステムの構築が望ましい。また万一，利益相反事由が存するに

157

第13章　司法書士法人における規律

もかかわらず事件を受任してしまったときは，依頼者に対して説明するなど，即座に適切な対応をとらなければならない。

（準用）

第96条　第１章から第11章まで（第４条，第５条，第６条，第11条第１項，第26条第２項及び第58条を除く。），第14章及び第15章の規定は，司法書士法人について準用する。

1　趣　旨

司法書士法人においても，基本的に司法書士に対する規律が準用される条項があるため，性質上司法書士法人に準用され得ないものを除き，他の章の規定の司法書士法人への準用を明確にしたものである。

2　準用されない規定

準用されない規定としては，自然人である司法書士が遵守すべき規定又は司法書士法人について別途手当がされている規定である。具体的には４条（品位の保持），５条（法令等の精通），６条（資質の向上），11条１項（秘密保持等の義務），26条２項（公務等との関係）及び58条（業務を行い得ない事件）である。

第14章 他の司法書士との関係における規律

本章は，他の司法書士との関係における規律を定める。他の司法書士との関係では，司法書士の品位保持義務により，相互に名誉と信義を重んじることが求められる。また，他の司法書士と共同して業務を行う場合に配慮すべき点についても規律している。

> **（名誉の尊重）**
> **第97条** 司法書士は，他の司法書士（司法書士法人を含む。以下，本章において同じ。）との関係において，相互に名誉と信義を重んじる。

1 趣　旨

司法書士法2条は，「司法書士は，常に品位を保持し……なければならない。」と規定し，会則基準79条では，「司法書士会員は，……たえず人格の向上を図り，司法書士としての品位を保持しなければならない。」と定めている。

司法書士に課せられている品位保持義務は，自らの名誉と信頼を保持するばかりでなく，司法書士相互が他者の名誉と信用を尊重することをも求めている。これにより司法書士全体の名誉を守り，司法書士制度に対する社会の信頼が確保できるのである。

2 名誉と信義の尊重

他の司法書士との関係で，「相互に名誉と信義を重んじる」ことが求め

159

第14章　他の司法書士との関係における規律

られるのは，司法書士としての品位保持義務に由来する。これにより，他
の司法書士とその依頼者との間の信頼関係を損なう行為が制約され，他の
司法書士と依頼者との信頼関係に配慮することにつながると考える。

　本条は，業務の在り方をめぐる司法書士間の相互批判まで禁止するもの
ではない。他の司法書士の業務遂行について倫理上問題があれば，これを
正す意味で批判することは差し支えない。なお，司法書士が，他の司法書
士が受任している事件の処理に協力する場合において，その依頼者に対し
他の司法書士の事件処理の在り方を批判することは，その依頼者と司法書
士との間の信頼関係を害するおそれがあることを十分に認識すべきである。

（他の事件への介入）

第98条　司法書士は，他の司法書士が受任している事件に関して，不
　　当に介入してはならない。

1 　**趣　旨**

　他の司法書士が受任中の事件に割り込み，これを強引に自己の受任事件
とする行為は，司法書士の品位と信頼を損なうことになるので許されない。
さらに，そのような行為は，他の司法書士とその依頼者との間の信頼関係
を害するおそれもあり，他の司法書士を不利益に陥れることもあり得るこ
とから，このような事件への不当な介入を禁止するものである。

2 　**不当な介入**

　「不当な」介入と言えるかの判断は難しいが，「司法書士の目的・動機，
手段・方法，態様，依頼者の意向等の事情を考慮して，司法書士の常識を
著しく逸脱したものであるかどうかが一つの判断基準ということができ」
るとされている[1]。

1）升田純「司法書士の訴訟関連業務と業務規制(18)」市民と法34号92頁

第99条（相互協力）

　今日では，セカンド・オピニオンを求める権利が認められるようになっており，他の司法書士が受任している事件について，意見を述べること自体は許容されていると考えられる。しかし，許容されているとしても，結果予測の告知はどこまですることができるか，他の事件への介入がどの程度までならば正当なものと言えるのかは問題である。

　他の司法書士が受任している事件処理について意見を求められた場合には，可能な範囲で事件の記録や資料の調査等を行い，客観的な事件概要の把握に努め，かつ他の司法書士への誹謗中傷や事件誘致と受け止められないような配慮をしつつ応答すべきである。その結果，該当事件を受任することとなっても，不当な介入とはならないであろう。

　事件の結果についての見通しや予測についての意見を告知することは，事件の情報を精査して得られた客観的条件と，そこから判断される主観的認識とを区別して十分に説明する限り差し支えないが，それを越えて結果を請け合ったり，保証をするような言質を与えたり，またそのような誤解を生じさせるような言動は厳に慎むべきである。

（相互協力）

第99条　司法書士は，他の司法書士と共同して業務を行う場合には，依頼者とそれぞれの司法書士との間の委任関係を明確にして，依頼の趣旨の実現に向け，相互に協力しなければならない。

2　司法書士は，事件処理のために復代理人を選任する場合には，依頼の趣旨の実現に向け，復代理人と十分な意思疎通を図らなければならない。

---

1 趣　旨

　司法書士が業務遂行上，他の司法書士と共同して事件にあたる場合には，処理方針について協議し，意見を調整して，依頼者のために事件の処理を行わなければならない。

161

第14章　他の司法書士との関係における規律

　本条２項では，司法書士が復代理人を選任したときには，依頼者との信頼関係を損なうことのないよう，復代理人と十分な意思疎通を図り，責任を持って対処しなければならないことを規定した。

　共同受任した司法書士は双方とも，依頼者に対してその利益のために業務を遂行するという誠実義務を負っている。先に受任している司法書士と依頼者との信頼関係は尊重されるべきであるが，それがかえって依頼者の利益を害することのないように注意しなければならない。

2　本条１項

　共同受任司法書士間における事件処理についての意見の不一致により，依頼者に不利益を及ぼしかねないと判断される場合には，依頼者に対して，その事情を告げ，意見の相違点や各意見に従った場合の相違点について十分に説明した上で，依頼者の意見を求めなければならない。

　依頼者に事情を説明しても，依頼者自身が判断できないという場合は，再度共同受任司法書士間で協議し，事件処理の方針を決めなければならない。この場合，司法書士は依頼の趣旨を実現するため，相互に真摯に議論を重ね，誤りがあれば率直に認めて改める等の努力を尽くす必要がある。そして，それでも一致をみない場合，それにより依頼者に不利益を及ぼすおそれがあると認められるときは，辞任もやむを得ないと考えられる。なお，辞任する場合であっても，依頼者に十分説明し，辞任により依頼者に不利益を及ぼさないように配慮しなければならないことは言うまでもない。

　なお，不動産登記において登記権利者と登記義務者のそれぞれに別々の司法書士が代理人として関与する申請（いわゆる「分かれ」）については，行為規範48条の規定が適用される。

　また，立会のみを他の司法書士に依頼する，いわゆる「決済バイト」と呼ばれる形態に関し，依頼者と司法書士の委任関係が不明確であるという問題がある。この点，立会を行う司法書士は，登記申請のための当事者の本人確認や取引成立の判断などを行うことになるが，当該登記事件を委任されていることを基礎として業務上の責任を負うことになる。そのため，共同代理人として依頼者から依頼を受けるか，登記申請の復代理人となる

第99条（相互協力）

こと等によって，立会において，依頼者に直接業務上の責任をとることができるよう，依頼者と司法書士間の委任関係を明確にすることが求められる。

3 本条2項

　復代理人を選任する場合には，その代理権の範囲を明らかにすることは当然のことと言えるが，代理人である司法書士が復代理人である司法書士と十分な意思疎通を図らず，事件処理が十分に行われなかった場合は，代理人である司法書士も，復代理人の選任及び監督につき善管注意義務違反を問われることになる。

第15章 司法書士会等との関係における規律

第15章 司法書士会等との関係における規律

　本章は，司法書士と所属する司法書士会及び日本司法書士会連合会との関係における規律を定める。司法書士は，所属する司法書士会等が定める規律等を遵守し，組織運営への協力や司法書士会等の事業へ参加することが求められている。

> **（規律の遵守）**
> 第100条　司法書士は，自治の精神に基づき，司法書士会等が定める規律を遵守する。

1 趣　旨

　司法書士法23条は，「司法書士は，その所属する司法書士会及び日本司法書士会連合会の会則を守らなければならない。」と定め，同法47条は，「司法書士がこの法律又はこの法律に基づく命令に違反したときは，法務大臣は，当該司法書士に対し，次に掲げる処分をすることができる。」と定めている。また，会則基準98条では，「会員は，連合会並びに本会の会則，規則，支部規則及び総会の決議を守らなければならない。」と規定されており，司法書士にとって，司法書士法及び会則等を遵守することは法的義務であって，これに違反することは懲戒事由に該当し得る。また，会則，規則等の中には，司法書士法が規定する司法書士の義務や執務の基準の細目を定めるものも少なくなく，常にこれに精通し，遵守することが，業務の適正さを保つためにも求められる。

164

第101条（組織運営への協力）

2 規律の遵守

司法書士は，「業務とする登記，供託，訴訟その他の法律事務の専門家として，国民の権利を擁護し，もって自由かつ公正な社会の形成に寄与することを使命とする。」（法1条）。司法書士は，国民の権利を擁護し，自由かつ公正な社会の形成をするために，常に国民から信頼される存在でなければならない。そのためには，司法書士は規律を遵守し，業務を適正に行うように努めなければならない。

なお，「司法書士会等」とは，行為規範6条にて定義しているように，「その所属する司法書士会及び日本司法書士会連合会」を指す。

（組織運営への協力）

第101条 司法書士は，司法書士会等の組織運営に積極的に協力する。

---

1 趣　旨

司法書士会等は，自治権の維持及び発展に向け不断の努力を惜しんではならないが，そのためには司法書士が常に自治意識の高揚を図り，かつ司法書士会の組織力の強化に努めなければならないことから，司法書士が積極的に会務運営に参画し，協力することを表明している。

2 組織運営への協力

国民の権利の擁護と自由かつ公正な社会の形成に寄与するという司法書士の使命（法1条）は，国民の司法書士に対する信頼なくしては達成できるものではない。そのため，司法書士は，司法書士及び司法書士会が国民から信頼される存在であり続けることができるよう，積極的に司法書士会等の組織運営に協力し，司法書士自治の維持及び発展に努めることが求められる。

165

第15章　司法書士会等との関係における規律

> **（事業への参加）**
> **第102条**　司法書士は，司法書士会等が行う事業に積極的に参加する。
> また，司法書士会等から委嘱された事項を誠実に遂行する。

1　趣　旨

　司法書士会等は，司法書士法によりその目的が定められている法定の組織である。これらの組織は，司法書士の行う法的サービスに関する事業に取り組んでおり，これらの事業に積極的に参加することは司法書士としての責務である。また，司法書士会等は，会員の指導及び連絡に関する事務を中心とした各種事務を行っており，会員である司法書士が司法書士会等から委嘱された事項を誠実に処理すべきことは，自治の要請するところである。

2　事業への参加

　司法書士会等は，司法書士の使命及び職責に鑑み，国民に対して司法書士が提供する法的サービスに関する様々な事業を行っている。これら司法書士会等が行う事業に参加することは，帰属意識を高めるとともに国民の権利を擁護し，もって自由かつ公正な社会の形成に寄与するという司法書士の使命に欠かせないものであることを自覚できる機会となるものであり，積極的に事業への参加を求められるものと考える。

166

第2部
事例による行為規範の解説

【事例１－１】 秘密保持義務①（戸籍の開示）

第1章 総論・依頼者応対関係

【事例１－１】 秘密保持義務①（戸籍の開示）

(1) 令和５年〇月，司法書士甲はＡから，Ａの父名義の土地の相続登記の依頼を受けた。父は昭和〇〇年に亡くなっている。そして，父にはＡを含め子が８人いたが，現時点ではＡ以外の７名は既に亡くなっており，現在，相続人又はその地位を承継した者は全部で18名であるという。今回，相続人全員で協議し，父名義の土地を建売業者Ｂに売却し，売買代金は法定相続分で分けることが決まったという。売却の前提として，法定相続人全員に委任状を送付して，各人への法定相続分による相続登記を進めてほしいというものであった。

(2) その後，司法書士甲は相続人から委任状を受領して準備を進めていたところ，買主となる建売業者Ｂの担当者Ｃから次の連絡が入った。Ｃは，司法書士甲に対して，「相続登記はいつくらいに申請できるのか？」，「代金決済は先でも構わないが，契約締結は急ぎたい。」，「社内規程で契約締結の社内決裁に相続関係戸籍一式が必要になるのでコピーを提供してくれないか？」と述べた。

司法書士甲は，Ｃに対して，相続関係戸籍一式の開示に応じてよいだろうか？

関係条文 法24条（秘密保持の義務）／行為規範11条（秘密保持等の義務）

論点

秘密保持等の義務

169

第1章　総論・依頼者応対関係

> **コメント**

1　秘密保持義務の趣旨

　秘密保持義務は，司法書士が業務上取り扱った事件について知り得た秘密を他に漏らさない，また，利用しない業務上の義務があることを明定したものである。

　司法書士は，依頼を受けた事件について，依頼者や関係者らの秘密に深く立ち入ることが多く，秘密保持についての依頼者の信頼なくしては業務を行い得ない。依頼者は，自らの秘密が守られるという信頼があるがゆえに，司法書士に対し様々な秘密を明かして相談し，解決を依頼するのである。

　したがって，秘密保持義務及び秘密を利用しない義務は，司法書士と依頼者との関係の最もコアな義務の一つである。

2　いかなる場合に秘密保持義務が解除されるか？

　もっとも，いかなる場合でも秘密の開示が許されないわけではない。そして，秘密保持義務が解除される場合として，司法書士法24条では「正当な事由がある場合」とのみ規定されているところ，行為規範11条2項では，秘密を開示することが許容される「正当な事由」を例示している。

　そこで，ここでは行為規範11条2項を手掛かりに具体的事例に当てはめて検討することとする。ただし，秘密の開示が許される場合であっても，秘密主体の利益を考慮して，必要な限度にとどめられなければならないとの点に留意する必要がある。

3　本事例では？

(1)　「秘密」とは？

　秘密保持義務の対象となる「秘密」とは，司法書士法上は，「一般に知られていない事実で，知られていないことにつき利益があると客観的に認められるものである」[1]ところ，司法書士行為規範では，この客観的意味の秘密に加え，本人が特に秘匿しておきたいと考える性質を持つ事項，いわゆる主観的意味での秘密も含むとの立場に立っている。そして，戸籍に

---

1) 『注釈法』274頁

【事例１－１】　秘密保持義務①（戸籍の開示）

記載された情報は，ここで言う「秘密」に該当するものである。

　その上で，司法書士甲が売買の買主に対して戸籍を開示することが行為規範11条２項の秘密保持義務を解除できる場合に該当するか否かが問題となる。

　行為規範11条２項では，秘密保持義務を解除できる場合として，①本人の承諾がある場合（１号），②法令に基づく場合（２号），③司法書士が自己の権利を防御する必要がある場合（３号），④前３号に掲げる場合のほか，正当な事由がある場合（４号）と規定している。そして，その場合においても開示する程度は，必要の限度においてとの制限がある。

(2) 「本人の承諾」があると言えるか？

　本事例では，１号の「本人の承諾」がある場合に該当するか否かが問題となる。

　「本人」とは秘密の主体である。秘密主体の承諾があれば，秘密を開示しても秘密主体を害することもなく，また，司法書士への信頼も維持される。そして，「承諾」とは明示の承諾のほか，依頼者と連絡がつかない場合であって，依頼者の名誉や信用を守る必要性があるときには，黙示の承諾や推定的承諾でも足りるとされる[2]。

　さらに，「委託された職務の遂行に必要な範囲での秘密開示であれば（推定的）承諾を認めてよいであろう」とされている[3]。しかし，黙示の承諾や推定的承諾の判断は慎重になされるべきであり，緊急の必要性のある場合に限られるとされる[4]。

　そうすると，本事例では，相続人各自から相続登記への委任は受けているものの，戸籍一式の開示についての明示の承諾はない。また，買主への戸籍の開示は，「委託された職務の遂行に必要」と言うこともできないので推定的承諾も認められないであろう。

　したがって，本事例では秘密主体の承諾はなく，戸籍一式の開示をすることは秘密保持義務から許されないと考えるべきである。

2）『解説規程』62頁
3）手賀・月報582号８頁
4）『解説規程』62頁

171

第1章　総論・依頼者応対関係

【事例1－2】　秘密保持義務②（文書提出の拒否・証言の拒絶）

　司法書士甲は，依頼者である株式会社Aから，定期的に不動産登記の申請事件及び役員変更登記の申請等の商業登記の申請事件を受任している。
　① 　株式会社Aに税務署の税務調査が入ったことにより，税務署から甲に対して，受任した事件について資料の提供を求められた。甲はこれに応じて問題ないか。
　② 　株式会社Aは，司法書士甲が受任した事件に関して民事訴訟事件の被告となり，甲に対して，裁判所から証人尋問の呼出状が届いた。甲はこれに応じて問題ないか。

関係条文　　法24条（秘密保持の義務）／行為規範11条（秘密保持等の義務）

論　点

秘密保持等の義務

コメント

　行為規範11条2項では，司法書士の秘密保持義務を解除することができる「正当な事由」を例示している。本事例では，秘密を開示することができる具体的な場面を想定して「法令に基づく場合」（2号）を考察する。

1　文書提出の拒否

　司法書士が受任した事件について，文書提出命令等（民訴223条）や文書送付の嘱託（民訴226条）などを受けたときは，原則として秘密保持義務が優先すると考えられ，依頼者の承諾がなければ秘密を開示することはできない[5]。本事例のように，依頼者に税務署の税務調査が入り，司法書士が反面調査を受け，受任した事件について資料の提供を求められた場合，依頼者の承諾などの秘密保持義務が解除される正当な事由（行為規範11条2項）

---

5)『法曹の倫理』56頁

【事例１－３】 不当誘致

を慎重に検討し，これがない場合は資料の提供を拒絶することが考えられる。

2　証言の拒絶

民事訴訟法197条は，証言を拒むことができる場合を規定している。この規定は例示列挙規定と解されており，司法書士にも類推適用され，証言を拒絶することができる。

一方で，刑事訴訟法149条の規定は，民事訴訟法と異なり限定列挙規定であり，司法書士への類推適用は許されないと解されている。そのため，司法書士は刑事訴訟では証人として証言を拒むことはできない。

本事例では，民事訴訟の証人として証言する場合であるので，証言拒絶ができるにもかかわらず証言をした場合は，秘密保持義務違反となるので注意が必要である。

【事例１－３】　不当誘致

> 司法書士甲は，提携先であるＡ社から反復継続して依頼される登記事件処理のため，司法書士乙にその協力を求めた。その内容は，Ａ社と司法書士乙が直接受任する契約を締結して登記事件を処理すること，司法書士乙は司法書士甲に対して，登記申請１件につき協力費として金２万円を支払うというものである。
> 司法書士乙は，司法書士甲に協力費を支払ってもよいのだろうか？
> また，司法書士甲は，司法書士乙から協力費を受け取っても問題ないのだろうか？

関係条文　規則26条（依頼誘致の禁止）／行為規範12条（不当誘致等）

論　点

不当誘致

173

第1章　総論・依頼者応対関係

コメント

1　不当誘致禁止の趣旨

　行為規範12条は，不当な方法による事件の依頼の誘致，誘発行為を禁止するとともに，依頼者の紹介を受けたことについて対価を支払い，また，依頼者を紹介したことについて対価を受け取ることを禁止している。この趣旨は，司法書士の公正な競争取引を確保するためであり，また，依頼者の司法書士選択の自由を保障するためである。

　本事例では，「協力費」の支払が登記業務紹介に対する「対価」に当たるかどうかが問題となる。

2　「対価」とは？

　「対価」と考えられるものは，報酬，広告掲載料，業務協力費，紹介料，システム利用料など様々な名目がある。

　この点，日本司法書士会連合会は，「対価」について，「その名目如何に関わらず，依頼者紹介との関係で給付し若しくは給付されるもの」との見解に立っている[6]。そして，この見解は，改正前の司法書士倫理13条についてのものであるが，司法書士行為規範においても引き継がれている。

3　司法書士乙は「協力費」を支払ってもよいか？

　本事例は，司法書士乙は，司法書士甲から依頼者であるＡ社の紹介を受け，その登記申請件数に応じて「協力費」を司法書士甲に支払うというものであるから，依頼者紹介との関係で給付するものと評価できる。したがって，「協力費」は「対価」に当たると考えるべきである。

　よって，司法書士乙が司法書士甲に「協力費」を支払うことは行為規範12条2項により禁止される行為に該当するから，支払うべきではない。

4　司法書士甲は「協力費」を受け取っても問題ないだろうか？

　司法書士甲は，何らの法律事務を行っていないにもかかわらず，依頼者を紹介したことにより「協力費」を受け取るというものであるから，依頼者紹介との関係で給付されるものと評価できる。したがって，「協力費」

---

6) 平成30年5月16日付日司連常発第18号「司法書士への業務紹介料の支払いについて（回答）」

【事例１－４】　非司法書士との提携禁止

は「対価」に当たると考えるべきである。

　よって，司法書士甲が司法書士乙に「協力費」の支払を求めることは行為規範12条３項により禁止される行為に該当するから，受け取るべきではない。

【事例１－４】　非司法書士との提携禁止

　　司法書士甲は，行政書士Ａ及び土地家屋調査士Ｂが経営する「Ａ・Ｂ合同事務所」を甲の事務所として登録し，司法書士業務を行っている。
　　甲は，Ａ及びＢが依頼を受けた不動産登記及び商業登記申請を行っている。甲が司法書士業務により得た報酬は，Ａ・Ｂ合同事務所の口座を振込先として指定しており，甲はＡから毎月一定額を給与として受領し，残りの金額はＡが自己の収入として税務申告している。
　　また，甲の職印及び職務上等請求書は，事務所内でＡ及びＢが自由に使用できる状況であり，これを使用してＡ及びＢが戸籍謄本等を請求することもある。
　　このような甲の行為は問題ないだろうか？

関係条文　法２条（職責），23条（会則の遵守義務）／行為規範４条（品位の保持），13条（非司法書士との提携禁止等），100条（規律の遵守）／会則基準80条（非司法書士との提携禁止），94条（司法書士会員の表示）

論　点

1　非司法書士との提携禁止
2　司法書士の表示
3　職印・職務上等請求書の適切な管理
4　報酬の分配

175

第1章　総論・依頼者応対関係

コメント

1　非司法書士との提携禁止

　行為規範13条1項は,「司法書士は,司法書士法その他の法令の規定に違反して業務を行う者と提携して業務を行ってはならず,またこれらの者から事件のあっせんを受けてはならない。」と定めている。

　「提携して業務を行う」とは,非司法書士や非弁護士等が当該準拠法令の規定に違反して業務を取り扱うことに協力し,又はその業務を行うことを援助するなどして,法令違反の状況を作出し,あるいは継続させることを容易にし,これによって司法書士自身の利益を図ることである。これらの行為は,司法書士の社会的信頼を失わせるとともに,結果として依頼者の利益を損ねることとなり許されない。

2　司法書士の表示

　行為規範13条2項は,「司法書士は,第三者に自己の名義で司法書士業務を行わせてはならない。」と定めている。

　「第三者に自己の名義で司法書士業務を行わせる」とは,非司法書士であって,その者の裁量により司法書士としての業務を行う者に対し,司法書士がその名の使用を明示的にあるいは黙示的に認め,若しくはその者に協力し,援助して司法書士としての業務を行わせることをいう。司法書士が,いわゆる非司活動を行う無資格者と提携して,これらの者の跳梁を許し,あるいはその行為を助長することはその使命から許されない。

3　職印・職務上等請求書の適切な管理

　司法書士は,職務上等請求書を,自己の責任において厳格に管理しなければならず,職務上等請求書を他人に譲渡し,貸与し,又は使用させてはならない。また,職印についても同様に厳格に管理しなければならない。

4　報酬の分配

　行為規範13条3項は,「司法書士は,正当な事由がある場合を除き,その業務に関する報酬を司法書士又は司法書士法人でない者との間で分配してはならない。」と定めている。

　正当な事由がある場合を除き,司法書士業務における報酬を司法書士又は司法書士法人以外の者に分配することを禁止することにより,報酬の面

【事例１－５】 広告

から非司法書士との提携を禁止するものである。

５　本事例では？

　甲は，非司法書士であるＡに雇用され，Ａ及びＢが依頼を受けた登記申請事件について業務を行っており，行為規範13条１項の非司法書士との提携禁止及び事件のあっせんに該当する。行為規範13条２項の「第三者に自己の名義で司法書士業務を行わせる」とは，非司法書士であって，その者の裁量により司法書士としての業務を行う者に対し，司法書士がその名の使用を明示的にあるいは黙示的に認め司法書士としての業務を行わせることを言う。Ａ及びＢが職印及び職務上等請求書を自由に使用することができる状態にしていることは，黙示的に名義貸しを認めていると考えられる。

　甲は，「Ａ・Ｂ合同事務所」を事務所として登録しているが，会則基準94条１項に定めている，司法書士会員の氏名の表示を適切に行う必要がある。

　甲の司法書士報酬について，その振込先が「Ａ・Ｂ合同事務所」名義の口座になっており，司法書士報酬の大部分をＡが自己の収入として税務申告している状況は，行為規範13条３項の「その業務に関する報酬を司法書士又は司法書士法人でない者との間で分配してはならない。」の規定に違反する。司法書士報酬については，司法書士甲名義の口座を振込先として指定し，行政書士Ａ・土地家屋調査士Ｂの報酬とは別に管理すべきである。

　司法書士は，依頼者の権利を守るため，職責を自覚し，自由かつ独立の立場で業務を行わなければならない。本事例の甲の行為は，司法書士の品位に反し，司法書士の社会的信頼を失わせるとともに，結果として依頼者の利益を損ねることとなり許容することはできない。

【事例１－５】　広告

　司法書士甲事務所では，債務整理事件を広く集客するため，事務所HPに「借金減額診断」のページを設けることにした。そこでは，HPを見た方が「借入金額」，「返済期間」等を入力すると，「減額できる」との診断結果が表示されるとともに，氏名や連絡先などを入力するフォームが表示されるという。そして，この診断結果は，どのよ

177

第1章　総論・依頼者応対関係

うな入力をしても「減額できる」との診断結果が表示されるという。
　このような広告は問題あるだろうか？

関係条文　行為規範17条（広告又は宣伝）

論　　点

広告

コメント

1　業務広告とは

　司法書士が業務について広告宣伝を行うことは原則として自由である。
しかし，その広告宣伝が，虚偽の事実を含むもの，誤認を生じさせるおそ
れがあるものや品位又は信用を損なうおそれがある広告は許されず，行為
規範17条をこのことを定めたものである。

　広告に関する定めについては，司法書士行為規範のほか，日本司法書士
会連合会が定める「司法書士の業務広告に関する規則基準」に基づき各司
法書士会が定めている司法書士の業務広告に関する規則もあわせて確認さ
れたい。

2　「借金減額診断」

　本事例の「借金減額診断」のページでは，「借入金額」や「返済期間」
等の入力内容にかかわらず，一律に「減額できる」との回答が示されると
いう。そうすると，このような回答はもはや「診断」と評価することもで
きず，仮に「減額できない」と表示されるケースがあったとしても，そも
そも借入金額の変動，個々の返済額，その他の事情を斟酌しなければ正確
な判断はできないため，個別事件の事情を考慮したものとも言えないから，
本事例は，虚偽の事実を含むもの又は誤認を生じさせるおそれがある広告
に当てはまるものと思われる。

　したがって，本事例の広告は司法書士行為規範に違反するものと考えら
れる。

178

【事例１－６】 報酬の明示

　昨今，債務整理のほか，民事信託と成年後見制度を比較する広告も多く見られるところ，この広告も虚偽の事実を含んだり，誤認を生じさせることのないものとする必要がある。

【事例１－６】　報酬の明示

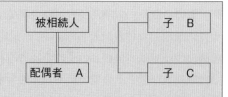

　司法書士甲は，ＡＢＣから被相続人の相続に関して，遺産承継業務を受任した。

　具体的な業務内容は「相続関係の調査」,「遺産の調査及び遺産目録の調製」,「遺産分割協議の支援」,「解約・換価・名義変更・分配」として受任した。

　甲が遺産を調査した結果，不動産は土地建物（評価3,000万円），預貯金（1,500万円），保険満期金（500万円）であった。

　ＡＢＣの遺産分割協議の結果，不動産はＡが相続し，預貯金と保険満期金はＢＣがそれぞれ各1,000万円ずつ相続することになった。

　甲は，遺産承継業務をすべて完了し，財産引渡しと費用報酬の精算を行った。

　Ａに対しては，基本報酬に加えて，相続した不動産の評価3,000万円を基準として算定した報酬，さらに登記申請代理の報酬を請求した。

　Ｂ及びＣに対しては，基本報酬に加えて，相続した遺産の額に応じて算出した報酬を請求した。

関係条文　規則22条（報酬の基準を明示する義務）／会則基準89条（報酬の明示）／行為規範22条（報酬の明示），78条（遺産承継業務）

論点

1　報酬及び費用の明示義務
2　契約書の作成

第1章　総論・依頼者応対関係

> コメント

1　報酬及び費用の明示義務

　司法書士法施行規則22条は，「司法書士は，法第3条第1項各号に掲げる事務を受任しようとする場合には，あらかじめ，依頼をしようとする者に対し，報酬額の算定の方法その他の報酬の基準を示さなければならない。」と規定している。行為規範22条は，1項で「司法書士は，事件を受任するにあたり，報酬及び費用の金額又はその算定方法を明示し，かつ，十分に説明しなければならない。」と規定し，2項で「司法書士は，その報酬については，依頼者の受ける経済的利益，事案の難易，その処理に要した時間及び労力その他の個別具体的事情に照らして，適正かつ妥当なものとしなければならない。」と規定している。この2項は，旧司法書士倫理を改正する際に，遺産承継業務や民事信託支援業務などで報酬に関するトラブルが増加していることから，報酬の妥当性についての規律が新設されたものである。

2　報酬の算定方法

　本事例は，相続人3名全員から遺産承継業務を受任したものであり，報酬は遺産の額を基準に算定する方法を採用している。遺産分割協議の結果，Aが不動産を相続することになり，BCは金銭債権を相続することになったが，遺産の額を基準に報酬を算定する場合，特に不動産については評価の方法に注意を要する。また，いつの時点の価格を用いて算定するかも重要である。

3　「適正かつ妥当な」報酬

　行為規範では報酬は，「依頼者の受ける経済的利益」，「事案の難易」，「その処理に要した時間」，「労力その他の個別具体的事情」に照らして，適正かつ妥当なものとされているため，単に依頼者である相続人が受ける経済的利益のみを基準として計算されるものではない。

　本事例においては，不動産を相続したAに対して，基本報酬に加えて，相続した不動産の評価3,000万円を基準として算定した報酬，さらに登記申請代理の報酬を請求している。不動産の評価の算定根拠に加え，報酬額が「依頼者の受ける経済的利益」，「事案の難易」，「その処理に要した時

180

間」,「労力その他の個別具体的事情」に照らして，適正かつ妥当なものと言えるか否かが問題となり得る。

4　契約書の作成

行為規範23条は，「司法書士は，事件を受任するにあたり，依頼の趣旨並びに報酬及び費用に関する事項を記載した契約書を作成するように努めなければならない。」と規定している。この規定の趣旨は，受任の範囲や報酬等をめぐる依頼者とのトラブルを未然に防止することにある。遺産承継業務のように長期間にわたり，預り金が発生する可能性のある業務においては，報酬の算定根拠，報酬の支払方法，報酬の支払時期，業務を中断又は中止した場合の報酬などを明確にした契約書を作成しておくべきである。

【事例1－7】　公正を保ち得ない事由の顕在化

司法書士甲は，ＡＢから被相続人の遺産について，①相続財産の調査，②遺産分割協議の支援，③相続財産の承継事務を受任した。

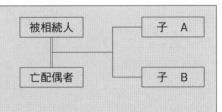

相続財産を調査したところ，被相続人の遺産として，土地1筆，建物1棟，預貯金3口座が判明した。そして，甲がＡから預かった預金通帳には，被相続人が死亡する3年前に500万円の出金の記録があった。

甲がＡに500万円の使途について尋ねたところ，感染症流行の影響でＡが経営していた飲食店の売上げが落ちたため，当面の営業資金としてＡが被相続人から贈与を受けたものであることが分かった。

甲がＡに営業資金としての贈与は特別受益に当たる可能性があることを説明したところ，Ａは「家族の間では，飲食店の経営はうまくいっているということになっていて，自分の妻にも500万円の贈与については内緒にしている。守秘義務があるから先生からＢに贈与の話はしないですよね？」と言われた。

第1章　総論・依頼者応対関係

関係条文　行為規範11条（秘密保持等の義務），25条（公正を保ち得ない事件），27条（公正を保ち得ないおそれ），30条（受任後の措置）

論　　点

1　公正を保ち得ないおそれ
2　秘密保持義務
3　適切な措置
4　契約書の作成

コメント

1　公正を保ち得ない事由の顕在化

　司法書士は，事件を受任するにあたり，業務の公正を保ち得ないおそれがある場合は，あらかじめ依頼者に対して，それが顕在化した場合の辞任の可能性やそうした状況に至った場合の依頼者のとるべき措置等について十分に説明をしなければならない。

　特に遺産承継業務においては，受任後に紛争が顕在化する可能性があり，また顕在化に至っていないとしても業務遂行の障害になる事情が生じることがある。この場合，司法書士は業務を中断又は終了する必要があるため，受任するにあたり委任契約書において，業務を中断又は終了する場合を規定しておくべきであり，その場合の報酬についても明らかにしておくべきである。

2　本事例では？

　本事例における500万円の贈与は，生計の資本としての贈与に当たる可能性があり，遺産分割協議における重要な要素となる。司法書士甲は，Bに対する誠実義務としては，この事実を告げる必要があるが，一方でAに対する秘密保持義務としては，Aの承諾がなければ秘密を開示できない。この場面では，司法書士甲は公正を保ちながら遺産分割協議の支援をすることは難しいと考える。

　業務を終了する場合にも問題がある。行為規範では，受任後に公正を保ち得ないおそれが顕在化したときは，事案に応じた適切な措置をとらなけ

182

【事例1－8】　不正の疑いがある事件

ればならないと規定している（行為規範30条）。適切な措置とは，単に「公正を保ち得ない事由が発生した」と告げる，又は，それぞれ別々に専門家に相談するように助言する，あるいは，遺産分割調停の手続を助言するなどが考えられる。いずれにしても，事情を知らないBにおいては，自身がとるべき最適な方法を判断することは難しいため，司法書士において適切な措置をとる必要がある。

【事例1－8】　不正の疑いがある事件

> 　司法書士甲は，Aから株式会社aを分割（新設分割）する登記の委任を受けた。なお，登記申請に要する書類は，全て株式会社aが用意した。
> 　受任するにあたりAからの聴き取った内容は次のとおりであった。
> ・　Aは株式会社aの代表取締役である。
> ・　株式会社aは，業績が悪化していたため，従業員を整理解雇することにし，労働組合との団体交渉を継続的に行ってきたが，交渉は決裂してしまった。
> ・　Aは，業績の良い部門を分割して新しく株式会社bを設立し，労働組合員は全て株式会社aに残すことで，株式会社bとして会社を継続していく方法をとることにした。
> ・　株式会社aは事業継続が困難になるので，後に事業閉鎖する予定である。

関係条文　　法2条（職責），21条（依頼に応ずる義務）／行為規範14条（違法行為の助長等），28条（不正の疑いがある事件）

論　点

1　不正の疑い・違法行為の助長
2　合理的な方法による調査

183

第1章　総論・依頼者応対関係

コメント

1　第三者や社会に対する配慮義務

　司法書士は，常に品位を保持し，業務に関する法令及び実務に精通して，公正かつ誠実にその業務を行わなければならない（法2条）。

　「公正かつ誠実」は，依頼者に対する誠実義務だけではなく，第三者や社会に対する配慮義務も含むものである。第三者や社会に対する配慮義務の根拠にあるのは，法律専門職の公共的使命にあるとされ，司法書士であればその使命に基づく職務の公共性及び公益性にあると考えられる。

2　依頼に応ずる義務

　司法書士は，正当な事由がある場合でなければ依頼（簡裁訴訟代理等関係業務に関するものを除く。）を拒むことができない（法21条）。

　司法書士法21条の「『正当な事由』には，司法書士法22条の規定により業務を行うことができない事件について依頼を受けた場合のほか，病気や事故，事務輻輳により業務遂行が困難な場合に依頼を受けたとき，依頼者が犯罪による収益の移転防止に関する法律4条に規定する取引時確認等に応じないとき等も含まれると解される[7]」。

3　違法行為の助長等・不正の疑いのある事件

　行為規範14条は「司法書士は，違法若しくは不正な行為を助長し，又はこれらの行為を利用してはならない」と規定し，さらに，同28条では「司法書士は，依頼の目的又はその手段若しくは方法に不正の疑いがある場合において，合理的な方法により調査を行ってもなおその疑いが払拭できないときは，その事件を受任してはならない」と規定している。これらはいずれも，上記1の「第三者や社会に対する配慮義務」を具体化するものである。

　本事例では，司法書士甲はAから「労働組合との団体交渉を継続的に行ってきたが，交渉は決裂してしまった」，「業績の良い部門を分割して新しく株式会社bを設立し，労働組合員は全て株式会社aに残すことで，株式会社bとして会社を継続していく方法をとることにした」，「株式会社a

---

7)『注釈法』236頁

【事例1－8】　不正の疑いがある事件

は事業継続が困難になるので，後に事業閉鎖する予定である」と聴き取っている。

　これらからすれば，会社分割の登記申請が，労働組合員の権利を侵害し，労働組合活動を阻害する濫用目的であることが疑われ，「依頼の目的」に「不正の疑いがある場合」と言える。そして，濫用目的であることが疑われるのであるから，司法書士甲は濫用目的の有無について調査する義務があったと言える[8]。

4　合理的な方法による調査

　「不正の疑い」がある場合の合理的な方法による調査とはどのような方法による調査なのかとの疑問が生じる。しかし，この点は事案ごとに異なると言うほかない。

　本事例においては，依頼者が用意した書類を精査し，依頼者への聴き取り（会社分割を行う目的，労働組合との団体交渉の内容と経過，不当労働行為の救済申立の有無，会社分割に関する財産関係の把握など）は最低限必要であろう。その結果，疑いが払拭されたのであれば受任しなければならない。しかし，疑いが払拭できず，濫用目的がうかがわれる場合は，依頼に応ずる義務は免除され，受任を拒否することになる[9]。

---

8)　加藤新太郎弁護士は，「『濫用目的であることが疑われる事情（疑念性）』があるときは（中略）司法書士の職責（司法書士法2条）に基づき，濫用目的の有無について調査義務が発生する」と述べる（加藤新太郎「濫用的会社分割と関与した司法書士の責任」NBL1175号68頁）。

9)　参考裁判例として，大阪高判平27・12・11判時2300号44頁がある。

185

第2章 不動産・商業登記関係

【事例2-1】 実体上の権利関係の把握（登記原因の調査確認）

　司法書士甲は，不動産業者A社から，B所有の土地（以下「本件土地」という。）について売買を原因とする所有権移転登記手続の依頼を受けた。

　A社の担当者によると，「当社はBとの間で本件土地の売買契約を締結し，売買代金は既に全額を支払っている。ただし，所有権は当社が移転先を指定するまでBに留保することになっているため，現在も登記名義はBのままである。今般，本件土地をCに売却することが決まったので，第三者のためにする契約に基づきBからCに直接所有権を移転する登記手続をしてほしい。」ということであった。

　司法書士甲は，事実に基づき登記原因証明情報を起案するとなると，記載内容が複雑になることに不安や煩わしさを覚えた。そこで，司法書士甲は，第三者のためにする契約で構成した場合と通常の売買契約で構成した場合のいずれによっても登記の原因は「年月日売買」となり，登記の記載上，何ら相違は生じないから問題ないだろうと考え，事実とは異なる「BC間で売買契約が締結され，CがBに売買代金を支払った。」とする登記原因証明情報を作成し，所有権移転の登記申請を行った。また，司法書士甲は，AB間及びAC間の各売買契約書について内容を確認しなかった。

　以上の司法書士甲による事件処理は，どのように評価されるか。

関係条文　法2条（職責），23条（会則の遵守義務）／行為規範2条（基本姿勢），4条（品位の保持），20条（依頼の趣旨の実現），43条（基本姿勢），44条（実体上の権利関係の把握等）

【事例2-1】 実体上の権利関係の把握（登記原因の調査確認）

論　点

1　依頼の趣旨の実現
2　不動産登記業務における基本姿勢
3　実体上の権利関係の把握

コメント

1　不動産登記業務における基本姿勢，実体上の権利関係の把握

　行為規範43条は，「司法書士は，不動産登記業務を行うにあたり，登記の原因となる事実又は法律行為について調査及び確認をすることにより登記の真正を担保し，もって紛争の発生を予防する。」と定めている。

　登記制度は，国民の権利の保全を図り，もって取引の安全と円滑に資することを目的とする（不登1条）ものであるから，登記の専門家として国民の権利を擁護することを使命とする（法1条）司法書士は，その職責として，実体関係を忠実に登記記録へ反映させるために登記の原因を調査確認し，把握した実体関係に基づいて作成された登記原因証明情報を提供することによって登記の真正を担保しなければならず（行為規範43条），また，このような取組がひいては紛争の発生の予防につながることを意識しながら真摯な姿勢で業務を行うべきである。

　不動産登記法61条は，権利に関する登記を申請する場合には，法令に別段の定めがある場合を除き，登記原因を証する情報（登記原因証明情報）を提供しなければならないと定めている。登記原因証明情報を提供する理由は，登記の原因となる法律行為またはその他の法律事実（不登5条2項）の存在を明らかにすることである。例えば，「登記原因及びその日付」は，申請の際の申請情報の内容であり（不登令3条6号），登記事項であるため（不登59条3号），申請者が登記官に対して登記原因を証明する情報を提供しているのである。不動産登記法は，共同申請主義に加え，登記原因証明情報の提供の必須化によって，登記の真正を確保しようという制度設計がなされている。

　さらに一歩進んで，司法書士は「登記原因証明情報を作成するに際しては，その重い職責に鑑み，登記原因証明情報の内容及び証拠力について」，

187

第2章　不動産・商業登記関係

「証拠方法としての機能」,「権利保全機能」,「紛争防止機能を充実させるべきである」と考えられる[1]。登記原因証明情報は,登記簿の附属書類として30年間保存され（不登規則28条10号）,何人も正当な理由があるときはその全部又は一部の閲覧を請求することができるとされている（不登121条3項）ことから,例えば,取引に入ろうとする者が過去の不動産の取引経過を確認したり,紛争当事者となった者が民事訴訟の準備行為として調査するなど,登記が実行された後においても,不動産の権利変動に関する重要な資料として用いられることも想定されているためである。

　以上のように,登記原因証明情報には,登記官の形式的審査資料としての役割にとどまらない,様々な機能を与えられていることも踏まえれば,登記原因証明情報を事実と反する内容で作成することは,たとえ本事例のように,登記原因の記載上は何ら相違が生じない場合であっても許容されるものではない。

2　本事例では？

　本事例では,司法書士甲は,依頼の趣旨に沿った登記原因証明情報を作成しなければならない（行為規範20条）のは当然のことだが[2],その前提として,実体関係を的確に把握するために,当事者から売買契約書を入手し登記原因に関わる契約条項を確認しておく必要があった（行為規範44条）。

【事例2−2】　実体上の権利関係の把握等（依頼者及び代理人等の本人確認等）

　　司法書士甲は,令和5年〇月〇日,友人からの紹介で,A及び特定非営利活動法人B（以下「B法人」という。）の経理部長を称するCから,B法人が所有する不動産について,Bを債務者,Aを根抵当権者とする根抵当権設定の登記手続代理業務を受任した。司法書士甲は,Cか

---

1) 司法書士登記実務研究会編『不動産登記の実務と書式〔第3版〕』143・144頁（民事法研究会,2009）
2) 会則基準88条（書類の作成）では,「会員は,法令又は依頼の趣旨に沿わない書類を作成してはならない。」と定めている。

188

【事例２－２】 実体上の権利関係の把握等（依頼者及び代理人等の本人確認等）

らＢ法人の印鑑証明書（理事Ｄにかかるもの），登記識別情報通知等の書類を受領し，登記申請を行い，同申請に基づく登記がされた。

　しかし，実際は，司法書士甲の受任時点においてＢ法人の理事は全員が任期満了により退任し，後任理事及び仮理事の選任もされておらず，Ｂ法人において代表権を有する者は不在の状況であった。

　司法書士甲の事件処理が，次の①，②又は③により行われた場合，これらはどのように評価されるか。

　① 　司法書士甲は，印鑑証明書の記載によってＢ法人の代表権がＤにあると判断し，Ｂ法人の登記記録を確認しなかった。

　② 　司法書士甲は，Ｂ法人の登記記録を調査したところ，理事Ｄのみが役員として登記されている（ただし，平成28年○月○日就任）ことが確認できたため，Ｂ法人の代表権がＤにあると判断し登記申請を進めた。

　③ 　司法書士甲は，ＣがＢ法人の経理部長の肩書のある名刺を保有し，登記必要書類もＣから渡されたということをもって，Ｃが本件登記申請に関するＢ法人の担当者であると判断し，Ｃに業務権限があることを直接的には何ら確認しなかった。

関係条文　法２条（職責）／行為規範５条（法令等の精通），44条（実体上の権利関係の把握等）

論　点

　1　法人が依頼者である場合の本人確認等
　2　法令等の精通

コメント

1　法人が依頼者である場合の本人確認等

　行為規範44条１項は，「司法書士は，不動産登記業務を受任した場合には，依頼者及びその代理人等が本人であること及びその意思の確認並びに目的物の確認等を通じて，実体上の権利関係を的確に把握しなければなら

189

第2章　不動産・商業登記関係

ない。」と定めている。これは，司法書士が不動産登記の真正を担保するための前提として不可欠な「実体関係の把握」について定めたものである。実務では，実体関係を把握するために様々な手法がとられるが，本項では，具体的な手法の例として「依頼者及びその代理人等が本人であること及びその意思の確認」が掲げられており，司法書士業務における本人確認及び意思確認（以下これらを総称して「本人確認等」という。）の重要性を示唆するものとなっている。

　本人確認等については，会則基準91条の2第1項において「会員は，業務（相談業務を除く。）を行うに際し，依頼者及びその代理人等の本人であることの確認並びに依頼の内容及び意思の確認を行い，本人であることの確認及び依頼された事務の内容に関する記録を書面又は電磁的記録により作成しなければならない。」と定められ，さらに，会則の規定及び司法書士の職責に基づく本人確認等の実施方法等が「依頼者等の本人確認等に関する規程基準」において具体的に規定されている。

2　本事例では？

(1)　事例①の場合

　①では，司法書士甲は，B法人の印鑑証明書の記載によって代表者をDと特定して事務を進めているが，当該印鑑証明書の発行日以降に，B法人の名称・主たる事務所・代表者に変更が生じている可能性もあるし，後述(2)のように代表者の就任時期を確認する意味でも，司法書士甲は，B法人の最新の登記記録を調査すべきであった[3]。なお，参考懲戒事例として，司法書士が，登記義務者である株式会社の最新の法人登記情報を取得することなく，過去の日付の法人の登記情報及び印鑑証明書で代表者を確認したことにより，代表権のない者を代表者と誤認し所有権移転登記等の申請に及んだ結果，当該申請が申請権限を有しない者からによるものとして却下された事件がある[4]。

---

3) 本事例の依頼者である特定非営利活動法人であれば，役員のうち代表者のみが登記事項となっているが，株式会社のように代表権を有しない役員も登記事項とされる法人が依頼者であれば，登記記録を調査することで，法人と役員の間における利益相反行為に該当するケースであってもこれを早期に把握することができよう。

4) 月報620号91～98頁

【事例２－２】 実体上の権利関係の把握等（依頼者及び代理人等の本人確認等）

(2) 事例②の場合

②では，司法書士甲は，Ｂ法人の登記記録を調査しているものの，理事Ｄが登記されているという点にだけ着目をし，Ｄが現実に在任しているかどうかについてまでは検討が至らなかった。Ｄの就任時期は登記記録の上では７年前であること，特定非営利活動法人の理事の任期は２年以内において定款で定める期間とされている（特定非営利活動促進法24条１項）ことを踏まえることができれば，司法書士甲は，Ｃに対して，登記上Ｄの任期が既に満了していることは明らか[5]であるから役員改選登記を先に行うよう助言することができたものと思われる。なお，参考懲戒事例として，司法書士が，抵当権設定者たる株式会社が会社更生法に基づく更生手続開始を裁判所に申し立て，受理されていることを聞いたにもかかわらず，詳しく情報を収集することもせず，また，会社更生手続が及ぼす代表者の資格への影響について考慮せずに抵当権設定仮登記の申請に及んだ結果，当該申請が申請権限を有しない者からによるものとして却下された事案がある[6]。

(3) 事例③の場合

③は，法人の意思確認の方法の問題である。法人の意思は，その代表者に確認することが最も確実な方法と言えるものの，実務においては，代表者と接触がない（できない）まま，代表者以外の担当者とのやりとりによって進行するケースも数多く存在する。この場合でも，司法書士は合理的な方法を用い，可能な限り法人の意思確認に努めるべきである。この点，依頼者等の本人確認等に関する規程基準５条２項は，「法人の意思確認の対象者が，当該法人を代表する権限を有しない代理人等である場合は，当該法人の代表権限を有する者が作成した依頼の内容及び意思を証する書面を

---

5) 定款で役員を社員総会で選任することとしている特定非営利活動法人にあっては，定款により，後任の役員が選任されていない場合に限り，定款で定められた任期の末日後最初の社員総会が終結するまでその任期を伸長することができるとされている（特定非営利活動促進法24条２項）が，これによって任期が伸長された場合でも，その任期は４年を超えることができないと解されている（平成15年11月７日法務省民商第3320号民事局商事課長通知「特定非営利活動法人の理事の印鑑証明書等の交付について」参照）。
6) 日本司法書士会連合会司法書士執務調査室倫理部会『懲戒事例集（2017年版）』13～15頁

第2章　不動産・商業登記関係

取得しなければならない。」と定めている。

【事例2－3】　複数の代理人が関与する登記手続

　　司法書士甲は，普段から登記手続の依頼関係があるC銀行〇支店か
ら，株式会社Bを債務者とする抵当権設定登記手続の依頼を受けた。
　　C銀行の担当者によると，①B社は，新社屋の建築予定地としてA
所有の土地（以下「本件土地」という。）を購入する（売買契約締結済み），
②C銀行は，B社に本件土地の購入及び新社屋の建築の資金を融資す
る，③2週間後に行われる売買代金の決済において，司法書士乙が所
有権移転登記手続を担当することになっているので，この所有権移転
登記と同時に抵当権設定登記を申請してほしい，ということであった。
　　甲乙両司法書士は，互いに面識はなかったが，事前に電話によって，
双方の登記申請はオンラインによる連件申請で行うことを取り決めて
おいた（それ以外のことは特に打合せはしなかった。）。
　　代金決済当日，C銀行〇支店において，売主A，買主B社の代表取
締役，C銀行担当者，司法書士甲及び司法書士乙が立会をし，代金決
済の取引が行われた。
　　立会の冒頭，司法書士乙から，Aについては事前に登記必要書類の
一切を預かっていて本人確認等も済んでいるので，これからB社につ
いて必要書類の受領と本人確認等を行えば所有権移転登記の準備は整
うから，その後に代金の支払いを進めてほしい，と説明があった。
　　そこで，司法書士甲は，司法書士乙に対し，C銀行の融資実行にあ
たりAの登記必要書類を確認させてほしいと要請したところ，司法書
士乙からは，「先ほど説明したとおり，Aの書類は私が責任を持って
確認済みであるから，あなたに見せる必要はない。それとも私を信用
できないというのか。」とこれに応じようとする姿勢が見られなかっ
たため，司法書士甲は，Aの登記必要書類の確認を断念し，抵当権設
定登記の必要書類だけを調査確認して，C銀行に融資の実行を依頼し
た。
　　以上の甲乙両司法書士による行動及び対応は，どのように評価され
るか。

【事例2-3】 複数の代理人が関与する登記手続

関係条文 法2条（職責）／行為規範2条（基本姿勢），3条（信義誠実），20条（依頼の趣旨の実現），48条（複数の代理人が関与する登記手続）

論　点

1　連件申請で前件と後件の代理人が別々の場合における代理人相互の連携
2　後件の代理人の前件に関する調査確認義務

コメント

1　連件申請で前件と後件の代理人が別々の場合における代理人相互の連携

　本事例では，司法書士乙が担当する所有権移転登記（前件）が実行されない限り，司法書士甲が申請する抵当権設定登記（後件）は受理されないという関係にあるため，後件担当の甲にとっても前件登記が実行されるかどうかは重要な関心事である。甲が，乙に対して，前件の登記必要書類を確認させるよう求めたことは，依頼者であるC銀行の依頼の趣旨を確実に実現する上で必要なことであったと言えよう。

　このような，連件申請で前件と後件の代理人が別々の場合における規律として，行為規範48条は，「司法書士は，複数の代理人が関与する不動産登記業務を受任した場合には，依頼者の依頼の趣旨を実現するために必要な範囲において他の代理人と連携するように努めなければならない。」と定めている。

2　甲乙両司法書士の行動について，及び後件の代理人の前件に関する調査確認義務

　上記1を踏まえ，以下，甲乙それぞれの行動，対応がどのように評価されるかを検討する。

(1)　甲が乙に対し前件の「登記必要書類」を確認させるよう要請したこと

　　行為規範48条の規律に則った措置であったと考えられる。

　　なお，甲は，「登記必要書類」だけでなく，Aの運転免許証等の

第2章　不動産・商業登記関係

「本人確認書面」も確認させるよう求めるべきではなかったかという
疑問が生じるが，甲は，原則として，その依頼者ではないAについて
まで本人確認等を行う義務は負わない以上，Aの「本人確認書面」を
確認する必要はないということになる。

　ではもし，甲が，乙から前件の「登記必要書類」の提示を受けるこ
とができていた場合，甲はどの程度の精度で書類の確認を行うべきで
あろうか。これについて東京高判令元・5・30判時2440号19頁では，
「後件の司法書士は，原則として，前件の登記手続書類については前
件の登記が受理される程度に揃っているかといった形式的な調査確認
をする義務を負うにとどまる」と判示されている。ただし，前件の登
記が完了しないことが具体的に予見できるときなど前件に何らかの問
題がある場合には，書類の真否の調査といった念入りな確認をする義
務を負うと考えられている[7]。

(2)　乙が甲の要請を拒んだこと

　上記(1)で述べたとおり，甲の要請は本条の規律に則った措置である
と認められるから，乙が合理的な理由もなくこれを拒んだことは，本
条の規律に違反するものであると考えられる。

　なお，乙が，甲の要請に応じて，甲に対し前件の登記必要書類を提
示するにあたっては，これが依頼者の秘密を開示する行為に当たるた
め，これについて当事者から承諾を得ておくこと（行為規範11条2項1
号）も重要である[8]。

(3)　甲がAの登記必要書類の確認を断念したこと

　甲は，乙に要請を拒まれたことを受け，容易にAの登記必要書類の
確認を断念してしまったが，乙が示した拒否の理由がおよそ合理的で

---

7)　本文で掲げた東京高裁判決のほかにも，参考裁判例として，東京地判平25・5・30
判タ1417号357頁，東京地判令2・10・5金法2165号75頁がある。
8)　秘密の開示に関する本人の承諾については，黙示の承諾や推定的承諾でもよく，「委
託された職務の遂行に必要な範囲での秘密開示であれば（推定的）承諾を認めても
よいであろう」と考えられている（手賀・月報582号8頁）。しかし，推定的承諾の
認定には慎重な判断が要請されることから，司法書士としては，明示の承諾を得る
ことを基本姿勢として業務を遂行すべきであろう。

194

【事例2－4】　補助者による立会の禁止

あるとは言えないのだから，甲は，乙に再度理由を問いただした上で乙の説得を試みるなどの対応をする余地があったと言えよう。

(4)　甲乙間の事前の打合せに問題はなかったか

　　本事例で，もしも，乙が（甲の説得等にもかかわらず）最後まで書類の提示に応じなかった場合，甲の対応としては，前件の書類を確認しないままＣ銀行に融資の実行を依頼するか，あるいは，後件の登記業務を辞任する（司法書士法21条の正当な事由に当たるのかどうかという問題もある。）といった対応が考えられるが，いずれにしても取引の当日に発生した問題について，関係者が一堂に会している中で決断するのは非常に厳しいものがある。

　　このような差し迫った状況で困難な対応を迫られることのないよう，後件担当の司法書士は，前もって，前件担当の司法書士との間で十分な調整を行っておくこと（前件申請について，登記申請の内容を確認したり，登記必要書類の確認方法を確認する等）が重要である。

【事例2－4】　補助者による立会の禁止

　　司法書士甲が不動産に関する取引への立会を依頼されたという内容の次の各事例（①～③）において，司法書士甲が当該各事例に記述された処理を行った場合，その処理はどのように評価されるか。

　①　同席させた補助者に登記必要書類の確認を行わせた事例
　　　司法書士甲は，土地の売買の買主である不動産業者Ａ社より，売主Ｂ，Ｃ，Ｄ，Ｅ及びＦ（以下「売主ら」という。）からＡ社への共有者全員持分全部移転登記手続と代金決済の立会を依頼された。売買物件たる土地は全30筆，売主ら5名の共有名義であり，全員に登記識別情報が通知されていた。司法書士甲は，立会に自ら出席し売主らの本人確認等を行うとともに，補助者乙を同席させ，売主らが持参した登記識別情報通知書の記載が登記記録上の記載と一致していることを確認させた（司法書士甲自らも，同通知書に不自然な点がないかを確認した。）。

195

第2章　不動産・商業登記関係

> ②　司法書士が本人確認等を行った後，途中退席し補助者に着金を
> 確認させた事例
> 　　司法書士甲は，売主Ａと買主Ｂの土地売買取引（売主が代金を受
> 領することをもって所有権が移転する内容の売買契約）における代金決
> 済の場に，補助者乙とともに立ち会い，自ら登記必要書類を確認
> し，かつＡ及びＢの本人確認を行ったが，重複する時間帯で別の
> 立会の予定があったため，代金決済完了を待たずに途中で退席を
> し，補助者乙に代金授受の確認を行わせた。
> ③　担保権設定契約に補助者を立ち会わせた事例
> 　　司法書士甲は，Ａ銀行より，同行と債務者兼抵当権設定者Ｂと
> の間で行う金銭消費貸借兼抵当権設定契約締結の場への立会を依
> 頼された（その後の抵当権設定登記手続を含む。）。Ａ銀行担当者によ
> ると，司法書士に抵当権設定登記の必要書類が完備していること
> を確認してもらえれば，その場でＢへの融資を実行するとのこと
> だった。司法書士甲は，この契約の場に自ら立ち会わず，補助者
> 乙をして，登記必要書類の確認及びＢの本人確認等を行わせた。

関係条文　法2条（職責）／規則24条（他人による業務取扱いの禁止），25条
　　　　　　1項（補助者）／行為規範19条（補助者に対する指導及び監督），
　　　　　　44条（実体上の権利関係の把握等），47条（補助者による立会の禁止）

論　点

「不動産取引における立会」や「補助者による立会」の範疇

コメント

　司法書士は，その業務の補助をさせるため補助者を置くことができる
（規則25条1項）。司法書士が，その指導監督の下で補助者に対して適正に事
務を分担（補助）させることは，受任した事件を遅滞なく円滑に処理する
上で非常に有効であることは言うまでもない。

　しかし，補助者に，「業務の補助」を超えて，「包括的」に業務処理をさ

【事例2－4】 補助者による立会の禁止

せることは，高度な専門性を有する司法書士や司法書士制度に対する国民の信頼を損なうものであり，決して許されるものではない。

この点，行為規範19条2項は，「司法書士は，補助者をしてその業務を包括的に処理させてはならない。」と規定し，さらに，不動産登記業務に関する規律としての行為規範47条では，「司法書士は，不動産取引における立会を，補助者に行わせてはならない。」と，補助者による包括的処理の一例である「補助者立会」を明示的に禁止している。

立会において，司法書士は，登記申請代理人として登記の必要書類が完備していることを確認することはもちろんのこと，本人確認，目的物の確認，意思の確認をし，さらには売買代金の支払を促したり，売買代金の授受があったことを確認するなど，取引の実体関係にも深く関与することになる。これはまさに，司法書士の専門性が発揮される，司法書士にとっての中核的業務であるから，補助者に委ねることはできない。

ただし，立会のあり方も実務においては多種多様であり，これに補助者が一定の関与をすることも想定されるから，ここでは，具体的事例に行為規範を当てはめることによって検討を行う。

1　事例①について

司法書士甲は，立会に関する依頼事務を自ら主宰しているから，「立会を，補助者に行わせ」たことには当たらない。

また，同席した補助者乙に行わせた事務（登記識別情報通知書の記載が登記記録上の記載と一致していることの確認）は，司法書士甲の明確な指示に基づき遂行され，事務の内容も書類の記載チェックという形式的な処理にすぎないから，これは「包括的な処理」には当たらない（むしろ，本事例は，確認すべき登記識別情報通知書が150通と膨大[9]であるから，このような適切な形で補助者による事務補助を活用できる典型的な場面であると言えよう。）。

---

9) 本事例のような多数の登記識別情報の提供を要するケースは，「登記識別情報を提供したとすれば当該申請に係る不動産の取引を円滑に行うことができないおそれがある場合」（不動産登記事務取扱手続準則42条1項5号）に該当するため，登記識別情報の提供に代えて，資格者代理人による本人確認情報の提供（不登23条4項1号）等を採用することも考えられる。

197

第2章　不動産・商業登記関係

2　事例②について

　司法書士甲は，自ら立ち会って，登記必要書類の確認及びA並びにBの本人確認を行っているものの，重複する時間帯で別の立会があったことから，最終的には，補助者乙に代金授受の確認事務を行わせることにして，自らは途中退席をしている。

　司法書士が不動産取引の立会を依頼された場合，その依頼の趣旨内容は，個別の委任契約に基づき定まるものではあるが，実務慣行としては，「依頼者は，単に登記手続のみならず，登記に関する限り，取引上支障無く，手続が終了するよう司法書士が注意してくれることを期待し，その期待の上に立って取引を行うのが一般であり，それが，司法書士の専門家である所以である」[10]　と考えられるから，取引の成立を待たずに退席をすることは，立会における一般的な依頼の趣旨内容に反するおそれがある（行為規範20条）。

　また，本事例では，「代金授受」という登記原因に直接関わる重要な事実を司法書士が自ら確認していないため，実体上の権利関係の把握（行為規範44条）が不十分であると考えられること，さらには，この確認を補助者に委ねたという点が，補助者による立会の禁止（行為規範47条）の規律に抵触する可能性があるということが指摘できよう。

3　事例③について

　行為規範47条で補助者による立会が禁止されている「不動産取引」とは，売買取引のみを意味するものではない。司法書士が（登記手続の受任のためだけでなく）取引の実体関係に関与することも立会の趣旨とされるような場合は，その取引が売買取引以外のものであっても，同条の「不動産取引」に該当するものと解される。

　本事例では，司法書士甲は，単に抵当権設定登記手続の受任にとどまらず，A銀行と債務者Bとの契約に立ち会って，融資金の交付という実体関係の形成にも一定関与する（司法書士による登記必要書類完備の確認をもって融資を実行する。）ことが期待され，このことが立会を依頼する趣旨であると

---

10)　東京地判平3・3・25判タ767号159頁

【事例2－5】 実体関係の把握，議事録等の書類作成

いうことは，A銀行担当者からも明示されている。

　したがって，本事例における金銭消費貸借兼抵当権設定契約の立会は，行為規範47条の「不動産取引における立会」に該当し，司法書士甲がこれを補助者に全て委ねたことは同条に違反することとなる。

【事例2－5】　実体関係の把握，議事録等の書類作成

　司法書士甲は，株式会社乙の全株式を保有する株主Aから，乙社の唯一の取締役であるBの辞任及び後任取締役Cの就任による取締役及び代表取締役の変更登記手続を依頼された。

　司法書士甲は，Aから変更登記の概要を聴き取って株主総会議事録等の登記必要書類を作成した。なお，株主総会議事録の記載内容のうち，株主総会の開催時間及び開催場所は，「お任せする」とAから言われたため適宜の時間と場所を記載したものであり，Bが株主総会に出席したこと及び同人が株主総会の席上で取締役を辞任する旨の申出を行ったことについては，AやCに確認することなく自身の憶測により記載したものであった。

　後日，A及びCが司法書士甲の事務所を訪れ，司法書士甲が作成した株主総会議事録等の書類に押印した。このとき，Aから，B本人は来所できずB個人の実印も押印できないので何とかしてもらえないかと頼まれたため，司法書士甲は，Aが持参した乙社の法務局登録印を，Bの議長・出席取締役としての記名の脇に押印をさせた。また，司法書士甲は，Cから運転免許証の提示を受けて，Cの本人確認を行った。

　司法書士甲は，預かった株主総会議事録等を添付して登記申請を行い，同申請に基づく登記がされた。

　ところが，その後しばらくして，司法書士甲は，Bから，「自分は辞任した覚えもないし，株主総会にも出席していない。司法書士が行った登記申請も，添付された議事録も虚偽のものである。」として苦情の申出を受けた。

199

第2章　不動産・商業登記関係

関係条文　法2条（職責），23条（会則の遵守義務）／行為規範2条（基本姿
勢），4条（品位の保持），49条（基本姿勢），50条（実体関係の把
握），51条（法令遵守の助言）

論　　点

1　辞任した役員の本人確認等
2　実体関係の把握
3　議事録作成の依頼があった場合における事実関係の確認
4　法令遵守の助言

コメント

1　辞任した役員の本人確認等，実体関係の把握

　商業・法人登記業務における本人確認，依頼内容の確認，意思確認（以
下これらを総称して「本人確認等」という。）については，会則基準91条の2第
1項によると，「依頼者及びその代理人等」に対して行わなければならな
いとされている。そして，この「依頼者及びその代理人等」については，
依頼者等の本人確認等に関する規程基準2条において，「依頼者とは，会
員に対して事務の依頼をする自然人又は法人」であり（同条1号），「代理
人等とは，法定代理人，法人の代表者，法人の業務権限代行者，法人の代
表者以外の役員，商業使用人，任意代理人又は使者等」（同条2号）と定義
されている。

　したがって，本事例のような代表者の辞任登記の依頼であっても，司法
書士は，現在の代表者又は代表者に代わって登記依頼事務を担当している
者について本人確認等を実施すればよく，辞任した代表者に対して直接辞
任の意思を確認することまでは行う必要はないということになる。

　この点，行為規範では，50条1項において「会社若しくは法人の代表者
又はこれに代わり依頼の任に当たっている者（以下「代表者等」という。）が
本人であること，依頼の内容及び意思の確認をする」と規定されているた
め，本人確認等の対象者という点では，上記規程基準の定めと変わるとこ
ろはない。

200

【事例2−5】 実体関係の把握，議事録等の書類作成

しかし，同項では，本人確認等に加え「議事録等の関係書類の確認をするなどして，実体関係を把握するように努めなければならない。」とされている点に着目しなければならない。本事例においては，司法書士甲は，実体関係を把握するための方法が不十分であったと言わざるを得ない。

代表者（ただし，法務局に印鑑を提出している者）の辞任の登記申請の添付書類は，登記手続の上では，辞任を証する書面に当該代表者の法務局への届出印を押印することでも足りる（商登規則61条8項ただし書）とされてはいるものの，この方法による場合，当該代表者以外の者が法務局への届出印を管理していれば，当該代表者に一切関与させることなく辞任を証する書面を用意することができてしまうという危険性も考慮に入れるべきであった。

司法書士甲は，辞任の事実の確認のため，そして紛争の発生の防止という観点からも，辞任を証する書面にBが自署の上，個人の実印を押印して印鑑証明書を添えるよう（商登規則61条8項本文）助言すべきであったと考えられる。

2　議事録作成の依頼があった場合における事実関係の確認，法令遵守の助言

行為規範50条2項では，「司法書士は，議事録等の書類作成を受任した場合には，代表者等にその事実及び経過等を確認して作成しなければならない。」と規定されている。

本事例では，司法書士甲は，（Aが本項の「代表者等」に該当する者であるかどうかはさておき）Aに株主総会の日時・場所を尋ねてはいるものの，Aから「お任せする」との回答があったことから，株主総会が実際には開催されていないことは明らかであり，司法書士甲が「事実及び経過等を確認し」たと認定することはできないし，行為規範51条（法令遵守の助言）にも違反している可能性がある。

このように，代表者等に事実及び経過等の聴き取りを試みた結果，株主総会が開催されていないということが判明した場合，司法書士としてはどのように対応すべきであろうか。

一つの方法としては，代表者等に株主総会の開催を促すとともに，必要に応じて総会の招集手続や議案書の作成について支援することが考えられ

201

第2章　不動産・商業登記関係

る。また，依頼者である会社の状況によっては，株主総会の決議の省略
（会社法319条）を活用する方が有効な場合もあり，これを司法書士から提案
することも考えられる。会社法務に携わる専門家として，依頼者の実情に
応じた適切な助言・提案をすることも重要である。

【事例2－6】　本人確認と依頼内容・意思の確認

> 　司法書士甲は，以前から仕事上の付き合いのある行政書士Ａから，
> Ａが原始定款を代理作成した合同会社乙（社員はＢ1名）の設立登記手
> 続の依頼を受けた。
> 　司法書士甲は，Ａから合同会社乙の原始定款電子ファイル（電子定
> 款）を受領し（このとき，司法書士甲は，ＢのＡに対する定款代理作成の委任
> 状は確認していない。），登記委任状ほか設立登記申請の添付書面となる
> 書類及び印鑑届書を作成してＡに手交した。
> 　数日後，司法書士甲は，Ａから，Ｂの押印がある書類及びＢの印鑑
> 証明書を受領し，あわせて，Ｂの本人確認を行うためにＢの連絡先電
> 話番号を聞いた。
> 　司法書士甲は，Ｂに電話をし，Ｂの氏名，住所，生年月日を述べさ
> せ，「〇月〇日に設立登記を申請しますね。」と伝え，Ｂから「分かり
> ました。」との回答を得たが，それ以外に設立登記申請の具体的内容
> は説明しなかった。また，Ｂの本人確認にあたる事務もこの電話以外
> には何ら行わずに，合同会社乙の設立登記を申請し，登記は完了した。

関係条文　　法2条（職責），23条（会則の遵守義務）／犯収法4条（取引時確
　　　　　　　認等）／行為規範2条（基本姿勢），21条（受任の際の説明），50条
　　　　　　　（実体関係の把握）

論　点

商業・法人登記業務における本人確認等

【事例2－6】 本人確認と依頼内容・意思の確認

コメント

　本事例のように，司法書士が他の専門領域の職能（税理士，行政書士等）を介して商業・法人登記手続の依頼を受けるケースは実務上よくあることだが，このような場合，紹介者との関係が深くなるほど，依頼者の本人確認等がおろそかになりがちなので注意が必要である。

　以下，商業・法人登記業務における本人確認等について，犯罪収益移転防止法に基づくものと，職責に基づくものとに分けて考察する。

1　犯罪収益移転防止法に基づく本人確認 （取引時確認）

　犯罪収益移転防止法4条1項は，司法書士を含む特定事業者が顧客等との間で特定取引（犯収法別表参照）を行うに際しては，当該顧客等について取引時確認を行わなければならないと定めている。

　本事例における合同会社乙の設立登記手続代理にかかる委任契約の締結は，特定取引に該当するため，司法書士甲は，合同会社乙について取引時確認を行わなければならない。ただし，乙は設立前であり人格のない社団と取り扱われるため，確認事項は次のとおりとなる（犯収法4条1項2号並びに4条5項により読み替えられる同条1項1号及び3号）。

①　Bの本人特定事項（氏名，住居，生年月日）

②　取引を行う目的

③　事業の内容

　また，取引時確認の確認方法については，犯罪収益移転防止法施行規則（本人特定事項につき同6条，取引を行う目的につき同9条，事業の内容につき同10条）にその方法が規定されている。

　本事例では，司法書士甲は，①について，Bの印鑑証明書や電話での聴取によってBの氏名，住所，生年月日を確認したものの，それ以上の措置（例えば，印鑑証明書に記載されているBの住所に宛てて転送不要の書留郵便で取引関係文書を送付すること。同6条1項1号ロ）はとっていないし，②及び③については，Bから申告を受けていないため，法令に則った取引時確認が行われていないことになる。

2　職責に基づく本人確認等

　司法書士は，商業・法人登記業務を遂行するにあたり，職責上，依頼者

203

第2章　不動産・商業登記関係

等の本人確認，依頼内容の確認，意思確認（以下これらを総称して「本人確認等」という。）を行わなければならない。

　本事例で司法書士甲が受任した業務は，合同会社乙の設立登記手続であるが，乙は，設立前であり人格のない社団と観念されるから，この場合，司法書士甲が行う本人確認等の対象者は，Ｂということになる（依頼者等の本人確認等に関する規程基準3条1号ただし書参照）。

　では，司法書士甲がＢに対して行った本人確認等の方法は，どのようなものであったか。

(1) 本人であることの確認

　まず，Ｂの本人であることの確認に関しては，司法書士甲は，Ｂの印鑑証明書や押印書類をＡから受領したほか，Ｂに電話をして本人固有の情報（氏名，住所，生年月日）を述べさせている。この点，前記規程基準4条1号では，自然人の本人確認の方法は，原則として，①面談をし本人確認書類の提示を受ける方法とし（同号ア），この例外として，②面談によらない合理的な理由がある場合には，本人確認書類又はその写しの送付を受けて当該書類の写しを本人確認記録に添付するとともに，本人確認書類に記載された住所に宛てて依頼者に対し転送不要扱いの書留郵便等により文書送付を行う方法（同号イ）又は，③上記①及び②の方法によらない合理的な理由がある場合には，司法書士の職責に照らし適切と認められる方法（同号ウ）によると規定されている。

　本事例で司法書士甲が行った本人確認の方法は，上記①及び②には該当していないが，③に該当するかどうかについては検討の余地があるようにも思える。しかし，上記1で述べたとおり，司法書士甲は，犯罪収益移転防止法に基づく取引時確認を行っていない（犯収法施行規則6条に定める方法によって本人特定事項の確認を行っていない。）。犯罪収益移転防止法の適用がある業務においては，たとえ司法書士自らが適切と考える方法で本人確認を行ったとしても，その方法が同法で要求されている確認方法に合致していないのであれば，それが上記③の「司法書士の職責に照らし適切と認めら

204

【事例2－7】　いわゆる「決済バイト」について

れる方法」と言うことはできないであろう[11]）

(2)　依頼内容の確認及び意思の確認

　　Bに対する依頼内容の確認及び意思の確認に関しては，司法書士甲は，
Bとの電話で，設立登記の申請日付以外は，登記申請の内容について確認
をしていない。このため，登記申請の内容の大部分は，行政書士Aが代理
作成した原始定款の内容に依拠することになるが，これらで依頼内容の確
認が行われたと評価することは困難であろう。司法書士甲は，Bから委任
を受けた登記申請代理人として，Bに対し，依頼内容たる登記申請（及び
印鑑届）の内容について必要かつ十分な説明を行った上で，その内容に基
づき依頼をすることについての意思を確認しなければならない。

【事例2－7】　いわゆる「決済バイト」について

　　司法書士甲は，司法書士乙が受任した不動産登記について，司法書
士乙が不動産売買の決済に立ち会うことができないため，同人からの
依頼に応じて，売主A，買主Bの不動産売買の決済立会を行った。そ
の際，司法書士甲は，自身の事務所の名刺ではなく，司法書士乙事務
所の住所が記載された司法書士甲の名刺を差し出し，A及びBからは
司法書士乙に対する委任状を受領し，本人確認及び意思確認を行った。
　　決済終了後，司法書士甲は決済で受領した書類を司法書士乙に渡し，
登記申請は司法書士乙が行った。なお，司法書士乙は，売主A及び買
主Bの本人確認及び意思確認を行っていない。

---

11)　依頼者等の本人確認等に関する規程基準10条では，「犯罪収益移転防止法その他法
　令の規定が存する場合は，この規程とともに，当該法令の規定を遵守しなければな
　らない。」と規定されている。また，同規程基準4条1号の補足説明においては，「ア
　及びイの方法によらない合理的理由がある場合は，ウとして司法書士の職責に照ら
　し適切と認められる方法によることができると規定しているが，特定業務の場合は，
　司法書士が自己の判断で適宜な方法を選択する余地はなく，犯罪収益移転防止法に
　おける確認書類及び確認方法に限定される」と説明がされている（平成28年1月27
　日付日司連発第1529号「依頼者等の本人確認等に関する規程基準」の一部改正につ
　いて（通知）の別紙②「依頼者等の本人確認等に関する規程基準」補足説明6・7
　頁)。

205

第2章　不動産・商業登記関係

関係条文　法2条（職責），20条（事務所），23条（会則の遵守義務）／犯収法
4条（取引時確認），6条（確認記録の作成義務等），7条（取引記
録等の作成義務等）／行為規範2条（基本姿勢），3条（信義誠実），
99条（相互協力）

論　点

信義誠実義務，相互協力

コメント

1　相互協力，公正かつ誠実義務

このケースのように不動産売買の決済立会のみを他の司法書士に依頼す
る，いわゆる「決済バイト」と呼ばれる業務形態が都市部を中心に広がっ
ているという。そして，「決済バイト」には様々な形態があると指摘され
ているが，[12] このケースでは，依頼者と司法書士甲との間の委任関係が不
明確であるとの問題がある。

この点，立会を行う司法書士は，登記申請のための当事者の本人確認や
取引成立の判断などを行うことになるが，当該登記事件を委任されている
ことを基礎として業務上の責任を負うことになる。

そのため，共同代理人として依頼者から依頼を受けるか，登記申請の復
代理人となること等によって，立会において，依頼者に直接業務上の責任
をとることができるよう，依頼者と司法書士間の委任関係を明確にするこ
とが求められる（行為規範99条）。このことは，依頼者に対して誠実に業務
を行うという公正かつ誠実義務（法2条，行為規範2条，3条）からも当然の
ことと言えよう。

このケースの「決済バイト」の問題については，ほかにも下記のような
問題がある。

2　事務所

立会において，司法書士名簿に登録された自らの事務所所在地，事務所

---

12) 稲村・市民と法121号16頁

の名称ではなく，他の会員の事務所所在地，事務所の名称，連絡先が記載された名刺を差し出す行為もあると指摘されている。[13] このケースにおいても，司法書士甲は，自身の事務所所在地ではなく，司法書士乙事務所の所在地が記載された名刺を差し出している。

この点，あたかも二以上の事務所を設けたかのような外観を呈することとなり，「二以上の事務所を設けることはできない」（規則19条）との定めとの関係でも問題となる。

3　犯罪収益移転防止法上の取引時確認

復代理人として決済立会を行う場合，復代理を依頼した司法書士及び依頼を受けた司法書士のいずれもが，犯罪収益移転防止法上の「取引時確認」（犯収法4条）を行う必要がある。このケースでは，司法書士乙は売主A及び買主Bの本人確認・意思確認を行っていないというのであるから，「取引時確認」を行っていないことも問題となる。

【事例2－8】　説明義務

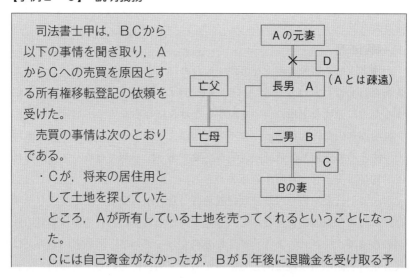

13）稲村・市民と法121号16頁

第2章　不動産・商業登記関係

　　定であったため，この退職金をCに贈与して，売買代金に充てる
　　ことになった。
　・また，Aには持病があり，Bの退職までの間に万が一のことがあ
　　ると疎遠のDに相続権が発生してしまう。
　司法書士甲は，BCから「売買代金を分割払いにすることでAと話
をまとめてくるので，売買契約時に所有権移転登記をしてほしい」と
の依頼を受け，割賦売買契約書を作成し，ACの意思確認をしたうえ
でAからCへの所有権移転登記申請を行った。
　司法書士甲の対応に問題はないだろうか？

関係条文　法2条（職責）／行為規範21条（受任の際の説明），45条（公平の
　　　　　　確保）

論　　点

説明義務

コメント

1　説明義務

　司法書士は，依頼の趣旨を実現するために，的確な法律判断に基づいて
業務を行わなければならない（行為規範20条）。そして，依頼の趣旨を実現
するために必要な事項について説明しなければならない（行為規範21条）。

　説明義務の具体的範囲は，個々の事情により様々であるが，事件の処理
の方法とその見通しは最低限説明が必要であり，予想されるリスクがあれ
ば不利益事実として説明する必要がある。

　司法書士は登記権利者及び登記義務者の双方から登記申請を受任した場
合，双方の依頼の趣旨に従って，登記原因となる契約の目的が依頼者の意
図のとおり達成されるよう善管注意義務を負っている。依頼者の一方又は
双方から登記申請手続に関して指示があった場合において，その指示に合
理的理由がなく，これに従うことにより，依頼者の一方の利益が著しく害
され，当該依頼者が意図した目的が達成されないおそれがあることが明ら

208

かであるときは，司法書士は，当該依頼者に対して指示どおりに登記することの効果及びリスクを説明し，これに関する誤解がないことを確認する注意義務がある。[14]

2　本事例では？

本事例は，売買代金が全額支払われる前に所有権移転登記を行うものであり，代金支払と所有権移転登記が同時履行となっていない。このように依頼内容が一方の依頼者の利益を害する可能性があり，依頼者が意図した目的が達成されないおそれがあるときは，司法書士は，依頼内容の不動産登記法上の効果を説明し，誤解がないことを確認する注意義務がある。

すなわち，本事例の場合，代金支払と所有権移転登記は同時履行が原則であることを説明し，同時履行となっていない場合のリスクを説明する必要がある。また，とるべき方法として，売買代金を被担保債権として当該土地に担保権を設定するなどの助言が考えられる。

【事例2-9】　預り書類の管理

司法書士甲は，根抵当権者であるA及び抵当権設定者であるBから根抵当権設定登記申請代理の委任を受けた。なお，甲は，根抵当権設定者のBとは旧知の中であり，これまでも複数回の登記手続を受任している。

AとBが一緒に甲の事務所を訪れ，甲はABの本人確認及び意思確認をした上で根抵当権設定登記の書類一式をA及びBから受け取った。AからBへの融資実行は翌日であり，根抵当権設定登記は翌朝申請することになった。

その後，1時間ほど経過してからBが甲の事務所に来て「実は，別の売買の登記手続で先ほど預けた登記済証を使用します。不動産業者が事前に確認したいと言っているので，さっき預けた登記済証を一旦返してもらえないだろうか。明朝には，必ず持ってきます。」と言ってきた。そこで，甲は，Bに登記済証を渡した。

---

14) 参考裁判例として，東京地判平9・5・30判時1633号102頁がある。

第2章　不動産・商業登記関係

関係条文　法2条（職責）／行為規範35条（預り書類等の管理），46条（登記
手続の中止又は登記申請の取下げ）

論　点

預り書類の管理

コメント

1　書類保管義務

　司法書士は，信義に基づき，公正かつ誠実に職務を行わなければならない（法2条，行為規範3条）。依頼者に対する誠実義務は，委任契約に基づき受任事務を法律専門家として高度な注意義務をもって遂行・処理することを中心的内容とする[15]。

　この誠実義務を具体化するものの一つとして，司法書士が業務を遂行するにあたり必要書類を預かるに際しての書類保管義務がある。書類保管義務に関する裁判例では「本来，根抵当権設定契約において，その権利者は，登記を経由しない限り第三者にこれを対抗し得ないものであるから，その登記は，必要欠くべからざるものであり，その申請手続は，専門的知識をもつ司法書士に委託してなされるのが通常であり，司法書士としては，右委託を受けた場合は，善良な管理者の注意をもって委任事務を処理遂行すべき義務があり，その必要書類を預かるに際しては，これを毀滅したり，盗取されないように注意すべきであることは当然である。」と判示されている[16]。

2　当事者の一部から登記済証の返却依頼があった場合は？

　行為規範46条には「司法書士は，当事者の一部から，不動産登記手続の中止又は不動産登記申請の取下げの申出を受けた場合においては，他の当事者の利益が害されることのないように当事者全員の意思を確認し，適切な措置をとらなければならない」と規定されている。この規範の根拠とさ

15）『法曹の倫理』11頁
16）千葉地判昭56・6・11判時1024号100頁

【事例2－9】 預り書類の管理

れている最一小判昭53・7・10民集32巻5号868頁は，その理由として，登記義務者と司法書士の間の委任契約は，登記権利者と司法書士の間の委任契約と「相互に関連づけられ，前者は，登記権利者の利益をも目的としているというべきであり，（中略）このような場合には，登記義務者と司法書士との間の委任契約は，契約の性質上，民法651条1項の規定にもかかわらず，登記権利者の同意等特段の事情のない限り，解除することができないものと解するのが相当である。」と判示している。

　司法書士が，登記権利者と登記義務者の双方から登記申請代理を受任した場合，双方に対して善良な管理者の注意をもって委任事務を処理遂行すべき義務があり，双方に対して登記書類保管義務を負っているのである。この登記書類保管義務は，登記申請代理の基本的義務である。

　本事例のように登記義務者に登記済証を返却することは，登記権利者が再びその提出を受けることが不確実あり，登記義務者により当該物件を第三者に移転され，登記手続が不可能となるおそれがある。他の当事者である登記権利者の利益が害される可能性があるため，そのようなことがないように登記権利者の意思を確認するなどの適切な措置をとらなければならない。

第3章 裁判業務等関係

第3章　裁判業務等関係

【事例3－1】 簡裁訴訟代理等関係業務（依頼者の意思の尊重）

> 　Aは，インターネットの広告を見て，司法書士甲の事務所に行き，甲に消費者金融会社Bに対する過払金返還請求を依頼し，甲から指示のあった書類を郵送した。書類を送付して2か月ほどたった頃に，甲から「甲の計算ではAの過払金は100万円であるが，Bは65万円であると主張している。一方，Bは，50万円で和解してもらえるのであれば，2か月後にその金額を支払うと言っている。」と連絡があった。
> 　甲は，裁判をしても時間がかかるので，この和解条件で和解してはどうかと勧めたが，Aは，時間がかかっても構わないので，100万円取り返せる可能性があるなら訴訟をしてほしいと述べた。
> 　ところが，その1か月後に甲から「Bとの交渉の結果，和解金額が60万円に引き上げられたので和解しました。」とAの携帯電話にメッセージが入っていた。
> 　司法書士甲の対応は，どのように評価されるか。

関係条文　法2条（職責）／行為規範3条（信義誠実），10条（意思の尊重），21条（受任の際の説明），24条（事件の処理），57条（簡裁訴訟代理等関係業務）

論点

1　依頼者の意思の尊重
2　簡裁訴訟代理等関係業務
3　事件処理における説明

【事例3－1】 簡裁訴訟代理等関係業務（依頼者の意思の尊重）

コメント

1 依頼者の意思の尊重

行為規範10条では，業務を行うに際して「司法書士は，依頼者の意思を尊重し，依頼の趣旨に沿って，その業務を行わなければならない。」と規定し，依頼者に対しては，「専門家支配」に陥ることのないよう，十分な情報の提供と説明を行い，依頼者の依頼の趣旨に沿って業務を行わなければならない[1] 旨を定めている。

2 簡裁訴訟代理等関係業務

行為規範57条では，簡裁訴訟代理等関係業務を受任した場合には「代理人としての責務に基づき，依頼者の自己決定権を尊重して，業務を行わなければならない。」と規定し，ここでも依頼者の自己決定権を尊重しなければならないことを定めている。

3 事件処理における説明

依頼者の自己決定権を尊重するにあたり，重要なことは，依頼者に対する「十分な情報の提供と説明」である。通常は，依頼者は法的知識や訴訟経験が乏しいため，どのような事件処理方針が自己に最も有利であるか判断することは困難であることから，司法書士は，最初に依頼者から聴き取った情報や提出された書類等から検討した結果，具体的な措置をとった場合における事件の見通し，費用等の情報を提供して依頼者に対して説明を行い，事件処理方針の決定について依頼者と十分な協議を行い，その後も事情の変化に応じて適切に情報提供や協議を行い，事件処理方針を決定あるいは変更しなければならない。

事件処理方針について，司法書士の考える方針と依頼者の意向や要望が一致しない場合や，事情の変化により依頼者の意向や要望が変更される場合もあり得る。

このような場合には，依頼者の意思決定に従う場面が多いと思われる。しかし，高度な専門的判断を要求される法律専門家としては，例えば依頼者の考える事件処理方針では，依頼者にとって有利な結果にならないと予

---

1)「『司法書士行為規範』解説」32頁

第3章　裁判業務等関係

測したときには，依頼者が適切な判断ができるよう，依頼者に対し予測の内容とその根拠や理由等を十分説明しなければならない。

4　本事例における司法書士甲の対応について

本事例において，最も大事な点は，受任時も含め必要に応じて依頼者に必要かつ十分な説明等を行い，依頼者の判断を尊重して事件処理方針を決定し，その方針に基づき事件処理を行うことである。

本事例の甲のように，最初に依頼者への必要かつ十分な説明を欠いた状態で事件処理を進め，途中で自己の考える事件処理方針と依頼者の意向が異なることが明らかになった場合において，依頼者の意向を無視した事件処理は許されるものではない。

事件の受任時，あるいは本事例のように業務の遂行中に，依頼者の意向と司法書士の考える事件処理方針が異なることが明らかになった場合の具体的な甲の対応としては，例えば，甲の計算した過払金は，依頼者にとって最も有利と考えられる方法で過払金を計算したものであり，計算方法にはいくつかの考え方があるため実際にはもっと少額になる可能性があること，あるいは，訴訟が長期化すると訴訟にかかる費用が高額になることもあり，結果として依頼者への返金額は変わらない等の事情があるのであれば，その旨を説明して依頼者に再考を促すなどして，事件処理方針について依頼者と司法書士が，共通の認識の下で業務を行う必要がある。

【事例3－2】　受任の際の説明，契約書の作成，事件処理

司法書士甲は，Aから「夫Bの父が死亡して相続が開始した。自分は，被相続人の希望もあり，夫Bと共に被相続人と10年以上同居した。被相続人は死亡する5年ほど前から寝たきりの状態になり，家族による介護が必要になったため，当時，勤めていた会社を退

妻　A

被相続人

長男　B

亡配偶者

二男　C

【事例３－２】 受任の際の説明，契約書の作成，事件処理

社して，被相続人が亡くなるまでの間，無償で，療養看護を行ってき
た。４か月前に被相続人が死亡して，相続手続を進めていったところ，
自分には相続権がないことが分かった。そこで，ＢとＣに対して，こ
れまでの療養看護で被相続人の財産維持や増加に貢献しているので，
相当額を分けてほしい旨を伝えた。Ｂは承諾してくれたが，Ｃは承諾
してくれなかった。」との相談を受けた。

　甲は，Ａに対して，民法1050条（特別の寄与）について説明し，司法
書士業務として調停申立書の作成ができることを説明したところ，Ａ
は「是非，依頼したい」と希望した。

　そこで，甲は，調停申立てに必要な書類を取得するように伝え，費
用の見積書を渡して，相談票にＡの連絡先を記載させた。

　１か月後にＡが書類を持参したが，一部書類が不足していたため，
甲は「書類が揃ったら申立書が完成する」旨を伝えた。

　その後，甲は登記業務が輻輳したため本件業務を失念していた結果，
民法第1050条第２項に定める期間を経過してしまった。

　後日，Ａが「遅くなりましたが，不足していた書類を用意しまし
た。」と書類を持参した。

関係条文　会則基準87条（依頼事件の処理），92条（契約書の作成）／行為規
　　　　　　範21条（受任の際の説明），23条（契約書の作成），24条（事件の処
　　　　　　理）

論　　点

1　契約書の作成
2　事件の処理

コメント

1　契約書の作成

　司法書士と依頼者との契約は，委任契約（又は準委任契約）であり，受任
者である司法書士は，委任の趣旨に従い，善良な管理者の注意をもって委

215

第3章　裁判業務等関係

任事務を処理する義務を負担する。専門家である司法書士については，さらに専門家としての高度の注意義務が課せられ，迅速かつ誠実に業務を行うことが求められる。委任契約書を作成することは，依頼者と司法書士との間で，いつ，いかなる委任事務を行うかを明確にする点から有益である。

2　本事例では？

本事例は，司法書士はAに対して調停申立てに必要な書類を取得するように伝え，費用の見積書を渡して，相談票に連絡先を記載させているが，事件の受任にあたり契約書の作成をしていない。裁判書類作成関係業務の委任契約成立時期の解釈が問題になるが，登記申請手続の委任契約の成立時期については，次のような記述がある。

「登記申請手続の委託契約の成立時期について，従来は，司法書士が顧客から委任状あるいは登記書類を預かったときであるとされてきた。しかし，必ずしも契約の成立時期をそのように捉える必然性はなく，諾成契約であるから事実の実体に即して，これを顧客である依頼者と受託者である司法書士との登記申請手続の依頼に向けた交渉過程まで含めた契約的な関係を観念することも可能であるとする考え方もありえる。」[2]

本事例においては，1か月後にAが書類を持参した際，甲が「書類が揃ったら申立書が完成する」旨を伝えているという過程まで含めると，裁判書類作成関係業務の委任契約が成立していると捉えることができるであろう。本事例では，Aから「是非，依頼したい」と伝えられた際に委任契約書を作成すべきであり，依頼を拒否するのであれば，事務輻輳などの理由を明確にする必要がある。そして，業務を受任したのであれば，依頼者に対して，申立期限を明確に伝えた上で，書類持参を促すなどの対応が求められる。

---

2)『専門家責任』101頁

【事例３－３】裁判業務における業務を行い得ない事件

【事例３－３】裁判業務における業務を行い得ない事件

　　司法書士甲は，長年会社の登記で関与している株式会社Ｘの代表者であるＡから，Ａ夫妻の子であるＢが浮気をしており，夫から離婚調停を申し立てられており，相談に乗ってもらえないかとの依頼を受けた。

　　甲は，Ｂから離婚調停に係る資料を受領し，Ｂと方針について話し合った結果，離婚調停に係る書類作成業務を通じてＢを支援することとなり，最初の調停期日に提出する書類を作成して家庭裁判所に提出した。なお，本件にかかる司法書士費用はＡが支払いを行った。

　　その後，甲は，Ａから以下の事項について相談を受けた。

　・Ｂが離婚調停中の夫から家を追い出され，浮気相手とアパートで同棲を始めたが，アパートに入りきらない荷物をＡ夫妻の自宅に送ってきた。最初は，すぐに広いところに引っ越すので１，２か月預かってほしいとのことであったが，３か月経っても連絡がない。

　・預かっている荷物が多く，家だけでは入りきらないため会社の倉庫にも荷物を置いていて困っているので，Ｂに対してすぐに荷物を引き取るよう伝えたが返事がない。そこで，甲からＢに対して荷物を引き取るよう伝えてほしい。また，離婚調停の進捗状況も教えてほしい。

　　司法書士甲は，Ａからの相談に対してどう対応すべきか。

関係条文　法２条（職責），22条（業務を行い得ない事件），24条（秘密保持の義務）／行為規範25条（公正を保ち得ない事件），29条（特別関係の告知），58条（業務を行い得ない事件）

論　点

　1　業務を行い得ない事件の対象及びその対応

　2　守秘義務

217

第3章　裁判業務等関係

コメント

1　概　要

　司法書士法22条2項1号では裁判書類作成関係業務について，同条4項では簡裁訴訟代理等関係業務について，相手方の依頼を受けて裁判書類作成関係業務を行った事件につき業務を行い得ない旨を定めている。また，行為規範58条1項1号でも同様に，相手方の依頼を受けて行った事件又は相手方から受任している事件につき，裁判業務を行い得ない旨を定めている。

　本事例では，先行事件として裁判書類作成関係業務を受託した司法書士が，その依頼者を相手方とする事件の相談等を受けた場合，及び依頼者の関係者から受任事件の状況について問合せを受けた場合に，どう対応すべきかを問われる事案である。

2　依頼者を相手方とする事件の相談

　甲は，BがAに預かってほしいと送ってきた荷物の引取りをBに伝えるよう，Aから依頼されている。これをどう捉えるかは悩ましいところであり，単に相手方に伝達するだけであれば，利益相反の問題は生じないように思われる。しかし，通常，依頼者がその要求の伝達を司法書士に求める場合には，相手方にその実現を促してほしいということが含まれており，それでも要求が実現しない場合には，その法的解決を司法書士に依頼しようと考える場合が多いのではないかと思われる。

　したがって，本事例のAからの相談については，将来AB間で争いとなった場合には，利益相反行為（法22条2項1号・4項，行為規範58条1項4号）に該当するので甲は法的な助言をすることができないこと等を説明し，他の司法書士や弁護士に相談することを勧めるべきであろう。Aから伝達するだけで構わないと懇願され，それを承諾した場合であっても，Bから誤解を受けないよう慎重な対応が必要となろう。

3　紹介者がいる場合の対応について

　本事例の離婚調停の裁判書類作成関係業務のように，家族，友人等の紹介者がいる場合には，紹介者が事件に関心を示したり，費用を負担する等の利害関係を有することがある。このような場合，紹介者が事件の報告を

218

求めることがあるが,「依頼者の承諾なしにこれらの者に事件の経過を報告することが,守秘義務に抵触することは言うまでもない。紹介者にのみ経過を報告して依頼者に報告しないとか,依頼者でなく紹介者の意向に従って事件処理を行う等は論外である。」[3] とされている。

したがって,Aにはあらかじめ,たとえ親であってもBの承諾がない限り受任した事件の経過等を報告することはできない旨を伝えておくべきであろう。

【事例3-4】 業務放置による裁判手続の遅延

司法書士甲は,Aから債務整理の依頼を受けた。Aからの依頼内容は,貸金業者5社に対する債務整理及び過払い金があればその請求であり,そのうち2社は,既に完済されていた。

甲は,同時期に大量の不動産登記事件を受任したため,その打合せ等に忙殺され,Aから依頼を受けた債務整理については,依頼を受けてから3か月後にAからの問合せがあったこともあり受任通知を送付した。

そして,甲は,債権者から取引履歴が送付された後も,引き直し計算をすることなく放置していた。Aは,度々甲に対して債務整理の進捗状況の問合せをしたが,あやふやな返事ばかりであったので,新たに司法書士会から紹介を受けた司法書士乙に債務整理を依頼した。

乙が,改めて債権調査を行ったところ,完済した業者に対する過払い金が1か月前に消滅時効にかかっており,これが原因となり約10万円の負債を弁済しなければならないことが判明した。

関係条文 法2条(職責)/行為規範24条(事件の処理),64条(裁判手続の遅延)

---

3)『法曹の倫理』76頁

第3章　裁判業務等関係

論点

職責と職務上の怠慢

コメント

　行為規範64条では「司法書士は，不当な目的のために又は職務上の怠慢により，裁判手続を遅延させてはならない。」と定めている。司法書士は，事件を受任した場合には，速やかに着手し，遅滞なく処理しなければならない（行為規範24条）ので，特段の理由もなく受任した事件を放置したり，著しく対応が遅れたりして裁判業務を遅延させることは，司法書士の職責上当然あってはならないことである。また，依頼者から受任した債務整理事件につき，体調不良等を理由に過払金の請求を行った後，事件処理を放置し，他の債権者との債務整理の作業や自己破産申立の準備を行わなかった上に，回収した過払金の額等について依頼者に説明せず，その返還を数年にわたり怠っていたことを理由として懲戒処分を受けた事例もある[4]ことから，注意喚起的に「職務上の怠慢」の文言を残したものである。

　本事例のように，職務上の怠慢により依頼者が本来であれば負担すべきでなかった債務を負担することになったような場合には，司法書士には損害賠償義務が発生すると考えられるので，受任した業務を速やかに遂行することが困難であることが分かった場合には，依頼者に対して業務ができない旨を伝え，他の司法書士を紹介したり，司法書士会に斡旋を依頼するなどして，依頼を受けた業務が滞ることのないようにしなければならない。

【事例3－5】　相手方本人との直接交渉

> 　司法書士甲は，AからBに対する売掛金の請求に関する簡裁訴訟代理等関係業務を受任し，Bに対して売掛金の請求訴訟を提起した。
> 　Bは高齢であり，さほどの資力もないことからB本人が出廷した。
> 閉廷後にBが甲のところに来て「私も高齢で誰も頼む人がいないし，

4）月報601号86頁参照

【事例3−5】　相手方本人との直接交渉

あなたに仲裁に入ってもらえないか。」と言われた。
　司法書士甲は，どのように対応すべきか。

関係条文　　法2条（職責），22条（業務を行い得ない事件）／行為規範58条
（業務を行い得ない事件），65条（相手方本人との直接交渉等）

論　　点

1　依頼者への誠実義務と相手方本人への対応
2　相手方が依頼者側司法書士を仲裁者と誤解している場合の対応

コメント

1　依頼者への誠実義務と相手方本人への対応

　簡易裁判所での訴訟は，訴額が少額であることから代理人に依頼せず本人が訴訟に対応することも少なくない。この場合，司法書士は相手方と直接交渉を行うことになるが，交渉の際に，相手方が依頼者側代理人である司法書士の役割を誤解している場合に，どう対応すべきかが問題となる。

　相手方は裁判手続に慣れていないため，答弁書に争点と関係ないことを記載したり，あるいは法廷で述べたりして訴訟の進行が遅滞することもあり，法律専門家の関与が望まれる場合も出てくるが，司法書士は，依頼者に対する誠実義務を負い，相手方に対して法律的な助言をすることは禁止されている（法22条，行為規範58条等）。

　しかし，相手方に対して他の法律専門家に依頼又は相談するよう助言することまでは禁止されていないので，相手方に対して他の法律専門家に依頼又は相談するよう助言することは許されると考えられる。

2　相手方が依頼者側司法書士を仲裁者と誤解している場合の対応

　相手方が，司法書士は法律専門家であり，お互いにとって最良の結論となるよう配慮してくれるだろうと誤解して，本事例のように仲裁を依頼されることもあり得る。

　依頼者側の代理人である司法書士は，職務上は依頼者の利益を最大化す

221

第3章　裁判業務等関係

ることが要請される。しかし，それはあくまでも法令や判例の趣旨に鑑みて妥当な範囲内，つまり正当な範囲で依頼者の利益を最大化することが要請されるのであり，相手方の無知に乗じ，司法書士が公平な立場で関わる者であるがごとく称したり，装ったりして，その誤解に乗じて相手方を不当に不利益に陥れてはならないことはいうまでもない。

　また，後に相手方が司法書士の役割を知った場合には，自分は騙されたのではないかと疑心暗鬼を生じたりして，苦情の申出やトラブルに発展することも考えられる。

　したがって，依頼者側司法書士の立場を誤解している相手方に対しては，自分はあくまで依頼者側の司法書士として，依頼者のために事案を検討して法的主張をしていることなどを説明し，その誤解を解消するよう努めなければならない。

【事例3－6】　簡裁訴訟代理等関係業務（代理権の範囲）

> 　司法書士甲は，後記の土地の共有者Aから他の共有者であるBの持分を取得したい旨の相談を受け，甲は，Aに対して代償分割による方法を提案した。甲は，本件土地の共有物分割につき，Aの代理人としてBと交渉をすることは認められるか。
>
> 〈土地の概要〉
>
> 　共有者　持分4分の1　　A
>
> 　　　　　同4分の3　　　B
>
> 　土地全体の固定資産税評価額　金3,000万円
>
> 　実勢価格　　　　　　　　　　金5,000万円

関係条文　　法3条（業務）／行為規範57条（簡裁訴訟代理等関係業務）

論　点

1　司法書士の代理権の範囲

【事例３－６】 簡裁訴訟代理等関係業務（代理権の範囲）

2 共有物分割請求の訴額の計算方法

> **コメント**

1 司法書士の代理権の範囲

　民事に関する紛争（簡易裁判所における民事訴訟法の規定による訴訟手続の対象
となるものに限る。）であって，紛争の目的の価額が140万円を超えないもの
について，司法書士は，相談に応じたり裁判外の和解について代理するこ
とが認められている（法３条１項７号）。したがって，民事に関する紛争に
おいては，紛争の目的の価額が140万円を超えるか否かで司法書士の代理
権の有無が判断されることになる。

　本件においては，分割により相手方Ｂから取得しようとする持分が，依
頼者の持分よりも多いので，相手方に提示する代償金の額が140万円を超
えることが見込まれる。このため，紛争の目的の価額が140万円を超える
のではないかという懸念が生じる。

2 共有物分割請求の訴額の計算方法

　共有物分割請求は，「分割後の不動産の占有権を求める」裁判となるこ
とから，訴訟物の価額は「目的たる物の価格の３分の１（訴訟物の価額の算
定基準について）」[5]となる。

　また，土地の場合には平成６年４月１日から当分の間，土地を目的とす
る訴訟について，評価額に２分の１を乗じて計算した金額を基準として訴
訟物の価額を算定[6]することとされた。

　以上により，土地の共有物分割の訴額は，分割前の土地に対して原告
（Ａ）が有する共有持分の価額の６分の１ということになるので，本件に
おいては3000万円に原告持分（1/4）を乗じた額に６分の１を乗じた額で
ある125万円が訴額となる。

3 本件での代理権の有無

　上記２で計算したとおり，本件における訴額は125万円となることから，

5）昭和31年12月12日民事甲第412号高等裁判所長官，地方裁判所長あて民事局長通知
6）平成６年３月28日民二第79号高等裁判所長官地方裁判所長（東京を除く。）あて民
　事局長通知

223

第3章　裁判業務等関係

司法書士に代理権が認められるので，司法書士甲は，依頼者であるＡの代理人として，相手方Ｂと本件土地の共有物分割に関する交渉を行うことができる。

【事例３－７】　裁判書類作成関係業務（受任時の説明）

> 　司法書士甲は，Ａから自己破産申立てに係る書類作成業務を受託した。受託の際，甲はＡの本人確認を行ったのみで，財産や負債の状況の確認や破産申立手続に関する説明を，補助者であるＢに全て行わせた。
> 　甲は，申立書類の作成などを全てＢに任せ，破産申立書類を裁判所に提出する前に10分ほど確認してから裁判所に提出した。
> 　その後，破産申立書類を提出した裁判所から連絡があり，毎月通帳から２万円の出金があり，この使途について問合せがあった。ＢがＡに確認したところ，Ａは「親友からの借金があり，その返済のために毎月２万円を出金している。破産手続には，消費者金融からの借金だけを伝えれば良いと思っていた。」と述べた。

関係条文　法１条（司法書士の使命），２条（職責）／行為規範19条（補助者に対する指導及び監督），21条（受任の際の説明），56条（裁判書類作成関係業務）

論　点

1　受任の際の説明
2　裁判書類作成関係業務

コメント

1　受任の際の説明

どのような事件かにかかわらず，依頼者は，専門家である司法書士に依頼をしているのであるから，受任の際の説明は，司法書士本人が行う必要

【事例3－7】 裁判書類作成関係業務（受任時の説明）

がある（行為規範21条）。説明の内容は，事件により異なるが，受任した事件の処理方法とその見通しは最低限説明が必要であり，予想されるリスクがあれば不利益事実として説明する必要がある。

　本事例の場合には，司法書士甲は依頼者であるAに対し，特定の債権者に対してのみ弁済し，他の債権者に対して弁済をしないと偏頗弁済となる旨及び偏頗弁済は免責不許可事由に該当するので，偏頗弁済をしてしまうと依頼の目的を達成できなくなる可能性が高いことを十分に説明すべきであったにもかかわらず，補助者任せにして説明を怠った。

2　裁判書類作成関係業務

　裁判書類作成関係業務においては，依頼者との意思の疎通を十分に図った上で，事案の全容の把握に努め，専門家としての知識，経験，判例，学説等を踏まえて，最善の紛争解決策を提示して説明しなければならない。

　そして，依頼者の依頼の目的を達成できるよう，聴取事項や提示された資料に基づき，法的に整序された書類を作成しなければならない。本事例のような破産申立書類作成業務では，依頼者は，親族や身近な人からの借金は関係ないと考えたり，隠しておけば気付かれないだろうと考えることもあるが，特定の債権者を優遇することは認められない旨，及びそのようなことをしてしまうと依頼者にとっては不利益しかないことを十分に説明し，よりよい解決方法を提案するなどして，依頼者との信頼関係を構築することが大事である。

第4章 成年後見・財産管理関係

第4章　成年後見・財産管理関係

【事例4－1】　成年被後見人の生活場所の決定

> Aは，自宅で独居生活を送っていたが，熱中症で倒れてしまい，病院に入院した後，司法書士甲が成年後見人に選任された。現在は，Aの体調は回復しているものの，医師やソーシャルワーカーからは，退院後の施設入所を勧められている。Aは，記憶力が低下し，自宅で倒れたことも憶えていないが，退院後も自宅での生活を希望している。

関係条文　民858条（成年被後見人の意思の尊重及び身上の配慮）／行為規範10条（意思の尊重），69条（基本姿勢），73条（支援者との連携）

論点
1　本人の真意の把握
2　本人の意思決定支援

コメント

1　成年後見人の権限

　未成年後見人の場合，民法857条（未成年被後見人の身上の監護に関する権利義務）により，同法822条（居所の指定）に規定する事項について，親権を行う者と同一の権利義務を有するものとされていることから，未成年後見人は，未成年被後見人の生活場所を指定する権限を有している反面，成年後見人には，民法858条（成年被後見人の意思の尊重及び身上の配慮）により，本人の心身の状態及び生活の状況に配慮し，生活に関する事務を行う権限又は義務を有するにとどまり，本人の居所を指定することまでは認められて

226

いない。したがって，本事例においても，Ａが退院後に自宅での生活を再開するか，又は施設に入所するかは，Ａが決めるべき事柄となる。

2　本人の真意の把握

　しかし，記憶力の低下から，従前，Ａが自宅で倒れたことを憶えていない状況の下では，仮にＡが自宅での生活を再開した場合，再度熱中症により体調を崩し，健康を害してしまうおそれが生じるため，漫然と本人の希望を叶えるだけでは，成年後見人の職務としては不十分であると言える。本事例の場合，Ａの生活場所の選択にはリスクが伴うものであり，予想されるリスクの内容やそれが現実化する可能性，現実化したときの影響を検討するといったリスク評価が求められるところである。この際，成年後見人のみでは，専門性に限りがあるため，Ａの親族や福祉・医療関係者等からの聴き取りや，支援者会議を実施することなどが有益である（行為規範73条）。本人の真意の把握という意味でも，本人が単に口にする言葉をそのまま受け入れるだけでは，それが本人の真意に合致したものであるとは限らず，リスクを考慮しない選択には，危険性があるものと思われる。

　そのため，本人の希望が健康を害するリスクを度外視したものであれば，そのリスクを本人に説明し，改めて本人の意向を確認すべきである（行為規範69条）。健康状態を犠牲にしてまで，Ａが自宅での生活を希望するか，又は施設等を生活場所とし，健康の維持を優先するか，Ａの価値観によって左右されることになるからである。その上で，それでもＡが自宅での生活を希望した場合には，成年後見人としては，健康を害するリスクを低減すべく，Ａの健康状態，生活状況及び行動パターン等を踏まえ，ヘルパーや宅配弁当などを利用し，Ａが外出することを迫られる機会を減らし，訪問看護師による定期的な健康状態のチェックを受ける等の対策を検討することが望ましいと言える。

3　本人の意思決定支援

　本事例においては，Ａの記憶力の低下が指摘されているところであるが，ある物事を判断するにあたっては，本人の理解力の観点から，本人が現在の状況と課題，とり得る選択肢，選択することによる帰結を把握できているかどうかも確認が必要となる。この点，記憶力や理解力の面で本人に難

第4章　成年後見・財産管理関係

が見受けられるとしても，成年後見人としては，本人に状況を説明するにあたって，本人が考慮すべき要素を把握できるよう書面を用いて説明することや，一度の説明で難しければ，同じ内容を複数の機会にわたって説明する等の工夫が求められていると言える（行為規範10条）。

　また，本人は，話し相手や話す場所，説明の仕方，そのときの気分によって，決定内容を変えてしまうことがあるが，そのような場合であっても，本人との対話を経る過程において，本人が物事を決定するにあたって重視しているキーワードが見つかることもある。本事例においては，Aが自宅での生活を希望する理由は明示されていないが，プライベート空間を大切にしたいという理由であれば，多床室ではなく，個室のある施設を探すことにより，Aが施設入所を選択することも考えられる。Aと今後の生活場所を検討するにあたり，記憶力が低下し，現在の状況についての記憶を保持できなくとも，キーワード（選択理由）を伝えることによって，Aが同じ選択肢を繰り返し選ぶケースもあり得るところである。

4　一次対応と長期的な支援

　本人の真意の把握又は意思決定支援においては，本人の性格や健康状態によって，結論を下すまでに相当な時間がかかることも予想される。本事例では，Aの体調は回復しており，既に退院の話も出ているため，結論が決まるまで退院を引き延ばすことも難しいものと思われる。そこで，退院後すぐに自宅での生活を再開するのではなく，ショートステイ等を利用し，Aの健康状態を維持しつつ，今後の生活場所を決定するまでの時間を確保することが考えられる。

　さらに，生活環境や支援者の顔ぶれが変わり，本人が新たに経験を積むことによって，その選択に柔軟性が生まれることもある。成年後見人としては，こうした環境の変化があった場合においても，引き続き，本人の支援者として携わることになるが，本人の性格や価値観を一貫して知り得る立場にある者として，その強みを活かしていくことが望ましい職務の在り方であると思われる。

【事例4－2】 高齢者虐待事案での家族との面会

【事例4－2】 高齢者虐待事案での家族との面会

> Aは高齢者であるが，同居している家族からの虐待を受け，施設に措置入所することとなり，司法書士甲が成年後見人に選任された。甲には，Aと面会したいとの家族の意向が伝えられている。

関係条文 高齢者虐待防止法1条（目的），2条（定義等），9条（通報等を受けた場合の措置），13条（面会の制限）／民858条（成年被後見人の意思の尊重及び身上の配慮）／行為規範10条（意思の尊重），69条（基本姿勢），73条（支援者との連携）

論 点

1 高齢者虐待の意義
2 本人の意思確認
3 家族関係の再構築

コメント

1 高齢者虐待の概要

　高齢者虐待防止法では，虐待の定義として，身体的虐待，介護・世話の放棄・放任，心理的虐待，性的虐待及び経済的虐待の五つが列挙されており，虐待の主体（加害者）については，養護者，高齢者の親族及び要介護施設従事者等による虐待が同法の適用対象となる（同法2条）。ここで養護者とは，厚生労働省作成の資料によれば，次のとおり定義されている。

厚生労働省老健局「市町村・都道府県における高齢者虐待への対応と養護者支援について」3頁

　「養護者とは，『高齢者を現に養護する者であって養介護施設従事者等以外のもの』とされており，金銭の管理，食事や介護などの世話，自宅の鍵の管理など，何らかの世話をしている者（高齢者の世話をしている家族，親族，同居人等）が該当すると考えられますが，同居していなくても，現に身辺の世話をしている親族・知人等が養護者に該当する場合があります。」

229

第4章 成年後見・財産管理関係

本事例では，同居している家族（養護者）からの虐待であり，虐待の具体的な態様は不明であるが，Aが施設に措置入所していることから，市町村が虐待の発生を認識し，本人の生命又は身体に重大な危険が生じているおそれがあるものとして，Aを一時的に保護するために措置入所を講じたことがうかがえる（高齢者虐待防止法9条）。

2 本人の意思確認

夫婦が離婚する場合，父又は母と子との面会交流について協議で定めるものとされているが（民766条1項），これは，子が未成年者である場合に適用される規定であり，本来，誰と面会するかは，当事者である本人が決めるべき事柄である。

このことは，成年後見人が選任されている場合も同様であり，本人が誰と面会するかは，成年後見人において決定する権限はなく，市町村長や養介護施設の長が面会制限をしている場合を除き（高齢者虐待防止法13条），本人が判断すべき事柄となる。したがって，成年後見人としては，まずは，面会制限がされているかを確認し，その後，本人の意向を聴取することになるが，この際，その前提条件として，次の点を踏まえる必要がある。

第一に，虐待の態様によっては，本人の意向を聴取することが虐待の記憶を喚起させ，本人に苦痛を生じさせるおそれがあり，また，個々の出来事は憶えていない場合であっても，感情面では記憶しているケースや，きっかけがあれば思い出すケースなども想定しなければならない。そのため，本人が意向を示せるほど安定した状態にあるか，仮に本人が精神的な苦痛により不調を示した場合，どのように対応すべきかなど，検討することが必要である。

第二に，虐待は，本人がその事実を訴えるか，又は第三者が市町村等に通報することにより発見に至るが，本人がその被害を虐待であると認識していないケースも考えられる。このような場合，本人に虐待の事実を伝えるかどうかは判断に迷うところである。本事例においては，家族からAと面会したいとの意向が示されているが，これに対するAの意思を確認する上で，Aが虐待の事実をどのように認識しているかは，本人の真意を探るにあたり考慮しておきたいポイントである。

【事例4－2】 高齢者虐待事案での家族との面会

3　面会の実施と家族関係の再構築

　面会するかどうかは，当事者が決めるべき事柄であって，面会を実施するためには，当事者の意思の合致が必要である。したがって，家族であっても，本人と面会する権利があるわけではなく，本人が希望していないにもかかわらず，家族の意向で面会を実施することは避けなければならない。

　他方で，夫婦であれば，離婚することにより，その関係を断つことができるが，親子や兄弟姉妹のような血のつながりのある家族の場合，特別養子縁組（民817条の2）を除き，事実上絶縁することはあっても，法律的に関係を断つことまではできない。また，家族間の情愛は，人それぞれの価値観や性格によるところが大きく，虐待の事実があったからといって，永続的に関係を断つことがよいのか，第三者が判断しかねる事柄である。

　この点，厚生労働省作成の資料によれば，「虐待対応中，あるいは終結後の権利擁護業務としての対応等において，養護者と同居・別居にかかわらず，高齢者と養護者との関係性を再構築する支援も大切である」との見解が示されているところであるが，[1]成年後見人としては，家族関係の再構築に拘泥する理由はないように思われる。高齢者虐待防止法においては，「養護者の負担の軽減を図ること等の養護者に対する養護者による高齢者虐待の防止に資する支援のための措置等を定める」（同法1条）とされているところ，これは，養護者に対する支援が行われることにより，本人を虐待するに至った原因が除去され，その結果として，家族関係の再構築を図るための環境が整えられることを意味しているが，成年後見人は，養護者の支援を行うことを職務としておらず，虐待に至った原因を除去することは，成年後見人が関与すべき問題ではないからである。

　したがって，面会は，家族関係の再構築を図るための手段となり得るものであるが，それを実施しなければならないというものではなく，あくまでも本人の意思に委ねるべき事柄である。そして，本人が面会を希望するのであれば，本人の精神状態及び体調に配慮し，また，養護者の虐待に至った原因，及びそれが除去されているか否か，並びに養護者に対する支

1）厚生労働省老健局86頁

第4章　成年後見・財産管理関係

援者の有無などを踏まえ，本人の安全が図られるよう実施すべきである。
そのためには，Aが入所している施設の職員や虐待に関与していない家族
などとも連携を図り（行為規範73条），場合によっては，虐待を行った養護
者の支援者とも情報共有を試みることが考えられる。養護者によっては，
現実離れをした話をする，自己中心的な話を続ける，平気で事実に反する
ことを言う，日によってくるくると態度が変わる，うつ的気分が強くてな
かなか意思決定ができない，認知に弱さがあるといった対応困難な特徴を
有している場合もあり[2] これに対し，成年後見人だけで対応することには，
リスク管理としては不十分だからである。

4　高齢者虐待に関して注意すべき点

　最後に，食事や介護などの本人の世話を成年後見人自らが行うことは求
められていないものの，成年後見人は，「成年被後見人の生活，療養看護
及び財産の管理に関する事務」（民858条）を行う権限又は義務を有してい
ることからして，高齢者虐待防止法にいう「養護者」に該当するものと思
われる。

　専門職が成年後見人に選任された場合，当該後見人が故意に虐待を行う
ことは考え難いが，意図せずして虐待に該当する行為を行ってしまう可能
性は，否定できないところである。例えば，老化現象やそれに伴う言動な
どを人前で話し，本人に恥をかかせてしまうことや，介護保険サービスな
どに必要な費用を滞納してしまうことなどは，高齢者虐待に該当する具体
例とされており，注意しなければならない[3]

---

2) 梶村太市ほか編著『Ｑ＆Ａ　弁護士のための面会交流ハンドブック』29〜32頁（学
陽書房，2018）参照
3) 厚生労働省老健局9頁参照

【事例４－３】 セルフ・ネグレクト事案での自己決定権の尊重

【事例４－３】 セルフ・ネグレクト事案での自己決定権の尊重

> Aは，自宅で独居生活を送っているが，自宅内が所持品で散乱し，飼っているペットのトイレの匂いが充満している。司法書士甲はAの保佐人に就任しているが，家事や買い物等の日常生活に関することは，Aの判断に任せている。Aの身だしなみは，一見して整っており，自宅内の状況を除き，Aの生活に特段の問題は生じていない。Aは，ヘルパーの利用を拒否しており，最後まで自宅で生活したいとの希望を抱いている。

関係条文 民876条の5 （保佐の事務及び保佐人の任務の終了等）／行為規範10条 （意思の尊重），11条 （秘密保持等の義務），69条 （基本姿勢），73条 （支援者との連携）

論　点

1　プライバシーの尊重

2　セルフ・ネグレクトへの対処

3　個人情報の取扱い

コメント

1　プライバシーの尊重とその制約

本人が自宅内でどのように生活しているかについては，プライバシーに属する事柄であり，保佐人であったとしても無闇に立ち入ることは許されず，本人の判断に委ねるべきであると思われる。しかしながら，保佐人には，本人の「心身の状態及び生活の状況に配慮」すべき義務が課せられており（民法876条の5第1項），漫然と本人の判断に委ねているだけでは，当該義務を果たしていることにはならないであろう。

この点，本人の行為が他人に危害を加えるおそれがある場合や，生死に関わる問題である場合には，自己決定権に対する制約が肯定されるとの見

233

第4章　成年後見・財産管理関係

解が示されている[4]。

　また，セルフ・ネグレクトの観点からは，「介護・医療サービスの利用を拒否するなどにより，社会から孤立し，生活行為や心身の健康維持ができなくなっている」状態にある場合，「認知症のほか，精神疾患・障害，アルコール関連の問題を有すると思われる者も多く，……，生命・身体に重大な危険が生じるおそれや，ひいては孤立死に至るリスクも抱えているため，積極的な対応が求められている」との指摘がされている[5]。

　そこで，保佐人としては，本人の行為が他人に迷惑をかけているか，又は生命や健康を害するものであるかを確認し，これらに該当する場合には，本人の行為について，プライバシーを理由に本人の判断に委ねるのではなく，場面に応じた改善策を講ずるべきであると思われる。

2　セルフ・ネグレクトの予防

　本事例においては，自宅内の所持品の散乱やペットのトイレの匂いが自宅内に充満していることを除き，Aの独居生活に特段の問題は生じていないとされており，自己決定権又はセルフ・ネグレクトの観点から見ても，積極的に介入すべきほどの危険は，発生していないように思われる。

　他方で，所持品の散乱等が見られるということは，自宅内が清潔に保たれていないことを意味しており，将来にわたってこの状況が続くか，又はさらに悪化した場合には，頭痛や吐き気，のどの痛み等の健康被害が生ずるおそれも否定できない。また，所持品の散乱等がAの性格によるものなのか，認知機能やADL（日常生活動作）の低下等によるものなのかは定かでないが，Aが自宅で調理する等をしている場合には，火の不始末による火災の発生についても気を付けなければならない。

　以上からすると，現状においては，Aのプライバシーに介入し，積極的な対応を取らなければならないほどの差し迫った状況にはないが，将来見込まれるリスクを踏まえると，今のうちから可能な対策を講じておくことが，最後まで自宅で生活したいとのAの希望に資することにつながると言

4）山田卓生『私事と自己決定』344・345頁参照（日本評論社，1987）
5）厚生労働省老健局6頁

【事例4－3】 セルフ・ネグレクト事案での自己決定権の尊重

える。具体的には，ヘルパーを利用した室内の清掃や所持品の整理，IH
クッキングヒーターや電気ケトルなどの火を使用しない器具の購入，火災
保険への加入が考えられ，また，孤立を防ぐという意味では，デイサービ
スやデイケアへの通所も検討に値するところである。

　本事例においては，Aがヘルパーの利用を拒否していることが明示され
ている。その理由は定かでないが，自宅内のプライバシー空間に第三者を
立ち入らせたくないというものや，自分のことは自分で行いたい，なるべ
くお金を使いたくない等が考えられる。また，人によっては，現状の変化
を受け入れられず，第三者に対する不信感ばかりが表面に出てしまい，対
話が難しいケースも見られるところである。

　このようなケースについては，保佐人だけで対応するよりも，地域包括
支援センターや医療関係者，行政職員などとの連携を図ることが有益であ
る（行為規範73条）。人間誰しも相性の良し悪しがあり，保佐人に対しては，
なかなか心を開かずとも，別の支援者には異なる対応を見せることがあり，
保佐人の専門外の見地から本人と話し合うことによって，事態が打開され
ることもあり得るからである。

3　個人情報の取扱い

　地域包括支援センター等との連携を図る場合，本人の個人情報を提供す
る必要に迫られるが，この際，本人の同意が得られなかった場合に問題が
生じる。保佐人には，本人の個人情報について，第三者に提供することの
権限が認められておらず（本書129・130頁参照），本人の同意に代わる正当化
の根拠が必要となる（行為規範11条）。

　この点，セルフ・ネグレクトのケースに関して，「個人情報取扱事業者
においては，本人の同意に基づくことが困難な場合であっても，本人の生
命・身体・財産の保護のために必要がある場合（個人情報保護法第27条第1項
第2号）や，市町村や地域包括支援センターが行う地域支援事業における
権利擁護事業，重層的支援体制整備事業における事務の遂行に協力する必
要がある場合であって本人の同意を得ることにより当該事務の遂行に支障
を及ぼすおそれがあるとき（同項第4号）等には，情報提供を行うことがで

235

第4章　成年後見・財産管理関係

きます。」[6)とされている。本事例において，「本人の生命・身体・財産の
保護のために必要がある場合」に該当するかは解釈の余地があるが，まず
は，Aの同意を得ることに努め，同意が得られないときには，個人情報保
護法27条1項2号等に該当する事案であるかを検討していくことになるで
あろう。

【事例4−4】　成年後見業務と不動産登記手続の受任（双方代理）

　　Aは，施設に入所しており，司法書士甲が成年後見人に選任されて
　いるが，空き家である別荘を売却することになり，買主Bからは，甲
　が売主Aの成年後見人に就任しているのであれば，所有権移転登記の
　手続も当該司法書士に依頼したいとの意向が示されている。

関係条文　　民108条（自己契約及び双方代理等），860条（利益相反行為）／法22
　　　　　　　条（業務を行い得ない事件）／行為規範3条（信義誠実），25条（公
　　　　　　　正を保ち得ない事件），58条（業務を行い得ない事件）

論　　点

　1　双方代理が認められる根拠
　2　関連業務の受任

コメント

1　双方代理の特性

　民法108条1項によれば，債務の履行及び本人があらかじめ許諾した行
為を除き，当事者双方の代理人としてなした行為は，無権代理人によるも
のとみなすと規定されている。この点，登記申請行為については，最二小
判昭43・3・8民集22巻3号540頁において，「民法にいわゆる法律行為で

---

6)　厚生労働省老健局7頁

236

【事例4－4】　成年後見業務と不動産登記手続の受任（双方代理）

はなく，また，すでに効力を発生した権利変動につき法定の公示を申請する行為であり，登記義務者にとつては義務の履行にすぎず，登記申請が代理人によつてなされる場合にも代理人によつて新たな利害関係が創造されるものではないのであるから，登記申請について，同一人が登記権利者，登記義務者双方の代理人となつても，民法108条本文並びにその法意に違反するものではない」と判示されている。

　他方で，同判決では，弁護士が双方代理によって行った登記申請について，「弁護士の当該行為は，特段の事由のないかぎり，依頼者の信頼を裏切り，その利益を害するものでもなく，弁護士の信用品位を汚すものともいえないから，弁護士法25条1号に違反しないと解すべきである」として，品位保持等の観点からの検討も加えられており[7]，登記申請行為であっても特段の事由に該当するケースにおいては，双方代理が認められないこととなる[8]。

2　不動産売買における司法書士の役割

　そこで，「特段の事由」の内実が問題となるが，その前に，不動産売買を①買主との交渉の場面及び②所有権移転登記の手続の場面に分け，司法書士に課させられる規範を整理しておきたい。

　まず，上記①においては，売主の成年後見人である司法書士としては，民法860条において，本人との利益が相反する行為については，特別代理人の選任が求められているところであり，善管注意義務を負っていることからしても，本人の利益を最優先に行動すべき義務を負っているものと言える。他方で，行為規範3条においては，「信義に基づき，公正かつ誠実に職務を行う。」ものと定められているため，本人に対する誠実義務だけ

---

7)　債務の履行又は本人があらかじめ許諾した行為であっても，事案によって，双方代理が弁護士法25条1号に抵触する理由について，福原忠男『弁護士法 増補』（第一法規，1990）では，「判断の基準とするところに微妙な差異が認められるのであり，本条（弁護士法25条（引用注者））が弁護士制度の基本につながる規定であるので，その趣旨をどの程度のものと解するかの認識に相違があることによると思料されるのである。」（135頁）としている。

8)　『専門家責任』では，「判例が双方代理を許容する理由は，確定的に権利変動が生じ，利益相反状態が解消された後の受任であるという点にあるから，確定的に権利変動が生じていない場合の登記申請の依頼には司法書士としては，慎重に対応することが要請されるといえよう。」（62・63頁）との見解が示されている。

237

第4章　成年後見・財産管理関係

でなく,「第三者や社会に対する配慮義務」[9] も課されているところである。

次に,上記②においては,行為規範43条及び45条において,不動産登記手続を受任した司法書士は,当事者間の公平を確保するとともに,紛争の発生を予防すべきものとされているため,当事者の一方が契約内容を誤解し,又は不知により不利益を被るおそれがある場合には,司法書士は,当該当事者の誤解を解消し,必要な情報を提供すべきこととなる。

以上から,上記①及び②の場面では,「第三者や社会に対する配慮義務」と当事者間の公平を確保する義務との間に類似点はあるものの,「第三者や社会に対する配慮義務」は,本人に対する誠実義務(本人の利益を最優先に行動すべき義務)を一定の場合に制約する規範として機能しているにすぎず,当事者間の公平を確保する義務と比較しても,規範としての優先度は低位にあると言える。

3　公正を保ち得ない事由

この他,上記①及び②に共通する規範として,行為規範25条がある。本条では,業務の公正を保ち得ない事由がある事件については,業務を行うことが禁じられているため,[10] この点からの検討も必要となる。

行為規範25条については,「公正を保ち得ない事由」を,「司法書士が一定の事件を受任すれば既に受任している事件の依頼者の利益を損ない,あるいは司法書士の信頼を損ねるおそれがある事由」と解したうえ,「Aから委任され,現にその業務(裁判業務に限らず,司法書士の全ての業務)を遂行中に,その相手方であるBから他の事件の依頼を受ける場合」がこれに該当することになる(本書61頁参照)。

ここで「現にその業務を遂行中」との要件に着目すると,成年後見業務

---

9)　行為規範3条では,「法律専門職は,依頼者の権利を実現するにあたっては,不当な目的のために職務を行い,あるいは不当な手段によって職務を行ってはならず,その公共的役割に照らしてふさわしい公正と言えるものである必要がある。」(本書30・31頁)としている。

10)　行為規範16条は,利害が対立する紛争案件を対象とし,これを「事件」と定義したうえ,相手方等からの利益授受等を禁じる規定であるが,これに対し,行為規範25条は,利益相反的業務を禁止する一般的な規定として位置づけられていることから,同条においても「事件」という用語が使用されているものの,同条における「事件」は,利害が対立する紛争案件に限らず,司法書士が業務として受任し得る全ての案件を含めた概念であると解されている。

【事例4－4】　成年後見業務と不動産登記手続の受任（双方代理）

の場合，本人の死亡や成年後見人の辞任など，成年後見業務が終了するまでの間に，紛争の有無にかかわらず一度でも相手方となった者からは，一切の業務の受任ができないこととなる。しかし，この場合，「相手方」の範囲があまりに広くなるうえ，本条の個別・特別の規定として，行為規範58条1項4号において，裁判業務に限って業務の取扱いを禁じている趣旨が没却されることになるであろう。

　そこで，先行案件にて現に取り扱っている業務については，成年後見人の業務全体をこれに該当するものと理解するのではなく，買主との間の売買契約の交渉や遺産分割の協議など，個々の事務に対象を限定し，当該事務と後行案件との間で「公正を保ち得ない事由」が存在するのか，検討する必要があるように思われる。

4　特段の事由

　先の判例は，特段の事由がない場合，双方代理による登記申請行為は，依頼者の信頼を裏切り，その利益を害するものではなく，弁護士の信用品位を涜すものでもないとしている。これはすなわち，特段の事由とは，これがあることによって，依頼者の信頼を裏切る等の結果を生じさせるような事由であると理解することができ，言わば，行為規範25条で定める業務の公正を保ち得ない事由を包含する概念である。

　ここで，上記2での整理を踏まえるならば，買主との交渉及び所有権移転登記手続の各場面において，司法書士に求められる役割又は立ち位置が異なるが，これによって，特段の事由に該当するのかどうかが問題になると言える。この点，所有権移転登記手続は，売買契約締結後の業務であり，売買契約の締結により，買主との交渉過程において生じた利害対立が終息していること，また，司法書士法22条2項以下，行為規範58条及び77条2項は，裁判業務に限って受任を禁じる規定であり，受任案件が裁判業務でない場合には，先行案件に関連する業務であっても，受任を禁じるほどの必要性に乏しいこと，司法書士法21条において，簡裁訴訟代理等関係業務に関するものを除き，司法書士には原則として受任義務が課せられていることに着目するならば，本事例における所有権移転登記手続を受任しても支障ないものと考えられる。

239

第4章　成年後見・財産管理関係

　ただし，売買契約締結後であっても，契約不適合責任を問われ，買主との間で利害対立が顕在化する可能性は否定できず，行為規範77条2項のように，先行案件の終了が当然にこれと関連する後行案件の受任を許容するものではないことを踏まえると，単純に所有権移転登記手続を受任できるものと断定することはできず，事案によっては，より慎重な対応が求められる場合もあり得るところである。

5　考　察

　本事例の結論としては，所有権移転登記手続を受任できるものと考えられるが，司法書士業務が多様化していることを踏まえると，関連業務の受任については，今後，さらに検討が必要なテーマであると言える。先に引用した福原忠男氏の言葉を借りるならば，登記業務を軸としながらも，簡裁訴訟代理等関係業務や成年後見業務，遺産承継業務といった司法書士業務が広がりを見せるなかにおいては，本事例において求められる規範は，司法書士制度の基本につながるものと評価しうるのではなかろうか。

【事例4-5】　成年後見業務と相続登記手続の受任

　司法書士甲が成年後見人に就任しているAの家族が亡くなり，Aを含め相続人が3名いる。遺産分割協議の結果，Aが預貯金を相続し，他の相続人2名が不動産を相続することになったが，当該相続人2名より，相続登記の申請手続を依頼された。

関係条文　民860条（利益相反行為）／法22条（業務を行い得ない事件）／行為規範3条（信義誠実），25条（公正を保ち得ない事件），58条（業務を行い得ない事件）

論　点

1　関連業務の受任
2　親族との関係性

【事例4－5】 成年後見業務と相続登記手続の受任

コメント

1 遺産分割協議における司法書士の役割

　成年後見人である司法書士としては，善管注意義務（民869条）の観点からすると，遺産分割協議において，法定相続分の確保が要請されるところである。本事例では，Ａは預貯金を相続し，他の相続人が不動産を相続することとしているが，この場合においても，法定相続分の確保が必要となり，不動産をどのような基準で評価するのか問題となる。

　これについては，固定資産税の評価額，路線価による評価額，不動産仲介業者による査定価額などを基準とすることが考えられるが，どの基準を採用するかは法律で定められているものではなく，相続人間の話合いで決めることとなる。その結果，不動産の評価基準によって，司法書士が確保すべき法定相続分の金額も変わることになり，固定資産税の評価額を基準に評価した場合には，本人の法定相続分が確保されていたとしても，不動産仲介業者の査定価格を基準にすると，法定相続分を下回るといったことも起こり得る。

　加えて，本事例では，Ａが預貯金を相続することになった理由は不明であるが，成年後見人としては，法定相続分さえ確保すればそれでよいというものではなく，Ａの意向や財産及び生活の状況を踏まえ，Ａにとって有益な財産を相続できるよう協議すべきである。また，他の相続人が相続した不動産に関しては，瑕疵が見つかった場合，Ａは担保責任を負うことから（民911条），将来において，Ａと他の相続人との間で紛争の発生が起こる可能性も否定できないところである。

2 相続登記手続の受任

　しかしながら，本事例では，【事例4－4】と異なり，相続登記の申請人にＡが含まれておらず，共同申請という対立構造もないことから，司法書士がこれを受任しても問題が生じないように思われる。遺産分割協議において，Ａが相続する財産の選択及び不動産の評価をめぐって，利害対立が生じる可能性があり，また，遺産分割の協議後であっても，相続財産の担保責任を追及されるおそれはあるものの，司法書士法22条2項以下，行為規範58条及び77条2項において，とりわけ裁判業務に限ってその取扱い

第4章　成年後見・財産管理関係

を禁じている趣旨からして，相続登記手続の受任を一律禁じる理由はないように思われる[11]。

　行為規範25条の観点からも，複数の事務を行うこととなる成年後見業務の特殊性に照らし，本条を限定的に解釈するならば，遺産分割協議の完了後の受任であり，同協議が揉めるなどした場合を除き，公正を保ち得ない事由が存在するとは，言えないであろう[12]。

3　親族との関係性

　他方で，本事例において，注意すべき点としては，親族との関係性にある。親族は，行為規範70条において，本人の支援者であると位置づけられているが，成年後見人としては，本人の権利又は利益を守るためであれば，親族と相対することを求められるからである。

　成年後見人である司法書士としては，親族との関係性を維持又は良好にするため，本事例における登記手続を受任したいとの誘因が働くことが予想される。しかし，相続登記手続を受任する場合，他の相続人から当該手続にかかる司法書士報酬を受領することになるため，これが，その後に成年後見業務を遂行する上で，本人の利益を最優先にすべき成年後見人の業務姿勢に悪影響を与えないよう，また，他の相続人から無用な誤解を受けることのないよう注意が必要となる。例えば，相続登記手続を受任するにあたっては，今後，依頼者である他の相続人に対し，Ａと他の相続人との間で利害対立が生じたときは，司法書士は，当然にＡの利益を優先することになる旨を説明しておくことが考えらえる。これによって，行為規範27条の趣旨にも合致し，他の相続人を無用に混乱させる機会も減ることにつながると思われる。

---

11)　ただし，弁護士法25条では，条文上，裁判業務に限らず，職務を行い得ない事件を定めているのに対し，司法書士法22条2項以下では，裁判業務を対象に業務を行い得ない事件を定めていることから，司法書士による業務の可否を検討するにあたっては，行為規範25条のもつ意義がより重要となる。

12)　これに対して，平成14年改正前司法書士法9条の解釈として，「争訟のある事件であっても，それが示談・和解等で解決できているものについては，相手方のためにも書類を作成することはさしつかえない。」との見解が示されている（徳永秀雄・高見忠義『司法書士法解説』105頁（日本加除出版，1987））。

【事例4－6】 司法書士法人に所属する社員の成年後見業務の受任

【事例4－6】 司法書士法人に所属する社員の成年後見業務の受任

司法書士甲は，Ｂ司法書士法人の社員であったが，Ｂ司法書士法人の定款には目的として「当事者その他関係人の依頼又は官公署の委嘱により，後見人，保佐人，補助人，監督委員その他これらに類する地位に就き，他人の法律行為について，代理，同意若しくは取消しを行う業務又はこれらの業務を行う者を監督する業務」が定められていた。

甲は，Ｂ司法書士法人が上記の目的を定めているにもかかわらず，Ｂ司法書士法人としてではなく，甲個人として成年後見業務を受任し，成年被後見人Ａの成年後見人に就任した。

関係条文 法2条（職責），23条（会則の遵守義務），42条（社員の競業の禁止）／行為規範5条（法令等の精通），88条（遵守のための措置）

論 点

競業禁止義務

コメント

本事例は，実際の懲戒事例（戒告）を基にしている（ただし，一部変更している。)[13]。

1 社員の成年後見業務の受任（法定後見の場合）

司法書士法人が成年後見業務を行うには，その定款の目的に「当事者その他関係人の依頼又は官公署の委嘱により，後見人，保佐人，補助人，監督委員その他これらに類する地位に就き，他人の法律行為について，代理，同意若しくは取消しを行う業務又はこれらの業務を行う者を監督する業務」（規則31条2号）を規定する必要がある。

定款の目的に上記のような成年後見業務を行うことが定められている司法書士法人に所属している社員が，個人として成年後見業務を受任するこ

---

13) 月報520号134頁

第4章　成年後見・財産管理関係

とは，司法書士法42条1項の競業禁止義務違反となる。このことは，他の
社員全員の同意があったとしても，また一人司法書士法人であったとして
も免れることはできない。

　したがって，本事例の司法書士甲は，家庭裁判所に成年後見人の辞任及
び選任の申立てを行い，Aの成年後見人をB司法書士法人とする必要があ
る。

2　本事例と同様の措置が必要なケース

　本事例のような，成年後見業務を行うことを目的とする法人の社員が個
人で成年後見人等に就任した場合だけでなく，①成年後見人等に就任して
いる司法書士が社員となって新たに成年後見業務を行うことを目的とする
法人を設立したとき，②成年後見人等に就任している司法書士が成年後見
業務を行うことを目的とする司法書士法人の社員となるとき，③成年後見
人等に就任している社員がいる成年後見業務を目的としない司法書士法人
が，成年後見業務を行うことを目的とする定款変更をしたときには，本事
例と同様の措置を講じる必要がある。[14)]

【事例4−7】　成年後見等の終了後の財産の引渡しと遺産承継業務

> 　司法書士甲は，Aの成年後見人に就任していたが，Aが死亡して後
> 見が終了した。Aの相続人はBCの2名であった。
> 　甲は，BCから遺産承継業務を受任することになったが，管理して
> いたAの財産をBCに引き渡すことなく遺産承継業務に着手した。

関係条文　民870条（後見の計算）／行為規範79条（事件の終了）

論　点

　1　成年後見等の終了後の財産の引渡し

---

14) 日本司法書士会連合会「司法書士法人の手引（第4版）」17頁（令和5年）

244

【事例4－7】 成年後見等の終了後の財産の引渡しと遺産承継業務

　2　財産の引渡しと遺産承継業務
　3　公正を保ち得ない遺産承継業務

コメント

1　成年後見等の終了後の財産の引渡し

　成年被後見人等（以下「本人」という。）の死亡により成年後見等が終了したときは，成年後見人等は，原則として2か月以内にその管理の計算（後見の計算）をしなければならない（民法870条，876条の5第3項，876条の10第2項）。また，行為規範79条[15]は「司法書士は，他人の財産の管理を終了したときは，遅滞なく，その管理する財産を委任者など受領権限がある者に引き渡さなければならない。」と定めている。

　すなわち，本人の死亡により成年後見等が終了した場合，成年後見人等は，後見等の計算を行った上で，管理していた本人の財産を，相続人，遺言執行者，相続財産清算人等の受領権限がある者に引き渡さなければならない。

2　財産の引渡しと遺産承継業務

　本人の死亡により成年後見等が終了した場合に，相続人から遺産承継業務を委任されることがある。本人の財産を把握していた者が続けて遺産承継の手続を行うことは合理的とも言えるが，その場合，成年後見等は既に終了しているのであるから，別途，相続人との間で遺産承継業務委任契約を締結する必要があることに注意しなければならない。

　また，成年後見等の終了後の財産の引渡しと遺産承継業務とは明確に区別する必要があり，相続人への財産の引渡しが完了する前に遺産承継業務に着手することがないよう注意しなければならない。本事例の甲は，管理していたＡの財産をＢＣに引き渡すことなく遺産承継業務に着手しているが，まずは相続人へ本人の財産を引き渡し，成年後見人等としての業務を終了させてから，遺産承継業務に着手すべきであった。

15）行為規範の財産管理業務に関する規律（第10章）は，法定後見業務及び任意後見業務にも適用される。

第4章　成年後見・財産管理関係

相続人間に紛争がある場合等，事案によっては慎重に対処する必要があるが，相続人等への財産の引渡しはできるだけ速やかに行い，いたずらに先延ばしにすることがないようにすべきである[16]。

3　公正を保ち得ない遺産承継業務

ところで，成年後見人等であった者が相続人から遺産承継業務を受任することは，前述のとおり合理的な面もあり，実際に行われていることであるが，受任することが許されるか否かが問題となるような場合はあり得るのであろうか。

この点について参考になるのが，「成年後見人等であった弁護士が，一部の相続人の代理人として遺産分割に関する紛争に関与することが許されるか」という議論である。遺言執行者の問題【事例4－9】と同様の議論であるが，日弁連懲戒委員会は，「遺言執行者と成年後見人とは利益相反において法的には異なった立場であり，成年後見人の職にあった者が一部相続人の代理人になることをもって，当然に遺言執行者に類似した中立性・公正さの侵害と捉えることはできない。」とし[17]，弁護士の非行に該当するか否か（公正さを害するか否か）について問題とされる場合として，①成年後見中の行為について，善管注意義務違反や後見報告書の内容の不備不正が存し，一部相続人からの受任が，それを隠匿する等の目的である場合，②相続人間で争いとなった内容について，成年後見人でなければ知り得なかった事実を，一部相続人のために利用する場合を挙げ，本件では①②のような事実は認められないとして，所属弁護士会懲戒委員会がした懲戒処分（戒告）を取り消す議決をしている[18][19]。

16）具体的な引渡しの方法，相続人間で紛争がある場合の対処の方法等については，公益社団法人成年後見センター・リーガルサポート「法定後見ハンドブック2021年版」95頁以下，松川正毅編『新・成年後見における死後の事務』205頁以下（日本加除出版，2019）等，成年後見に関する書籍を参考にされたい。
17）成年後見人は成年被後見人に対して善管注意義務を負う立場であり，成年後見人の職にあった者が一部相続人の代理人になったとしても，その段階においては，成年被後見人は死亡して存在せず，形式的にみて関係者間の利益相反に該当するとはいえず，それだけで直ちに中立性・公正さが害されるわけではないとの判断をしている。
18）日弁連懲戒委平25・2・12議決例集16集3頁
19）成年後見人として行っていた業務の公正中立性に重大な疑念を生じさせるため受任すべきではないと考える弁護士も多いようである。

【事例4－8】　預り金の管理

　そもそも一部の相続人の代理人として関与することが許されない司法書
士と弁護士とでは，遺産承継業務の関与の仕方が異なっており，上記議決
の考え方を直接適用することはできないが，上記①②に類似する事実が
あった場合，すなわち，外形上は公正中立であるものの，①成年後見人等
であった司法書士が後見等業務中の善管注意義務違反や報告書の不正不備
等を隠匿する目的で受任した場合，②成年後見人等でなければ知り得な
かった事実を一部相続人のために利用する目的で受任した場合等の事情が
ある場合には，遺産承継業務を受任することそのものが公正を保ち得ない
事由に該当するとも考えられるのではないだろうか。そして，そのような
特段の事情がある場合に遺産承継業務を受任することは慎重な検討を要す
る。

【事例4－8】　預り金の管理

　司法書士甲は，複数の依頼者からの預り金を司法書士の肩書を付し
た一つの銀行口座で管理しており，誰の預り金であるか入金の度に通
帳に明記している。

関係条文　民88条（天然果実及び法定果実），89条（果実の帰属），646条（受
任者による受取物の引渡し等）／行為規範36条（預り金の管理等），
74条（基本姿勢）

論　点
　1　預り金の取扱い
　2　利息の取扱い

コメント
1　預り金の管理方法
　預り金の管理については，行為規範36条において，「自己の金員と区別

第4章　成年後見・財産管理関係

し，預り金であることを明確にして管理」するよう定められており，同様
の規定が他人の財産を管理する財産管理業務の基本姿勢としても設けられ
ている（行為規範74条）。

　また，日本司法書士会連合会の定める「預り金の取扱いに関する規則基
準」（以下「預り金規則基準」という。）では，自己の金銭と区別し得るよう，
預り金であることを明確にする方法で記帳し，又は記録して保管すること
（3条1項），一事件又は一依頼者に関する預り金の合計額が50万円以上で，
金融機関の14営業日以上保管するときは，預り金の保管を目的とする口座
で保管しなければならないとされている（同条2項）。

　預り金規則基準は，各地の司法書士会によって，その所属の司法書士を
対象とする規則を別途定めることを想定しているため，具体的に預り金に
関する規則がどのような内容であるかについては，各地の司法書士会にて
確認いただきたい。

2　本事例では？

　本事例では，複数の依頼者からの預り金を司法書士の肩書を付した一つ
の銀行口座で管理しているものとされている。口座の名義には，司法書士
の肩書が付されているものの，「預り金」である旨の表記がなく，当該口
座に預金されている金員が司法書士個人のものであるか，預り金であるの
か不明確となっている。行為規範及び預り金規則基準では，口座の名義に
「預り金」などの表記をするよう義務付けておらず，このような口座名義
を付した口座を開設することが望ましいとはいえ，司法書士個人の金員と
預り金が同一口座に預金されていないのであれば，問題のない管理方法で
あると言える。

　また，複数の依頼者の預り金を一つの銀行口座で管理している点につい
ては，これもまた，行為規範等では，依頼者ごとに銀行口座を分けること
までは求められておらず，本事例では，誰の預り金であるか入金のたびに
通帳に明記することによって，各依頼者の金員を取り違えることのないよ
う工夫が講じられている。しかし，当該口座の種類が普通預金である場合，
そこから発生した利息の取扱いが問題となる。預り金から発生した利息は，
法定果実となるため（民88条2項），これを収取する権利のある者に帰属す

【事例４－９】　遺言執行者となった者による相続財産に関する裁判業務

ることになる（民89条２項）。通常，預り金は，その使途を定めた上で預かるか，又は，依頼者に引き渡すことを目的に預かることになるが，いずれにおいても，依頼者との関係においては，司法書士に法定果実を収取する権利があるとは考えられない（民646条）。

　この点，日本司法書士会連合会発行の「遺産承継業務Handbook」では，「司法書士の財産と依頼者の財産が混在することを避けるため，別途司法書士個人の口座を作成し，被相続人名を表書きする等した上で遺産承継業務用口座に利用する。被相続人ごとに管理する口座を別にすることが望ましい。その際，決済性預金口座を利用することで全額預金保護の対象となる上，解約時に利息が付かず，分配計算が容易である。」[20]とされている。

　以上からすれば，本事例については，利息の取扱いが不明確であるものの，それ以外については，問題があるとは言えず，他方で，品位保持の観点からは，依頼者ごとに銀行口座を分けることや，口座の種類を決済用口座とすることが望ましいものと考えられる。

【事例４－９】　遺言執行者となった者による相続財産に関する裁判業務

　司法書士甲は，Ａから相談を受け，Ａがその財産の全てを相続人でないＢに包括遺贈し，甲を遺言執行者とする公正証書遺言の作成に関与した。

　Ａの死亡後，甲は遺言執行者に就任し，ＡからＢへの所有権移転登記手続等を行った。しかし，Ａの子であるＣ及びＤが，遺留分侵害額請求調停の申立てを行ったので，甲は，Ｂから，調停申立書に対する反論書を作成してほしいと依頼された。

　この場合，甲は，Ｂのために裁判所に提出する書類を作成することができるか。また，遺言執行が終了している場合と終了していない場合とで差異があるか。

関係条文　行為規範77条（遺言執行）

20）「遺産承継業務Handbook」37頁脚注10

第4章　成年後見・財産管理関係

論　点

遺言執行者となった者による相続財産に関する裁判業務

コメント

本事例では，遺言執行者となった司法書士が，相続人（包括受遺者を含む。以下同じ。）間で紛争が生じた場合に，一部の相続人のために裁判業務（裁判書類作成関係業務及び簡裁訴訟代理等関係業務）を行うことができるかが問題となっている。

1　弁護士職務基本規程

この点については，弁護士倫理の問題としても議論されており，遺言執行者となった弁護士が，相続人間で紛争が生じたにもかかわらず，一部相続人の代理人となった場合において，弁護士職務基本規程5条（信義誠実），6条（名誉と信用），又は利益相反の問題として，懲戒の議決がされた事例がある。

『解説規程』によれば，遺言執行者となった者が一部相続人の代理人となったからといって「直ちに弁護士の非行とするのではなく，当事者の利益や遺言執行者の公正性や信頼が害されたかについて，実質的に判断されるべきである」とした上で，「遺言執行が終了していない時点においては，一部の相続人の代理人になるのは差し控えるべきであると言わざるを得ない。」との考えが示されており，さらに「遺言執行が終了した後」であっても，「当事者間に深刻な争いがあって，話し合いによる解決が困難な状況においては，遺言執行者に就任した弁護士が一部の相続人の代理人になることは，やはり差し控えるべき」とされている[21]。

2　司法書士行為規範

新設された行為規範77条2項では，「司法書士は，遺言執行者に就任している場合において，遺言者の相続財産（遺言が相続財産のうち特定の財産に関する場合には，その財産に限る。）に係る事件であって，相続人又は受遺者の依頼により，他の相続人又は受遺者を相手方とする裁判業務を行ってはな

21）『解説規程』99頁

【事例4－10】 遺産承継業務における受任事務の明確化等

らない。遺言執行者でなくなった後も，同様とする。」との規定が定められた。行為規範25条（公正を保ち得ない事件）の特則であり，遺言執行における公正性及び中立性を担保するため，遺言執行が終了しているか否かにかかわらず，一定の場合に裁判業務を行い得ないものとしている。

3 本事例では？

一旦遺言執行者として事案に関与した以上，同じ遺産を巡る紛争で特定の相続人の側を支援することは，司法書士全体に対する信頼を維持するためにも，控えなければならない。[22] したがって，本事例の甲は，遺言執行が終了しているか否かにかかわらず，Ｂのために裁判所に提出する書類を作成することはできない。

【事例4－10】 遺産承継業務における受任事務の明確化等

(1) 司法書士甲は，Ａから，Ａの叔母であるＢの相続に関する相談を受けた。

(2) 甲は，Ａより，生涯独身で子もなく一人暮らしをしていたＢを近くに住むＡが何かと世話をしていたこと，Ｂから遺言書を作成して自分の遺産を全てＡに相続させるつもりだと聞かされていたこと，しかし遺言書の作成準備中にＢが亡くなってしまったこと，相続人としてはＡのほかＢの弟であるＣがいるが，Ｃも上記の事情を知っているため，Ｂの遺産について相続放棄をする意向であることを聴き取った。

(3) 甲は，Ａから遺産承継業務を受任し，相続人及び相続財産の調査の費用として金〇万円を受領したが，Ａとの間で委任契約書は作成しなかった。

(4) ところが，甲が相続人の調査を行ったところ，Ｂには異母兄の亡Ｄがおり，その子であるＥが相続人であることが判明した。甲は，Ａの意向により，Ｂの遺志を尊重するためＢの遺産について相続放棄の検討をＥに依頼する書面を，甲の名前を記載して送付した。

22）石田京子「司法書士行為規範解説を読もう！～専門職としてのルールの確認～」月報618号58頁

第4章　成年後見・財産管理関係

---

(5)　その後，Eから「相続放棄をすることは考えていません。相続人
　である以上，それなりの主張をいたします。」との返事があったた
　め，甲は，Eからは遺産承継業務に関する委任を得られない可能性
　が高く，当該相続については相続人間の紛争が顕在化したと判断し，
　Aに遺産承継業務の終了を告げたところ，Aから「途中で終わらせ
　るなんて納得いきません！　だったら，支払った〇万円を返してく
　ださい！」と苦情の申出を受けた。

関係条文　行為規範78条（遺産承継業務）

論　点

　1　受任事務の明確化
　2　業務の中断又は終了事由の明確化
　3　弁護士法72条との関係

コメント

1　遺産承継業務に関する規定の新設

　遺産承継業務は，司法書士の附帯業務として浸透しつつある半面，受任
事務の内容及び範囲，業務の中断又は終了をめぐって，依頼者とトラブル
になる事案が見られるため，これらに対応するための規定が行為規範78条
に新たに設けられた。

2　受任事務の明確化

　行為規範78条1項では，「司法書士は，遺産承継業務を受任する場合に
は，委任契約書を作成するなどして，依頼者に対し，受任事務の内容及び
範囲を明らかにしなければならない。」と定め，受任にあたっては，委任
契約書を作成するなどして，受任事務の内容及び範囲を明らかにすること
が必要であると規定されている。

　本事例の甲は，受任事務の内容及び範囲，報酬額の算定根拠，業務の中
断又は終了について，いずれも不明確であったため，依頼者であるAとの
間でトラブルとなってしまったと言える。受任した際に，Aとの間で委任

252

契約書を作成して，受任事務の内容及び範囲等を明確にしておくべきであった。

3　業務の中断又は終了事由の明確化

　行為規範78条2項では，「司法書士は，前項の場合においては，事案に応じて，依頼者に対し，業務の中断又は終了に関する事由を明らかにしなければならない。」と定められている。

　遺産承継業務は，相続人間の紛争の顕在化等により，業務を遂行することが困難となることがあり得る。そのため，甲は，Aとの委任契約の中で，どのような場合に業務を中断又は終了できるか，また，業務を中断又は終了した場合の報酬について，明確にしておく必要があったと言える。

4　弁護士法72条との関係

　相続人間で相続方針が合意されていないのに，代理人として他の相続人と交渉することは，弁護士法72条が非弁護士の法律事務の取扱い等を禁止した，いわゆる非弁行為に該当するため，遺産承継業務の遂行にあたっては，代理人としての関与を疑われないように十分注意する必要がある。

　面識がない相続人や連絡先を知らない相続人がいる場合，依頼者は，調査により判明した住所地へ書面を郵送してその相続人の意向を確認するケースが多い。その際に司法書士が文案を作成することも多いと思われるが，依頼者，送付の相手方のどちらに対しても，司法書士が代理人として交渉を行っているとの誤解を生じさせないよう，文書の内容，送付方法等に配慮が必要となる[23]

　この点からすると，Bの遺志を理由としてEに対して相続放棄を求める書面を送付した本事例の甲の行為は，Aの実質上の代理人として，Aの有利となるように，Eに相続放棄を求める交渉を行ったと評価される可能性があり，相続人間の対立又は紛争が顕在化した後にも業務を継続した場合，弁護士法72条に抵触すると判断されるおそれがある[24]

---

23)「遺産承継業務Handbook」26頁
24)　実際，相続人のうちの一人の実質的な代理人として他の相続人との間で交渉業務を行い，相続人間の対立が顕在化した後も業務を継続したとして，遺産承継業務を受任していた司法書士法人と法人内で当該業務を担当していた司法書士が，懲戒に処せられた事案がある。月報569号82頁，同612号105頁参照。

第5章　民事信託支援関係

民事信託支援関係

【事例5－1】　脱法行為のために信託が使われた事例

(1) 司法書士甲は，Aの成年後見人であるAの二男Bと，Bの妻Cから，Aが所有又は持分を有する土地・建物（以下「本件信託不動産」という。）を「私たち家族だけで使うことはできないのかと考えている。」と，他の推定相続人を排除して，自由に利用・処分したい旨の相談を受けた。
(2) これに対し，甲は，BCに対し，司法書士としての知識を用いて，①AがCに信託をすれば，本件信託不動産の所有権又は持分権がAからCに移転すること，②信託契約の期間を80年間と定め，Aの死亡後も存続する内容とすれば，その期間中は，Aの相続人が本件信託不動産の遺産分割もできず，BCが自由に利用し続けることができること，③本件信託不動産の管理処分権を有するCは，自分の好きなように売ったり贈与することもできること，④信託契約は，Cが受託者となってAの成年後見人であるBとの間で締結すればよいことなどを教示した。
(3) 甲は，BCからの依頼に基づき，委託者及び受益者をA，受託者をCとして，「受託者は本信託財産を管理し，処分することができる。」，「本信託契約期間を80年間とし，本期間は委託者死亡後も有効とする。」などの内容を定めた不動産管理処分信託契約書を作成し，BCに本件信託不動産に係る信託契約を締結させた。
(4) 甲は，BCから委任を受け，〇年〇月〇日信託を原因として，〇〇法務局に対し，AからCへの本件信託不動産の所有権又は持分全部移転及び信託登記申請を行い，登記を完了させた。

254

【事例５－１】　脱法行為のために信託が使われた事例

関係条文　法２条（職責），23条（会則の遵守義務）／行為規範14条（違法行為の助長等），28条（不正の疑いがある事件），80条（基本姿勢），81条（適正な民事信託の支援）

論　点

脱法行為のための信託利用

コメント

　本事例は，Aの成年後見人B（Aの二男）が司法書士に依頼して，Aの財産を将来にわたり着服横領することを企図して，信託を利用し，Bの妻Cを信託の受託者として，Bが，被後見人（委託者）Aの代理人として，AとCとの間で信託契約を締結させた事案において，関与した司法書士が，親族後見人による業務上横領及び背任を幇助したとされ，司法書士法に基づく懲戒処分に処せられたものである（業務停止１年―ただし一部を変更している）。[1]

1　民事信託支援業務に関する規律の新設

　民事信託支援業務に携わる司法書士が増加する中，これまで以上に国民の信頼を得られるよう，司法書士行為規範において，新たに，民事信託支援業務に関する規律が定められた。行為規範80条は「司法書士は，民事信託支援業務を受任したときは，信託目的の達成に向けて，委託者，受託者，受益者その他信託関係人の知識，経験，財産の状況等に配慮して業務を行う。」と規定し，さらに，81条１項では「司法書士は，民事信託の設定を支援するにあたっては，委託者の意思を尊重し，かつ，信託法上の権利及び義務に関する正確な情報を提供するように努めなければならない。」と規定している。

2　脱法行為のための信託利用

　本事例の甲は，Bが成年後見人の地位を悪用してCとの間で信託契約を締結することが，Aを害し，BCの利益追求を図る違法な行為であること

1）　月報518号114頁参照

第5章　民事信託支援関係

を承知しており，また，その契約締結を助言・指導することも，違法な行
為となることを認識していた。違法な行為となることを認識しながら，依
頼者に信託契約を締結させること等は司法書士としてあるまじき行為であ
り，法律専門職としての司法書士に対する国民の信頼を大きく失墜させる
ものである。

　民事信託の利用を希望する依頼者の中には，本事例のように，信託を利
用して委託者（親）の財産を自己の意のままに管理処分しようとする者も
含まれるため，司法書士が脱法行為のために利用されないよう，その目的
や手続についても注意を払う必要がある。

【事例5－2】　法令実務精通義務・資質の向上・依頼の趣旨の実現・受任
　　　　　　　の際の説明

(1)　経　緯
・Aの子Bは，高齢のAの認知症，死亡等に備えるため民事信託の利
　用を検討。
・税理士から司法書士甲を紹介された。甲の名刺には「福祉信託アド
　バイザー」，「福祉信託デザイナー」，「相続・遺言・遺産整理業務統
　括」等の肩書も。
・ABは，甲に対し，信託契約後，自宅ビル（ABの自宅で一部を賃貸）
　の大規模修繕，建替等の際に，信託財産である自宅ビルに抵当権を
　設定して融資（信託財産を責任財産とする信託内融資）を受けられるよ
　うにしてほしい旨の要望を伝えたと考えていた。
・甲は提案書，見積書を提示。そこには，「賃貸不動産が，数年後，
　大規模修繕をする必要性が高いため，Bを連帯保証人として借入で
　きるようにしたい」とのAからの「相談事項」に対し，「家族信託
　を利用すること」，受託者Bにおいて，自宅ビル修繕工事のため，
　融資を受けて，修繕工事の契約を行うこと，「預金管理用の口座（信
　託口）」を開設し，管理することが想定される旨記載。
(2)　A・甲間の委任契約の締結と公正証書の作成
・委任契約の内容（なお，委任契約書は作成されていない。）

256

【事例５－２】　法令実務精通義務・資質の向上・依頼の趣旨の実現・受任の際の説明

> ア：Ａを委託者兼受益者，Ｂを受託者とする信託契約書案文作成
> イ：アの契約の公正証書作成手続補助
> ウ：信託財産の不動産信託登記，受託者名義の口座開設支援
> ・Ａ代理人甲及びＢが公証役場にて信託契約公正証書を作成。
> (3)　信託登記の完了と信託口口座開設
> ・信託登記完了
> ・Ｃ銀行で「Ａ信託口」名義の預金口座（ただし，広義の信託口口座）開設。
> ・しかし，Ｃ銀行以外では拒絶された。
> 　→Ｄ信用金庫：同金庫指定の弁護士又は司法書士作成の信託契約書に限って当該口座の開設に応じている。
> 　→Ｅ信用金庫：信託契約書締結が委託者代理人によりなされているため応じられない。
>
> ＊本件信託設定時，信託内融資を受けるには，その前提として，当該金融機関において，受託者個人名義とは別異の顧客情報ファイルコードが付される倒産隔離機能を有する信託口口座（狭義の信託口口座）を開設する必要があった。
> 　その後，Ａは相談した弁護士から，公正証書作成にＡ本人が立ち会わず甲が代理人として作成された点に問題がある旨説明を受けた。

関係条文　法２条（職責）／民415条（債務不履行による損害賠償），709条（不法行為による損害賠償）／行為規範５条（法令等の精通），６条（資質の向上），20条（依頼の趣旨の実現），21条（受任の際の説明），23条（契約書の作成），80条（基本姿勢），81条（適正な民事信託の支援）

論　点

法令実務精通義務，資質の向上，情報提供義務及びリスク説明義務

第5章　民事信託支援関係

コメント

1　原告Aの主張

　本事例は，東京地判令3・9・17家庭の法と裁判35号134頁の事案である。

　本件訴訟において，原告Aは，司法書士甲に対して，信託内融資を受けることができるような内容の信託契約書の案文作成と公正証書作成補助をすべき債務を負っていたにもかかわらずこれを履行しなかったとの債務不履行責任を追及した。

　また，仮に上記債務を負っていない場合であっても，委任契約締結に先立ち，原告に対し，信託契約書等を作成しても信託内融資を受けることができないリスクが存すること等を説明すべき信義則上の義務を負うにもかかわらず，この説明義務に違反しているから不法行為責任を負う旨も追及した。

2　判決は？

　判決においては，前者については退けたものの，後者については認容した。すなわち，司法書士会等による民事信託の研修・会報誌の特集，司法書士有志団体のシンポジウムやその新聞報道，大手信託銀行における信託口口座（狭義）の開設申込みに占める司法書士の割合は7割前後に及ぶ等の諸事情に鑑みれば，「司法書士に対して，民事信託に関する相応の専門性を有し，司法書士に対する相談者各自の民事信託の利用目的等に具体的に即した効果的な民事信託の活用方法等に関する情報を十分有するとの認識を持つ者も少なからずいたものと考えられる」とした上で，司法書士は委任契約締結に先立ち，民事信託の支援業務を「委任することを検討している者の民事信託の利用目的，民事信託に関する知識や経験の有無及び程度等の諸事情次第では，当該者に対し，信義則に基づき，当該業務に関し，必要な情報収集，調査等を行い，十分かつ適切な情報を提供すべき義務を負うことがあるものと解される。」旨判示した。

　本件訴訟の事実関係の下では，司法書士甲は金融機関の信託内融資，信託口口座（狭義）等に関する対応状況等の情報収集，調査等を行った上で，その結果に関する情報を提供するとともに，信託契約書を締結し，公正証書を作成しても，信託口口座（狭義）を開設できない可能性があるという

【事例5－2】　法令実務精通義務・資質の向上・依頼の趣旨の実現・受任の際の説明

リスクが存することを説明すべき義務があったにもかかわらず，これらを怠ったことから，情報提供義務及びリスク説明義務違反があると判断された。

3　本事例と司法書士行為規範の関係

本事例は，行為規範5条（法令等の精通），6条（資質の向上），20条（依頼の趣旨の実現），21条（受任の際の説明），23条（契約書の作成），80条（基本姿勢），81条（適正な民事信託の支援）の各規定が問題となる。

4　法令実務精通義務（5条）・資質の向上（6条）

司法書士法及び行為規範が，法令実務精通義務を規定している趣旨は，司法書士は，法律専門家として，常に国民の具体的要請に応えられる実務能力を維持しなければならないというものである。そして，法律専門職能として，業務を行う上で必要不可欠な法令，実務及び手続に精通していることは当然のこととされる。もっとも，誰でもいきなり「実務に精通した」司法書士となるわけではないので，一旦，事件を受任したときは，その事件を遂行する過程において，必要となる法令及び実務に精通するよう努力しなければならないとされる。

また，司法書士自らの研鑽に加え，司法書士会等の行う研修に参加することも重要であることから，研修に参加すべき努力義務も定められている。

本件訴訟においても，「信託契約を締結しても信託内融資及び信託口口座（狭義）の開設を受けられないリスクが存するという実情は，公刊物等により把握可能なものである上，司法書士である被告は，日本司法書士会連合会，民事信託推進センター等により実施されたシンポジウム，研修等に参加すること等により，このような対応状況や実情に関する詳細な情報を入手することが可能であった」と判示していることは，これらの義務の重要さを指摘するものである。

5　依頼の趣旨の実現（20条），受任の際の説明（21条），基本姿勢（80条），適正な民事信託の支援（81条）

依頼者からの依頼の趣旨を実現するためには，まず，司法書士が依頼の趣旨を的確に把握する必要がある。そして，司法書士と依頼者との間には，専門知識に関する質及び量の格差があるから，専門家である司法書士に説

第5章　民事信託支援関係

明義務（情報提供義務）が課されている。

　本件訴訟においても，依頼しようとしている者の「民事信託の利用目的，民事信託に関する知識や経験の有無及び程度等の諸事情次第では，当該者に対し，信義則に基づき，当該業務に関し，必要な情報収集，調査等を行い，十分かつ適切な情報を提供すべき義務を負う」と説明義務（情報提供義務）が課される旨判示している。

　また，依頼者が有する「信託契約後，自宅ビルの大規模修繕，建替等の際に，信託財産である自宅ビルに抵当権を設定して融資（信託財産を責任財産とする信託内融資）を受けられるようにする」との目的を達するためには，それを可能とする態勢（信託口口座（狭義）開設等）を整備する必要があったところ，本件信託契約締結時には，相当額を支出して公正証書を作成しても信託口口座（狭義）を開設できない可能性があるとのリスクが存した。このようなリスクが存するとの実情は上記4で引用したとおり，入手可能であったがそのリスクを説明しなかったと判断された。

　本件判決を踏まえれば，依頼者の趣旨に形式的に従うだけでは足りず，依頼者の趣旨を実質的に確認して的確に把握し，それを実現するために，必要な情報の収集調査とリスク調査を行った上で，適切な判断ができるように適切な方法で情報提供とリスクを説明する義務がある。これら情報収集，調査，情報提供，リスクの説明については，依頼者の知識や経験に応じて依頼者が理解しやすいによう適切に行うことが必要である。

6　契約書の作成（23条）

　本件では，Aと司法書士甲との間で委任契約書が作成されていなかった。そのため，本件訴訟では，委任契約成立時がいつであるか，さらに委任契約の内容も争点となった。

　委任契約書の作成については，弁護士会では既に委任契約書の作成が義務化されている（基本規程30条1項）。その趣旨は，「受任の範囲や弁護士報酬等をめぐる依頼者とのトラブルを未然に防止するため」であるという[2]。そして，この趣旨は，簡裁訴訟代理等関係業務，遺産承継業務，民事信託

2）『解説規程』108頁

【事例5－3】　虚偽の信託契約書の作成・登記申請意思確認義務違反

支援業務など業務が拡大多様化している司法書士にもそのまま当てはまる。

　したがって，司法書士行為規範の契約書作成の規定は努力義務であるが，上記趣旨を踏まえれば，司法書士も原則として委任契約書を作成すべきであろう。

【事例5－3】　虚偽の信託契約書の作成・登記申請意思確認義務違反

> (1)　司法書士甲は，株式会社Ａの代表取締役の一人に，また，甲の知人である乙は，有限会社Ｂの代表取締役に就任していた。
>
> (2)　甲は，乙から，実際には，有限会社Ｂを受託者，株式会社Ｃを委託者とする信託契約において，受託者として株式会社Ａの名前を貸してほしいとの依頼を受けた。甲は，乙とは長年の付き合いがあったことから，同依頼を承諾した。そして，甲は，登記権利者（受託者）を株式会社Ａ，登記義務者（委託者兼受益者）を株式会社Ｃとする所有権の移転及び信託の登記申請代理人として申請手続を行い，同登記は完了した。その際，甲は，登記義務者である株式会社Ｃへの確認を怠っている。

関係条文　法2条（職責），23条（会則の遵守義務）／行為規範14条（違法行為の助長等），44条（実体上の権利関係の把握等），81条（適正な民事信託の支援）

論　点

1　虚偽の信託契約書の作成
2　登記申請意思確認義務違反

コメント

　本事例では，受託者として名義を貸してほしいとの依頼を受け，虚偽の信託契約書を作成している点，登記義務者である委託者の意思を確認せず所有権移転及び信託の登記を申請した点などが問題となっている。

261

第5章　民事信託支援関係

1　虚偽の信託契約書の作成

　司法書士は，常に品位を保持し，業務に関する法令及び実務に精通して，公正かつ誠実にその業務を行わなければならない（法2条）。ところが，司法書士甲は，乙から受託者を甲が代表取締役の一人を務める株式会社Aの名前にしてほしいとの依頼により虚偽の信託契約書を作成し，不実の登記を行った。

　行為規範81条1項では「司法書士は，民事信託の設定を支援するにあたっては，委託者の意思を尊重し」と定められている。これは，民事信託支援業務に携わる司法書士は，「委託者の意思を尊重した，受託者の行為規範たり得る信託の目的設定に努めなければならない」[3]ことを定めたものであるが，本事例の甲は，元々の受託者である有限会社Bの代表取締役乙に言われるがままに，受託者を変更した虚偽の信託契約書を作成しており，そのことにつき委託者の意思の確認を行っていない。

　そもそも，信託とは，委託者が信頼できる受託者に自分の財産を託し，受託者は，委託者の意思に従い作成された信託契約に基づき，信託された財産を管理・運用する制度であることに鑑みると，受託者を委託者に断りなく変更して信託契約書を作成することは，信託制度の根幹をないがしろにする行為と言える。

2　登記申請意思確認義務違反

　前述のとおり，司法書士甲は，虚偽の信託契約書を作成し，不実の登記を行った。さらに，登記義務者である株式会社Cの登記申請意思の確認を怠っている。

　不動産登記に関する規律の事例解説【事例2－2】にもあるとおり，特に登記義務者の本人確認及び意思確認については，司法書士業務における本人確認及び意思確認の重要性を示唆するものとなっている。

　したがって，当該非違行為は，司法書士としての自覚を欠き，その品位を損ない，司法書士の社会的信用を失墜させる行為であり，強く非難されるものである。

---

3)「『司法書士行為規範』解説」117頁

【事例6−1】 共同事務所における業務処理，職務上等請求書の管理・使用

第6章 共同事務所・司法書士法人関係

【事例6−1】 共同事務所における業務処理，職務上等請求書の管理・使用

> 司法書士甲は，司法書士乙と「A合同事務所」の名称で共同事務所を設け，司法書士業務を行っている。
> (1) 甲は，受任した不動産登記の申請事件について，実際の案件の処理も本人確認も甲が自ら行っているにもかかわらず，乙の事件簿に登載し，乙を代理人として登記の申請をしていた。
> (2) 甲は，不動産登記の申請手続を処理する際，乙がB司法書士会より交付を受けた戸籍謄本・住民票の写し等職務上等請求書（以下「職務上等請求書」という。）のうちの多数を，乙に許可なく甲の判断で使用していた。
> また，甲も，自身がB司法書士会より交付を受けた職務上等請求書を他の者が自由に使用できる状態にしていた。

関係条文 法2条（職責），23条（会則の遵守義務）／行為規範44条（実体上の権利関係の把握等），82条（遵守のための措置），100条（規律の遵守）

論点

1 共同事務所における業務処理
2 共同事務所における職務上等請求書の管理・使用

第6章　共同事務所・司法書士法人関係

コメント

1　共同事務所における業務処理

　共同事務所に所属していたとしても，各々の所属司法書士が受任する事件については，当該事件を受任した司法書士が責任をもって処理しなければならない。本事例のように，実際の案件の処理や本人確認を甲が行っているのであれば，甲を代理人として登記の申請をするべきであるし，乙を代理人として登記の申請をするのであれば，乙が本人確認をすべきであるところ，上記の業務処理は，不適切なものであると言わざるを得ない。

2　共同事務所における職務上等請求書の管理・使用

　司法書士が，司法書士法3条に規定された業務の委任を受け，その業務の遂行に必要な場合は，戸籍謄本・住民票の写し等の交付の請求をすることができるが，その場合は，司法書士会で交付される職務上等請求書を利用する必要がある。

　職務上等請求書は，その使用方法を誤れば，他人のプライバシーを侵害するおそれがあるとともに，司法書士制度に対する信頼が損なわれるおそれがあるため，司法書士会で定める「戸籍謄本・住民票の写し等の職務上等請求書に関する規程」によって，厳格な管理等が義務付けられている。また，その不正使用については，戸籍法135条，住民基本台帳法46条2号に罰則が定められているほか，懲戒処分の対象となる。

　本事例の甲のように，他の司法書士の職務上等請求書を使用することは，その司法書士が同じ共同事務所の所属司法書士であっても，他人の職務上等請求書を使用したものであり，交付された職務上等請求書の他人への譲渡，貸与，使用を禁止した，B司法書士会「戸籍謄本・住民票の写し等の職務上等請求書に関する規程」に反する行為である。

　また，職務上等請求書は自己の責任で厳格に管理し使用しなければならないところ，自己以外の者が自由に使用できる状態にしていたことも，同じく「戸籍謄本・住民票の写し等の職務上等請求書に関する規程」に反する行為であると言えよう[1]。

---

1) 他の所属司法書士や補助者に対し指導や注意を促すこともなく，事務所内の者が自

【事例６－２】　所属司法書士であった者が共同事務所を離脱した後の業務を行い得ない事件

【事例６－２】　所属司法書士であった者が共同事務所を離脱した後の業務を行い得ない事件

　　司法書士甲は，開業以来，司法書士乙，司法書士丙と３人で「Ｄ合同事務所」の名称で共同事務所を設け，司法書士業務を行っていたが，１か月前に「Ｄ合同事務所」から離脱し，現在は甲単独で司法書士業務を行っている。

　　甲は，Ａから同人の父亡Ｂの借金問題について相談を受けた。Ａは，父Ｂが生前Ｃから金を借りていたとし，Ｃから相続人であるＡが訴えを起こされているが，父Ｂの生前何も聞かされていなかったので，どのように対応したらいいか分からないと述べた。

　　甲が訴状を読むと，Ｃの代理人として司法書士乙の名前が記載されていた。その事件は，甲が「Ｄ合同事務所」に在籍していたときに，乙がＣから依頼された事件であり，内容がかなり複雑な事案で，甲も乙から相談され，自己の見解を述べたことがあった。甲は，Ａから受任することができるか。

関係条文　　行為規範83条（秘密保持の義務），84条（共同事務所における業務を行い得ない事件），85条（所属司法書士であった者が裁判業務を行い得ない事件）

論　点

1　共同事務所を離脱した司法書士と利益相反事由
2　共同事務所を離脱した司法書士と秘密保持義務

コメント

本事例は，共同事務所に所属していた期間内に他の所属司法書士が取り

己の職務上等請求書を自由に使用することができる状態を黙認していたとして，共同事務所を監督する立場にある司法書士が懲戒に処せられた事案がある。月報550号112頁参照。

265

第6章　共同事務所・司法書士法人関係

扱った事件につき，司法書士が共同事務所を離脱した後にその事件の相手方の依頼を受けることができるかが問題となっている。

1　共同事務所を離脱した司法書士と利益相反事由

司法書士甲が「D合同事務所」に在籍中であれば，共同事務所の所属司法書士である司法書士乙がCから裁判業務の依頼を受けている場合，行為規範84条の規定により，業務の公正を保ち得る事由があるときを除き，甲もその相手方であるAからの依頼を受けることができないが，本事例では，甲は既に「D合同事務所」の所属司法書士ではなくなっている。利益相反事由のない司法書士が共同事務所を離脱した場合には当該司法書士が同条の適用を受けることはないと解される。

ただし，共同事務所に所属していた期間内に，甲が，乙がCから依頼を受けていた事件に自ら関与していた場合には，行為規範85条の規定により，その事件の相手方の依頼を受けて裁判業務を行ってはならない。例えば事件自体については乙が受任していたとしても，甲もその業務を担当していたり，その補助にあたっていたりした場合は「自らこれに関与していた」と言え，甲はその相手方であるAからの依頼を受けることができない。

本事例では，甲は当該事件に全く無関係であったわけではなく，乙から相談を受けて自己の見解を述べており，その相談内容が事件の根幹部分にまでわたっている場合は，同条の「自らこれに関与していた事件」に該当し，甲はその相手方であるAからの依頼を受けることができない可能性が高い。

2　共同事務所を離脱した司法書士と秘密保持義務

行為規範83条前段において，「所属司法書士は，正当な事由がある場合を除き，他の所属司法書士が業務上知り得た秘密を保持しなければならず，又は利用してはならない。」と規定されている。自らの業務上において知り得た秘密でなくても，依頼者の利益を保護し，その共同事務所における司法書士の信頼を確保するために，他の所属司法書士が業務上知り得た秘密について保持義務を定めたものである。

同条の秘密保持義務は，他の所属司法書士が業務上知り得た秘密であって，事務所を共同使用することによって知り得ることとなる秘密が全て対

【事例6－3】　司法書士行為規範84条に違反する訴訟行為の排除

象となり得るため，乙から相談を受けた際に甲が知った内容も「業務上知り得た秘密」に該当し，その義務は司法書士がその共同事務所から離脱した後も免除されるものではない（同条後段）。

　甲がAからの依頼を受けてしまうと，「D合同事務所」で甲が知った内容について秘密を保持するのが難しい事態が発生することが考えられる。したがって，秘密保持の面でも，受任には慎重であるべきであろう。

【事例6－3】　司法書士行為規範84条に違反する訴訟行為の排除

(1)　令和○年1月，Aは，所有していた絵画を1年前にBへ120万円で売ったがその後何度督促してもBから代金を支払ってもらえなかったため，「C合同事務所」に相談することにした。所属司法書士である司法書士甲は，Aから詳細な事情を聞き取った上で具体的な法的手段についてアドバイスをした。

(2)　令和○年2月，甲は，3月限りで「C合同事務所」を離脱したい旨を申し出た。Aから受けている相談については，別の所属司法書士である司法書士乙が引き継ぐことになった。

　　甲は，令和○年4月1日，「D合同事務所」に入所した。

(3)　令和○年3月20日，乙は，Aの委任を受けて，Aを原告，Bを被告とする120万円の売買代金請求事件の訴訟代理人として訴えを提起した。

　　これに対し，被告Bは，本件訴訟について「D合同事務所」に相談し，令和○年4月8日，所属司法書士である司法書士丙は，Bからの委任を受けて，本件訴訟の訴訟代理人となった。

(4)　その後，原告側は，現在「D合同事務所」の所属司法書士である甲は，司法書士行為規範58条1項2号の規定により本件訴訟につき業務を行い得ないのであるから，同じく「D合同事務所」の所属司法書士である丙が，本件訴訟においてBの訴訟代理人として訴訟行為をすることは，司法書士行為規範84条に違反すると主張して，司法書士丙の訴訟行為の排除を求める申立てをした。

　　原告側の申立ては認められるか。

267

第6章　共同事務所・司法書士法人関係

関係条文　法22条（業務を行い得ない事件）／行為規範58条（業務を行い得ない事件），84条（共同事務所における業務を行い得ない事件），86条（受任後の措置）

論　点

行為規範84条に違反する訴訟行為の排除

コメント

　本事例では，共同事務所の他の所属司法書士が行為規範58条1項2号等の規定により職務を行い得ない事件について，所属司法書士が職務を行ってはならないと定めている行為規範84条に違反するとして，相手方当事者が，これに異議を述べ，裁判所に対しその行為の排除を求めることができるかが問題となっている。

　なお，行為規範58条1項2号は，司法書士が業務を行い得ない事件として「相手方の協議を受けて賛助し，又はその依頼を承諾した事件」と規定し，これは，司法書士法22条3項1号・同条4項に相当するが，行為規範84条に相当する規定は，司法書士法その他の法律には見当たらない。

1　訴訟行為の排除

　弁護士の利益相反を規律する規定である弁護士法25条に違反する訴訟行為があった場合，判例は，相手方当事者に訴訟行為の排除を求める申立権を認めている[2] 申立てが認められる場合，当該訴訟代理人はそれ以降訴訟から排除され，既になされた訴訟行為は無効になる。

2　弁護士職務基本規程57条の規定[3]

　弁護士職務基本規程は，日本弁護士連合会が，弁護士の職務に関する倫理等行為規範を明らかにするため，会規として制定したものである。基本規程57条は，行為規範84条と同趣旨の規定であり，本文において，共同事

---

2) 最大判昭38・10・30民集17巻9号1266頁
3) 第57条（職務を行い得ない事件）　所属弁護士は，他の所属弁護士（所属弁護士であった場合を含む。）が，第27条又は第28条の規定により職務を行い得ない事件については，職務を行ってはならない。ただし，職務の公正を保ち得る事由があるときは，この限りでない。

268

【事例6-3】　司法書士行為規範84条に違反する訴訟行為の排除

務所の所属弁護士は，他の所属弁護士等が基本規程27条1号（相手方の協議を受けて賛助し，又はその依頼を承諾した事件）等の規定により職務を行い得ない事件について職務を行ってはならないと定め，ただし書において，「職務の公正を保ち得る事由」があるときは，この限りでないと定めている。

　なお，基本規程57条に相当する規定が，弁護士法その他の法律に見当たらない点は，行為規範84条と同様である。

3　弁護士職務基本規程57条違反の訴訟行為の効力

　基本規程57条に違反する訴訟行為について，相手方が異議を述べ，その訴訟行為の排除を求めることができるかにつき，最二小決令3・4・14民集75巻4号1001頁は，「弁護士法25条1号のように，法律により職務を行い得ない事件が規定され，弁護士が訴訟代理人として行う訴訟行為がその規定に違反する場合には，相手方である当事者は，これに異議を述べ，裁判所に対しその行為の排除を求めることができるとはいえ，弁護士が訴訟代理人として行う訴訟行為が日本弁護士連合会の会規である基本規程57条に違反するものにとどまる場合には，その違反は，懲戒の原因となり得ることは別として，当該訴訟行為の効力に影響を及ぼすものではないと解するのが相当である。」とし，「基本規程57条に違反する訴訟行為については，相手方である当事者は，同条違反を理由として，これに異議を述べ，裁判所に対しその行為の排除を求めることはできない」と判示した。

4　行為規範への当てはめ

　この決定の趣旨から考えると，本事例のように，行為規範84条に違反するにとどまる場合は，相手方は同条違反を理由として，司法書士丙の訴訟行為の排除を求めることはできないことになる。

　しかし，丙の訴訟行為の排除を求めることができないからと言って，丙がこのまま本件訴訟事件を受任し続けることは，司法書士としての行動としては適切ではないと言わざるを得ない。行為規範86条の規定に従い，利益相反事由があると明らかになった時点で，依頼者に対し，速やかにその事情を告げ，事案に応じて辞任等の適切な措置をとるべきであろう。

第6章　共同事務所・司法書士法人関係

【事例6－4】　司法書士法人が社員等に法令，会則等を遵守させる義務

(1)　甲司法書士法人の代表社員である司法書士乙は，法人の業務として，買主であるＡからＸ土地の所有権移転登記手続の依頼を受けた。甲司法書士法人の社員であり，登記の申請書に添付する書類の取得を担当している司法書士丙は，物件の課税標準である不動産の評価額を調べるために，固定資産評価額通知書交付依頼書用紙（以下「本件依頼書」という。）にＸ土地を記載し，余白部分に鉛筆で斜線を引いて，依頼書を作成し，これをＣ地方法務局Ｄ支局に提出し，Ｄ支局の登記官から登記官印の押印を受けた。

(2)　乙は，甲法人の業務として，買主であるＢからＹ建物の所有権移転登記手続の依頼を受けていたところ，丙は，Ｙ建物について，不動産の評価額を調べるため，新たに依頼書を作成してＤ支局に提出し登記官印の押印を受けるべきであったのにこれをすることなく，既に登記官印が押印された本件依頼書の余白部分の斜線を消しゴムで消した上，Ｙ建物を追記して本件依頼書を変造し，Ｘ土地及びＹ建物の固定資産評価額通知書の交付を受けた。

(3)　丙は，甲法人の業務として，上記(2)と同様の方法により，少なくとも50通以上の依頼書を変造して，それぞれ固定資産評価額通知書の交付を受けた。

(4)　乙は，甲法人の代表社員として，社員である丙が物件を追記して依頼書を変造していることを知りながら，丙の上記行為を黙認し，これを放置していた。

関係条文　法2条（職責），23条（会則の遵守義務），29条（業務の範囲），46条（司法書士に関する規定等の準用）／行為規範88条（遵守のための措置）

論　点

司法書士法人が社員等に法令，会則等を遵守させる義務

270

【事例6-5】 司法書士法人の補助者に対する指導及び監督①

コメント

　司法書士法人は，法人として社員等に法令，会則等を遵守させる義務がある。これに加え，行為規範88条では，「司法書士法人は，その社員等が法令，会則等を遵守するための必要な措置をとらなければならない。」と規定されている。

　本事例では，甲司法書士法人の社員である丙は，公文書である依頼書を恒常的に変造した。これが問題であることは言うまでもないが，甲司法書士法人の代表社員である乙は，丙の上記行為を黙認していた。

　代表社員乙及び社員丙の上記行為は，司法書士法29条及び46条の規定により法人の行為と同視することができるところ，本事例における甲司法書士法人の行為は，司法書士法2条（職責），23条（会則の遵守義務）等の規定に違反するものである。したがって，甲司法書士法人の代表社員として乙はこれを黙認してはならないことは勿論であり，社員丙に対してこのような不適切な業務を改めさせる必要がある。

【事例6-5】　司法書士法人の補助者に対する指導及び監督①

> 　C司法書士法人の社員である司法書士甲及び司法書士乙は，Aを法人の補助者として採用したが，2年以上の間，補助者登録を怠った。
> 　また，甲らは，法人の業務として行った不動産所有権の移転に係る取引について，補助者であるBのみを立ち会わせた。

関係条文　法2条（職責），23条（会則の遵守義務），46条（司法書士に関する規定等の準用）／規則25条（補助者），37条（準用）／行為規範19条（補助者に対する指導及び監督），47条（補助者による立会の禁止），96条（準用）

論　点

　1　補助者登録の懈怠

271

第6章　共同事務所・司法書士法人関係

2　補助者による立会の禁止

> **コメント**

　司法書士法人は，個人の司法書士と同様に，法人の業務の補助をさせるために補助者を置くことができるが（規則25条1項，37条），その適切な指導・監督の下で業務を行わせる必要があるため，補助者を置いたときは，遅滞なく，その旨を所属の司法書士会に届け出ることとされている（規則25条2項，37条）。

　また，司法書士行為規範で新設された47条では，「司法書士は，不動産取引における立会を，補助者に行わせてはならない。」と規定しており，本事例のように，補助者立会が禁止される行為であることが改めて明確にされている。そして，この規定は当然司法書士法人にも準用されている（行為規範96条）。

　本事例では，C司法書士法人の社員である司法書士甲らは，長期間にわたって補助者登録を怠り，また，司法書士法人の業務として，本来司法書士が行うべき立会を補助者のみに行わせたことが問題となっている。

　このような行為は，司法書士法2条（職責），23条（会則の遵守義務），司法書士法施行規則25条（補助者）の各規定に違反するものと認められ，C司法書士法人の社員である甲らは，このような違反行為について責任を負うこととなる。

【事例6－6】　司法書士法人の補助者に対する指導及び監督②

【事案1】

(1)　E司法書士法人の代表社員である司法書士甲は，Aから債務整理事件を受任するに当たって，初回の相談の際には，甲自らが説明を行ったが，受任契約及びその後の依頼者への連絡等は，専ら補助者Bに行わせた。

(2)　Bは，Aの意向を確認して作成した，過払金を203万8,297円とする裁判外和解申入書及び和解書に，甲を代理人として記載し，和解

272

【事例6−6】 司法書士法人の補助者に対する指導及び監督②

を成立させた。

(3) 当局が，甲が受任した債務整理事件記録を確認した結果，代理権
の範囲外であるにもかかわらず，甲を代理人として和解申入書の作
成を行った事案又は和解契約を締結した事案が33件確認された。

(4) 甲は，紛争の目的価格が140万円を超えた時点で，裁判外の和解
の代理権は当然に消滅し，その後は，裁判書類作成関係業務を行った
ただけであり，同書類の記載はＢが誤記したにすぎない旨主張した。

【事案2】

(1) Ｅ司法書士法人は，Ｃから自宅の敷地の所有者がＣの死亡した兄
Ｄとなっているため，Ｃへの相続による所有権移転登記の申請を受
任した。しかし，相続人調査の結果，ＣはＤの相続人には該当せず，
他に複数の相続人が存在するところ相続人らの協力が得られないこ
とから，代表社員である司法書士甲は，時効取得の訴訟を提起する
ほかない旨を補助者Ｂに指示し，Ｃが本件土地を時効取得するため
の訴訟提起を受任した。

(2) 甲は，Ｂが作成した本件訴訟に関する訴状を確認し，Ｂに訴状の
修正を指示したものの，それ以降，本件訴訟の事務処理に関して指
導及び監督をしなかった。その後，Ｂは，相当な手続を行うことな
く，偽造した登記識別情報通知をＣの関係者に手交した。甲は，上
記Ｂの行為をＣの関係者から指摘されるまで，Ｂから全く報告がな
いことを理由として認知していなかった。

(3) 甲は，Ｂの行為に自分は一切関与していないと主張した。

関係条文 法2条（職責），3条（業務），23条（会則の遵守義務），46条（司
法書士に関する規定等の準用）／行為規範19条（補助者に対する指導
及び監督），96条（準用）／会則基準101条（補助者等の使用責任）

論 点

補助者に対する指導及び監督

273

第6章　共同事務所・司法書士法人関係

コメント

行為規範19条（補助者に対する指導及び監督）では，1項で「司法書士は，常に，補助者の指導及び監督を行わなければならない。」と規定し，2項で「司法書士は，補助者をしてその業務を包括的に処理させてはならない。」と規定している。この規定は同96条で準用され，司法書士法人にも適用される。

1　事案1について

E司法書士法人の代表社員である司法書士甲は，紛争の目的の価額が140万円を超えた時点で，裁判外の和解の代理権は当然に消滅し，その後は，裁判書類作成関係業務を行っただけであり，同書類の記載は補助者が誤記したにすぎない旨主張しているが，当該行為は，外形上，司法書士法3条2項の認定を受けた司法書士の業務の範囲外の行為であり，補助者が誤記したにすぎないとしても，甲が補助者の業務を適切に管理していなかったといわざるを得ない。

2　事案2について

E司法書士法人の代表社員である司法書士甲は，Bの行為に自分は関与していないと主張する。しかしながら，司法書士は，特別な理由がない限り，依頼の順序に従い，速やかに業務を取り扱わなければならず，補助者に業務を補助させる場合には，その指導及び監督を厳正にするよう注意しなければならないとされており，当該司法書士が，その注意義務を怠ったため，補助者が依頼者に損害を与えたときには，その責めを負わなければならない。

このことは，委任契約の主体が司法書士法人であっても何ら変わるものではない。行為規範19条2項の趣旨は，司法書士が自らその業務の処理をせず，事務に従事する者に包括的にこれを処理させたならば，司法書士制度の存在意義が失われ，国民の司法書士制度に対する信頼を揺るがすことになるので，これを禁止したものであるところ，甲は，上記のとおり補助者に対する指導監督義務責任を果たさず，また，受任した事件の進捗管理を十分に行っていないなど，受任した事件を適正に管理して処理すべき義務を怠ったことから，結果として，補助者の違法行為を惹起したと言わざ

【事例6－7】　司法書士法人における秘密保持の義務

るを得ない。

3　司法書士法人の責任について

　事案1及び事案2は，事件を受任した司法書士法人が補助者任せの業務を行ったことにより，法令に違反したり依頼者に損害を与えたりした事案である。

　司法書士法人が事件を受任した以上，その事件の処理を補助者に補助させる場合には，その指導及び監督を厳正にすることは当然であり，これを怠ったことにより補助者が依頼者に損害を与えたときには，その責めを負わなければならない（会則基準101条3項）。ましてや，補助者に業務を任せきりにして指導監督を行わないのは論外である。したがって，いずれの事案においてもE司法書士法人は，司法書士法に違反したこと及び依頼者に与えた損害につき責任を負うことになる。

【事例6－7】　司法書士法人における秘密保持の義務

　　C司法書士法人は，依頼者Aから受任して登記申請手続を行ったが，その後，当該手続の登記費用の一部が未請求であることが判明したため，Aに対して当該費用を改めて請求した。これに対し，Aは，登記費用を既に支払済みであると抗弁し，これに応じなかった。

　　C司法書士法人の代表社員である司法書士甲は，上記の紛争を解決するため，Aの職場の上司Bに，電話により相談したところ，Bから，穏便な方法により解決を図るために依頼者の氏名を明らかにするよう促された。そこで，甲は，Bに対し，Aの氏名及び争いがある事実を口外した。

関係条文　法2条（職責），23条（会則の遵守義務），24条（秘密保持の義務），
46条（司法書士に関する規定等の準用）／行為規範11条（秘密保持等の義務），89条（秘密保持の義務）

275

第6章　共同事務所・司法書士法人関係

論　点

司法書士法人における秘密保持の義務

コメント

1　司法書士法人における秘密保持の義務

　秘密保持の義務については，司法書士法24条及び行為規範11条に定めがあり，司法書士として業務上知り得た秘密を保持する義務を規定しているが，司法書士法人の社員等は，自らその業務に関与していなくても，業務を行う上でその法人又は他の社員等の依頼者等に関する秘密を知り得る立場にあるため，行為規範89条において，「社員等は，正当な事由がある場合を除き，司法書士法人，他の社員等が業務上知り得た秘密を保持しなければならず，又は利用してはならない。社員等でなくなった後も同様とする。」と定められている。依頼者の利益を保護し，その司法書士法人や司法書士の信頼を確保するために，他の社員等が業務上知り得た秘密についても保持義務を定めたものである。

　なお，「正当な事由がある場合」については，行為規範11条2項の規定に準じて判断すべきとされている。すなわち，本人の承諾がある場合（同条同項1号），法令に基づく場合（同条同項2号）等が「正当な事由がある場合」として考えられる。

2　代表社員甲の責任

　C司法書士法人の代表社員である甲の行為は，甲が業務上知り得た，依頼者Aにとって他人には知られたくない契約上の金銭問題について，Aの承諾を得ることなく第三者Bに漏洩したものである。したがって，当該行為は「正当な事由がある場合」とは認められず，司法書士法24条等に違反し，ひいては司法書士法2条，23条の各規定に違反するものである。

3　C司法書士法人の責任

　社員等が業務上知り得た秘密は，司法書士法人にとって知り得た秘密でもあり，当然に秘密保持の義務があるから，司法書士法人は，これに必要な措置を講じなければならない。社員等が正当な事由なく業務上知り得た秘密を漏洩した場合は，司法書士法人も責任を問われることになる。

【事例6－8】　司法書士法人が社員等の関係で業務を行い得ない事件

本事例において甲がＣ司法書士法人を代表して行った行為は，司法書士法46条が準用している司法書士法２条，23条の各規定に違反するものであり，Ｃ司法書士法人もその責任を負う。

【事例6－8】　司法書士法人が社員等の関係で業務を行い得ない事件

> 　司法書士甲は，乙司法書士法人に所属している司法書士である。
> 　甲は，乙法人に入社する前に，ＡからＢに対する売買代金請求事件につき協議を受け，賛助し，具体的手続につき教示していた。甲が乙法人に入社後，乙法人がＢから同一事件につき簡裁訴訟代理等関係業務として依頼を受けた場合，乙法人は，事件を受任することができるか。
> 　①　甲が乙法人の社員（特定社員）である場合。なお，乙法人には，甲のほか，社員として丙（特定社員）及び丁がいる。
> 　②　甲が乙法人の使用人司法書士である場合。

関係条文　　法41条（特定の事件についての業務の制限）／行為規範58条（業務を行い得ない事件），91条（司法書士法人が社員等の関係で業務を行い得ない事件）

論　点

司法書士法人が社員等の関係で業務を行い得ない事件

コメント

　行為規範91条は「司法書士法人は，裁判業務に係る次の事件については裁判業務を行ってはならない。」と定め，同条２号で「第25条，第26条若しくは第58条第１項第１号から第６号まで又は第92条第２項第１号から第３号までに掲げる事件として社員の半数以上（簡裁訴訟代理等関係業務に係る事件については特定社員の半数以上）の者が裁判業務を行ってはならないこととされる事件」と定めている。

277

第6章　共同事務所・司法書士法人関係

1　甲が乙法人の社員（特定社員）である場合

　本事例では，司法書士甲は，行為規範58条1項2号により，Bからの依頼による裁判業務を行うことはできない。そして，簡裁訴訟代理等関係業務に係る事件については，特定社員の半数以上の者が裁判業務を行い得ない場合，司法書士法人は裁判業務を行うことはできない。

　したがって，特定社員2名（甲及び丙）のうち甲が業務を行い得ないのであれば，乙司法書士法人は，法人として簡裁訴訟代理等関係業務を行うことはできず，事件を受任することはできない。

2　甲が乙法人の使用人司法書士である場合

　行為規範91条2号の要件は，あくまで「社員の半数以上」あるいは「特定社員の半数以上」である。したがって，甲が事件を受任しているのではなく（同条1号参照），相手方Aから協議を受け賛助していたにとどまっている本事例では，甲自身は業務を行い得ないが，業務を行い得ない特定社員が半数未満であれば，乙司法書士法人は，法人として簡裁訴訟代理等関係業務を行うことができ，事件を受任することができる。

　ただし，その場合は，甲はAとの協議の内容を一切他の社員等に漏らさないようにし，他の社員等も甲から当該事件の情報を一切受け取らず，当該事件のデータの管理を徹底する等，情報の共有や漏洩を防止するための情報遮断措置を講じる必要があるであろう。そのような措置を講じることが困難なのであれば，利益相反だけでなく秘密保持（行為規範89条）の面からも受任には慎重であるべきであろう。[4]

---

4) さらに，本事例では，行為規範93条により，社員等は，原則として事件を受任することができない点も考慮すべきであろう。

参考資料　司法書士法

参 考 資 料

○司法書士法

(昭和25年 5 月22日法律第197号)

(最近改正：令和 5 年 6 月16日法律第63号)

第 1 章　総　則

(司法書士の使命)

第 1 条　司法書士は，この法律の定めるところによりその業務とする登記，供託，訴訟その他の法律事務の専門家として，国民の権利を擁護し，もつて自由かつ公正な社会の形成に寄与することを使命とする。

(職責)

第 2 条　司法書士は，常に品位を保持し，業務に関する法令及び実務に精通して，公正かつ誠実にその業務を行わなければならない。

(業務)

第 3 条　司法書士は，この法律の定めるところにより，他人の依頼を受けて，次に掲げる事務を行うことを業とする。

一　登記又は供託に関する手続について代理すること。

二　法務局又は地方法務局に提出し，又は提供する書類又は電磁的記録（電子的方式，磁気的方式その他人の知覚によつては認識することができない方式で作られる記録であつて，電子計算機による情報処理の用に供されるものをいう。第四号において同じ。）を作成すること。ただし，同号に掲げる事務を除く。

三　法務局又は地方法務局の長に対する登記又は供託に関する審査請求の手続について代理すること。

四　裁判所若しくは検察庁に提出する書類【若しくは電磁的記録（編注(1)）】

又は筆界特定の手続（不動産登記法（平成16年法律第123号）第 6 章第 2 節の規定による筆界特定の手続又は筆界特定の申請の却下に関する審査請求の手続をいう。第 8 号において同じ。）において法務局若しくは地方法務局に提出し若しくは提供する書類若しくは電磁的記録を作成すること。

五　前各号の事務について相談に応ずること。

六　簡易裁判所における次に掲げる手続について代理すること。ただし，上訴の提起（自ら代理人として手続に関与している事件の判決，決定又は命令に係るものを除く。），再審及び強制執行に関する事項（ホに掲げる手続を除く。）については，代理することができない。

イ　民事訴訟法（平成 8 年法律第109号）の規定による手続（ロに規定する手続及び訴えの提起前における証拠保全手続を除く。）であつて，訴訟の目的の価額が裁判所法（昭和22年法律第59号）第33条第 1 項第 1 号に定める額を超えないもの

ロ　民事訴訟法第275条の規定による和解の手続又は同法第 7 編の規定による支払督促の手続であつて，請求の目的の価額が裁判所法第33条第 1 項第 1 号に定める額を超えないもの

ハ　民事訴訟法第 2 編第 4 章第 7 節【第 8 節（編注(1)）】の規定による訴えの提起前における証拠保全手続又は民事保全法（平成元年法律第91号）の規定による手続であつて，本案の訴訟の目的の価額が裁判所法第33条第 1 項第 1 号に定める額を超え

279

ないもの

ニ　民事調停法（昭和26年法律第222号）の規定による手続であつて，調停を求める事項の価額が裁判所法第33条第1項第1号に定める額を超えないもの

ホ　民事執行法（昭和54年法律第4号）第2章第2節第4款第2目の規定による少額訴訟債権執行の手続であつて，請求の価額が裁判所法第33条第1項第1号に定める額を超えないもの

七　民事に関する紛争（簡易裁判所における民事訴訟法の規定による訴訟手続の対象となるものに限る。）であつて紛争の目的の価額が裁判所法第33条第1項第1号に定める額を超えないものについて，相談に応じ，又は仲裁事件の手続若しくは裁判外の和解について代理すること。

八　筆界特定の手続であつて対象土地（不動産登記法第123条第3号に規定する対象土地をいう。）の価額として法務省令で定める方法により算定される額の合計額の2分の1に相当する額に筆界特定によつて通常得られることとなる利益の割合として法務省令で定める割合を乗じて得た額が裁判所法第33条第1項第1号に定める額を超えないものについて，相談に応じ，又は代理すること。

2　前項第6号から第8号までに規定する業務（以下「簡裁訴訟代理等関係業務」という。）は，次のいずれにも該当する司法書士に限り，行うことができる。

一　簡裁訴訟代理等関係業務について法務省令で定める法人が実施する研修であつて法務大臣が指定するものの課程を修了した者であること。

二　前号に規定する者の申請に基づき法務大臣が簡裁訴訟代理等関係業務を行うのに必要な能力を有すると認定した者であること。

三　司法書士会の会員であること。

3　法務大臣は，次のいずれにも該当するものと認められる研修についてのみ前項第1号の指定をするものとする。

一　研修の内容が，簡裁訴訟代理等関係業務を行うのに必要な能力の習得に十分なものとして法務省令で定める基準を満たすものであること。

二　研修の実施に関する計画が，その適正かつ確実な実施のために適切なものであること。

三　研修を実施する法人が，前号の計画を適正かつ確実に遂行するに足りる専門的能力及び経理的基礎を有するものであること。

4　法務大臣は，第2項第1号の研修の適正かつ確実な実施を確保するために必要な限度において，当該研修を実施する法人に対し，当該研修に関して，必要な報告若しくは資料の提出を求め，又は必要な命令をすることができる。

5　司法書士は，第2項第2号の規定による認定を受けようとするときは，政令で定めるところにより，手数料を納めなければならない。

6　第2項に規定する司法書士は，民事訴訟法第54条第1項本文（民事保全法第7条又は民事執行法第20条において準用する場合を含む。）の規定にかかわらず，第1項第6号イからハまで又はホに掲げる手続における訴訟代理人又は代理人となることができる。

7　第2項に規定する司法書士であつて第1項第6号イ及びロに掲げる手続において訴訟代理人になつたものは，民事訴訟法第55条第1項の規定にかかわらず，委任を受けた事件について，強制執行に関

参考資料　司法書士法

する訴訟行為をすることができない。た
だし，第2項に規定する司法書士であつ
て第1項第6号イに掲げる手続のうち少
額訴訟の手続において訴訟代理人になつ
たものが同号ホに掲げる手続についてす
る訴訟行為については，この限りでない。
8　司法書士は，第1項に規定する業務で
あつても，その業務を行うことが他の法
律において制限されているものについて
は，これを行うことができない。

（資格）
第4条　次の各号のいずれかに該当する者
は，司法書士となる資格を有する。
一　司法書士試験に合格した者
二　裁判所事務官，裁判所書記官，法務
事務官若しくは検察事務官としてその
職務に従事した期間が通算して10年以
上になる者又はこれと同等以上の法律
に関する知識及び実務の経験を有する
者であつて，法務大臣が前条第1項第
1号から第5号までに規定する業務を
行うのに必要な知識及び能力を有する
と認めたもの

（欠格事由）
第5条　次に掲げる者は，司法書士となる
資格を有しない。
一　禁錮【拘禁刑（編注(2)）】以上の刑
に処せられ，その執行を終わり，又は
執行を受けることがなくなつてから3
年を経過しない者
二　未成年者
三　破産手続開始の決定を受けて復権を
得ない者
四　公務員であつて懲戒免職の処分を受
け，その処分の日から3年を経過しな
い者
五　第47条の規定により業務の禁止の処
分を受け，その処分の日から3年を経
過しない者
六　懲戒処分により，公認会計士の登録を

抹消され，若しくは土地家屋調査士，弁
理士，税理士若しくは行政書士の業務を
禁止され，又は税理士であつた者であつ
て税理士業務の禁止の懲戒処分を受ける
べきであつたことについて決定を受け，
これらの処分の日から3年を経過しない
者

第2章　司法書士試験

（試験の方法及び内容等）
第6条　法務大臣は，毎年1回以上，司法
書士試験を行わなければならない。
2　司法書士試験は，次に掲げる事項につ
いて筆記及び口述の方法により行う。た
だし，口述試験は，筆記試験に合格した
者について行う。
一　憲法，民法，商法及び刑法に関する
知識
二　登記，供託及び訴訟に関する知識
三　その他第3条第1項第1号から第5
号までに規定する業務を行うのに必要
な知識及び能力
3　筆記試験に合格した者に対しては，そ
の申請により，次回の司法書士試験の筆
記試験を免除する。
4　司法書士試験を受けようとする者は，
政令で定めるところにより，受験手数料
を納めなければならない。

（司法書士試験委員）
第7条　法務省に，司法書士試験の問題の
作成及び採点を行わせるため，司法書士
試験委員を置く。
2　司法書士試験委員は，司法書士試験を
行うについて必要な学識経験のある者の
うちから，試験ごとに，法務大臣が任命
する。
3　前二項に定めるもののほか，司法書士
試験委員に関し必要な事項は，政令で定
める。

281

参考資料

第3章　登　録

（司法書士名簿の登録）

第8条　司法書士となる資格を有する者が，司法書士となるには，日本司法書士会連合会に備える司法書士名簿に，氏名，生年月日，事務所の所在地，所属する司法書士会その他法務省令で定める事項の登録を受けなければならない。

2　司法書士名簿の登録は，日本司法書士会連合会が行う。

（登録の申請）

第9条　前条第1項の登録を受けようとする者は，その事務所を設けようとする地を管轄する法務局又は地方法務局の管轄区域内に設立された司法書士会を経由して，日本司法書士会連合会に登録申請書を提出しなければならない。

2　前項の登録申請書には，前条第1項の規定により登録を受けるべき事項その他法務省令で定める事項を記載し，司法書士となる資格を有することを証する書類を添付しなければならない。

（登録の拒否）

第10条　日本司法書士会連合会は，前条第1項の規定による登録の申請をした者が司法書士となる資格を有せず，又は次の各号のいずれかに該当すると認めたときは，その登録を拒否しなければならない。この場合において，当該申請者が第2号又は第3号に該当することを理由にその登録を拒否しようとするときは，第67条に規定する登録審査会の議決に基づいてしなければならない。

一　第57条第1項の規定による入会の手続をとらないとき。

二　心身の故障により司法書士の業務を行うことができないとき。

三　司法書士の信用又は品位を害するおそれがあるときその他司法書士の職責

に照らし司法書士としての適格性を欠くとき。

2　日本司法書士会連合会は，当該申請者が前項第2号又は第3号に該当することを理由にその登録を拒否しようとするときは，あらかじめ，当該申請者にその旨を通知して，相当の期間内に自ら又はその代理人を通じて弁明する機会を与えなければならない。

（登録に関する通知）

第11条　日本司法書士会連合会は，第9条第1項の規定による登録の申請を受けた場合において，登録をしたときはその旨を，登録を拒否したときはその旨及びその理由を当該申請者に書面により通知しなければならない。

（登録を拒否された場合の審査請求）

第12条　第10条第1項の規定により登録を拒否された者は，当該処分に不服があるときは，法務大臣に対して審査請求をすることができる。

2　第9条第1項の規定による登録の申請をした者は，その申請の日から3月を経過しても当該申請に対して何らの処分がされないときは，当該登録を拒否されたものとして，法務大臣に対して審査請求をすることができる。

3　前二項の場合において，法務大臣は，行政不服審査法（平成26年法律第68号）第25条第2項及び第3項並びに第46条第2項の規定の適用については，日本司法書士会連合会の上級行政庁とみなす。

（所属する司法書士会の変更の登録）

第13条　司法書士は，他の法務局又は地方法務局の管轄区域内に事務所を移転しようとするときは，その管轄区域内に設立された司法書士会を経由して，日本司法書士会連合会に，所属する司法書士会の変更の登録の申請をしなければならない。

2　司法書士は，前項の変更の登録の申請

参考資料　司法書士法

をするときは，現に所属する司法書士会
にその旨を届け出なければならない。
3　第1項の申請をした者が第57条第1項
の規定による入会の手続をとつていない
ときは，日本司法書士会連合会は，変更
の登録を拒否しなければならない。
4　前二条の規定は，第1項の変更の登録
の申請に準用する。

（登録事項の変更の届出）
第14条　司法書士は，司法書士名簿に登録
を受けた事項に変更（所属する司法書士
会の変更を除く。）が生じたときは，遅
滞なく，所属する司法書士会を経由して，
日本司法書士会連合会にその旨を届け出
なければならない。

（登録の取消し）
第15条　司法書士が次の各号のいずれかに
該当する場合には，日本司法書士会連合
会は，その登録を取り消さなければなら
ない。
一　その業務を廃止したとき。
二　死亡したとき。
三　司法書士となる資格を有しないこと
が判明したとき。
四　第5条各号（第2号を除く。）のい
ずれかに該当するに至つたとき。
2　司法書士が前項各号に該当することと
なつたときは，その者又はその法定代理
人若しくは相続人は，遅滞なく，当該司
法書士が所属し，又は所属していた司法
書士会を経由して，日本司法書士会連合
会にその旨を届け出なければならない。
第16条　司法書士が次の各号のいずれかに
該当する場合には，日本司法書士会連合
会は，その登録を取り消すことができる。
一　引き続き2年以上業務を行わないと
き。
二　心身の故障により業務を行うことが
できないとき。
2　司法書士が心身の故障により業務を行

うことができないおそれがある場合とし
て法務省令で定める場合に該当すること
となつたときは，その者又はその法定代
理人若しくは同居の親族は，遅滞なく，
当該司法書士が所属する司法書士会を経
由して，日本司法書士会連合会にその旨
を届け出るものとする。
3　日本司法書士会連合会は，第1項の規
定により登録を取り消したときは，その
旨及びその理由を当該司法書士に書面に
より通知しなければならない。
4　第10条第1項後段の規定は，第1項の
規定による登録の取消しに準用する。

（登録拒否に関する規定の準用）
第17条　第12条第1項及び第3項の規定
は，第15条第1項又は前条第1項の規定
による登録の取消しに準用する。この場
合において，第12条第3項中「第46条第
2項」とあるのは，「第46条第1項」と
読み替えるものとする。

（登録及び登録の取消しの公告）
第18条　日本司法書士会連合会は，司法書
士の登録をしたとき，及びその登録の取
消しをしたときは，遅滞なく，その旨を
官報をもつて公告しなければならない。

（登録事務に関する報告等）
第19条　法務大臣は，必要があるときは，
日本司法書士会連合会に対し，その登録
事務に関し，報告若しくは資料の提出を
求め，又は勧告をすることができる。

第4章　司法書士の義務

（事務所）
第20条　司法書士は，法務省令で定める基
準に従い，事務所を設けなければならな
い。

（依頼に応ずる義務）
第21条　司法書士は，正当な事由がある場
合でなければ依頼（簡裁訴訟代理等関係
業務に関するものを除く。）を拒むこと

参考資料

ができない。

（業務を行い得ない事件）

第22条 司法書士は，公務員として職務上取り扱つた事件及び仲裁手続により仲裁人として取り扱つた事件については，その業務を行つてはならない。

2　司法書士は，次に掲げる事件については，第３条第１項第４号及び第５号（同項第４号に関する部分に限る。）に規定する業務（以下「裁判書類作成関係業務【裁判書類等作成関係業務（編注(1)）】」という。）を行つてはならない。

　一　相手方の依頼を受けて第３条第１項第４号に規定する業務を行つた事件

　二　司法書士法人（第３条第１項第１号から第５号までに規定する業務を行うことを目的として，次章の定めるところにより，司法書士が設立した法人をいう。以下同じ。）の社員又は使用人である司法書士としてその業務に従事していた期間内に，当該司法書士法人が相手方の依頼を受けて前号に規定する業務を行つた事件であつて，自らこれに関与したもの

　三　司法書士法人の使用人である場合に，当該司法書士法人が相手方から簡裁訴訟代理等関係業務に関するものとして受任している事件

3　第３条第２項に規定する司法書士は，次に掲げる事件については，裁判書類作成関係業務【裁判書類等作成関係業務（編注(1)）】を行つてはならない。ただし，第３号及び第６号に掲げる事件については，受任している事件の依頼者が同意した場合は，この限りでない。

　一　簡裁訴訟代理等関係業務に関するものとして，相手方の協議を受けて賛助し，又はその依頼を承諾した事件

　二　簡裁訴訟代理等関係業務に関するものとして相手方の協議を受けた事件で，

その協議の程度及び方法が信頼関係に基づくと認められるもの

　三　簡裁訴訟代理等関係業務に関するものとして受任している事件の相手方からの依頼による他の事件

　四　司法書士法人の社員又は使用人である司法書士としてその業務に従事していた期間内に，当該司法書士法人が，簡裁訴訟代理等関係業務に関するものとして，相手方の協議を受けて賛助し，又はその依頼を承諾した事件であつて，自らこれに関与したもの

　五　司法書士法人の社員又は使用人である司法書士としてその業務に従事していた期間内に，当該司法書士法人が簡裁訴訟代理等関係業務に関するものとして相手方の協議を受けた事件で，その協議の程度及び方法が信頼関係に基づくと認められるものであつて，自らこれに関与したもの

　六　司法書士法人の使用人である場合に，当該司法書士法人が簡裁訴訟代理等関係業務に関するものとして受任している事件（当該司法書士が自ら関与しているものに限る。）の相手方からの依頼による他の事件

4　第３条第２項に規定する司法書士は，第２項各号及び前項各号に掲げる事件については，簡裁訴訟代理等関係業務を行つてはならない。この場合においては，同項ただし書の規定を準用する。

（会則の遵守義務）

第23条 司法書士は，その所属する司法書士会及び日本司法書士会連合会の会則を守らなければならない。

（秘密保持の義務）

第24条 司法書士又は司法書士であつた者は，正当な事由がある場合でなければ，業務上取り扱つた事件について知ることのできた秘密を他に漏らしてはならない。

参考資料 司法書士法

（研修）

第25条 司法書士は，その所属する司法書士会及び日本司法書士会連合会が実施する研修を受け，その資質の向上を図るように努めなければならない。

第5章 司法書士法人

（設立）

第26条 司法書士は，この章の定めるところにより，司法書士法人を設立することができる。

（名称）

第27条 司法書士法人は，その名称中に司法書士法人という文字を使用しなければならない。

（社員の資格）

第28条 司法書士法人の社員は，司法書士でなければならない。

2 次に掲げる者は，社員となることができない。

一 第47条の規定により業務の停止の処分を受け，当該業務の停止の期間を経過しない者

二 第48条第1項の規定により司法書士法人が解散又は業務の全部の停止の処分を受けた場合において，その処分を受けた日以前30日内にその社員であった者でその処分を受けた日から3年（業務の全部の停止の処分を受けた場合にあっては，当該業務の全部の停止の期間）を経過しないもの

三 司法書士会の会員でない者

（業務の範囲）

第29条 司法書士法人は，第3条第1項第1号から第5号までに規定する業務を行うほか，定款で定めるところにより，次に掲げる業務を行うことができる。

一 法令等に基づきすべての司法書士が行うことができるものとして法務省令で定める業務の全部又は一部

二 簡裁訴訟代理等関係業務

2 簡裁訴訟代理等関係業務は，社員のうちに第3条第2項に規定する司法書士がある司法書士法人（司法書士会の会員であるものに限る。）に限り，行うことができる。

（簡易裁判所における訴訟等の代理事務の取扱い）

第30条 司法書士法人は，第3条第1項第6号に掲げる事務については，依頼者からその社員又は使用人である第3条第2項に規定する司法書士（以下この条において「社員等」という。）に行わせる事務の委託を受けるものとする。この場合において，当該司法書士法人は，依頼者に，当該司法書士法人の社員等のうちからその代理人を選任させなければならない。

2 司法書士法人は，前項に規定する事務についても，社員等がその業務の執行に関し注意を怠らなかったことを証明しなければ，依頼者に対する損害賠償の責めを免れることはできない。

（登記）

第31条 司法書士法人は，政令で定めるところにより，登記をしなければならない。

2 前項の規定により登記をしなければならない事項は，登記の後でなければ，これをもって第三者に対抗することができない。

（設立の手続）

第32条 司法書士法人を設立するには，その社員となろうとする司法書士が，定款を定めなければならない。

2 会社法（平成17年法律第86号）第30条第1項の規定は，司法書士法人の定款について準用する。

3 定款には，少なくとも次に掲げる事項を記載しなければならない。

一 目的

285

参考資料

二　名称
三　主たる事務所及び従たる事務所の所
　在地
四　社員の氏名，住所及び第3条第2項
　に規定する司法書士であるか否かの別
五　社員の出資に関する事項

（成立の時期）
第33条　司法書士法人は，その主たる事務
　所の所在地において設立の登記をするこ
　とによつて成立する。

（成立の届出）
第34条　司法書士法人は，成立したときは，
　成立の日から2週間以内に，登記事項証
　明書及び定款の写しを添えて，その旨を，
　その主たる事務所の所在地を管轄する法
　務局又は地方法務局の管轄区域内に設立
　された司法書士会（以下「主たる事務所
　の所在地の司法書士会」という。）及び
　日本司法書士会連合会に届け出なければ
　ならない。

（定款の変更）
第35条　司法書士法人は，定款に別段の定
　めがある場合を除き，総社員の同意によ
　つて，定款の変更をすることができる。
2　司法書士法人は，定款を変更したとき
　は，変更の日から2週間以内に，変更に
　係る事項を，主たる事務所の所在地の司
　法書士会及び日本司法書士会連合会に届
　け出なければならない。

（業務の執行）
第36条　司法書士法人の社員は，すべて業
　務を執行する権利を有し，義務を負う。
2　簡裁訴訟代理等関係業務を行うことを
　目的とする司法書士法人における簡裁訴
　訟代理等関係業務については，前項の規
　定にかかわらず，第3条第2項に規定す
　る司法書士である社員（以下「特定社
　員」という。）のみが業務を執行する権
　利を有し，義務を負う。

（法人の代表）

第37条　司法書士法人の社員は，各自司法
　書士法人を代表する。ただし，定款又は
　総社員の同意によつて，社員のうち特に
　司法書士法人を代表すべきものを定める
　ことを妨げない。
2　簡裁訴訟代理等関係業務を行うことを
　目的とする司法書士法人における簡裁訴
　訟代理等関係業務については，前項本文
　の規定にかかわらず，特定社員のみが，
　各自司法書士法人を代表する。ただし，
　当該特定社員の全員の同意によつて，当
　該特定社員のうち特に簡裁訴訟代理等関
　係業務について司法書士法人を代表すべ
　きものを定めることを妨げない。
3　第1項の規定により司法書士法人を代
　表する社員は，司法書士法人の業務（前
　項の簡裁訴訟代理等関係業務を除く。）
　に関する一切の裁判上又は裁判外の行為
　をする権限を有する。
4　前項の権限に加えた制限は，善意の第
　三者に対抗することができない。
5　第1項の規定により司法書士法人を代
　表する社員は，定款によつて禁止されて
　いないときに限り，特定の行為の代理を
　他人に委任することができる。

（社員の責任）
第38条　司法書士法人の財産をもつてその
　債務を完済することができないときは，
　各社員は，連帯して，その弁済の責任を
　負う。
2　司法書士法人の財産に対する強制執行
　がその効を奏しなかつたときも，前項と
　同様とする。
3　前項の規定は，社員が司法書士法人に
　資力があり，かつ，執行が容易であるこ
　とを証明したときは，適用しない。
4　簡裁訴訟代理等関係業務を行うことを
　目的とする司法書士法人が簡裁訴訟代理
　等関係業務に関し依頼者に対して負担す
　ることとなつた債務を当該司法書士法人

参考資料　司法書士法

の財産をもつて完済することができない
ときは，第1項の規定にかかわらず，特
定社員（当該司法書士法人を脱退した特
定社員を含む。以下この条において同
じ。）が，連帯して，その弁済の責任を
負う。ただし，当該司法書士法人を脱退
した特定社員については，当該債務が脱
退後の事由により生じた債務であること
を証明した場合は，この限りでない。

5　前項本文に規定する債務についての司
法書士法人の財産に対する強制執行がそ
の効を奏しなかつたときは，第2項及び
第3項の規定にかかわらず，特定社員が
当該司法書士法人に資力があり，かつ，
執行が容易であることを証明した場合を
除き，前項と同様とする。

6　会社法第612条の規定は，司法書士法
人の社員の脱退について準用する。ただ
し，第4項本文に規定する債務について
は，この限りでない。

**（社員であると誤認させる行為をした者の
責任）**

第38条の2　社員でない者が自己を社員で
あると誤認させる行為をしたときは，当
該社員でない者は，その誤認に基づいて
司法書士法人と取引をした者に対し，社
員と同一の責任を負う。

（社員の常駐）

第39条　司法書士法人は，その事務所に，
当該事務所の所在地を管轄する法務局又
は地方法務局の管轄区域内に設立された
司法書士会の会員である社員を常駐させ
なければならない。

（簡裁訴訟代理等関係業務の取扱い）

第40条　簡裁訴訟代理等関係業務を行うこ
とを目的とする司法書士法人は，特定社
員が常駐していない事務所においては，
簡裁訴訟代理等関係業務を取り扱うこと
ができない。

（特定の事件についての業務の制限）

第41条　司法書士法人は，次に掲げる事件
については，裁判書類作成関係業務【裁
判書類等作成関係業務（編注(1)）】を行
つてはならない。

一　相手方の依頼を受けて第3条第1項
第4号に規定する業務を行つた事件

二　使用人が相手方から簡裁訴訟代理等
関係業務に関するものとして受任して
いる事件

三　第22条第1項，第2項第1号若しく
は第2号又は第3項第1号から第5号
までに掲げる事件として社員の半数以
上の者が裁判書類作成関係業務を行つ
てはならないこととされる事件

2　簡裁訴訟代理等関係業務を行うことを
目的とする司法書士法人（過去に簡裁訴
訟代理等関係業務を行うことを目的とし
ていたものを含む。）は，次に掲げる事
件については，裁判書類作成関係業務
【裁判書類等作成関係業務（編注(1)）】を
行つてはならない。ただし，第3号に掲
げる事件については，受任している事件
の依頼者が同意した場合は，この限りで
ない。

一　簡裁訴訟代理等関係業務に関するも
のとして，相手方の協議を受けて賛助
し，又はその依頼を承諾した事件

二　簡裁訴訟代理等関係業務に関するも
のとして相手方の協議を受けた事件で，
その協議の程度及び方法が信頼関係に
基づくと認められるもの

三　簡裁訴訟代理等関係業務に関するも
のとして受任している事件の相手方か
らの依頼による他の事件

3　簡裁訴訟代理等関係業務を行うことを
目的とする司法書士法人は，次に掲げる
事件については，簡裁訴訟代理等関係業
務を行つてはならない。ただし，前項第
3号に掲げる事件については，受任してい
る事件の依頼者が同意した場合は，こ

287

参考資料

の限りでない。

　一　第1項各号及び前項各号に掲げる事件

　二　第22条第1項に掲げる事件又は同条第4項に規定する同条第2項第1号若しくは第2号若しくは第3項第1号から第5号までに掲げる事件として特定社員の半数以上の者が簡裁訴訟代理等関係業務を行つてはならないこととされる事件

（社員の競業の禁止）

第42条　司法書士法人の社員は，自己若しくは第三者のためにその司法書士法人の業務の範囲に属する業務を行い，又は他の司法書士法人の社員となつてはならない。

2　司法書士法人の社員が前項の規定に違反して自己又は第三者のためにその司法書士法人の業務の範囲に属する業務を行つたときは，当該業務によつて当該社員又は第三者が得た利益の額は，司法書士法人に生じた損害の額と推定する。

（法定脱退）

第43条　司法書士法人の社員は，次に掲げる理由によつて脱退する。

　一　司法書士の登録の取消し

　二　定款に定める理由の発生

　三　総社員の同意

　四　第28条第2項各号のいずれかに該当することとなつたこと。

　五　除名

（解散）

第44条　司法書士法人は，次に掲げる理由によつて解散する。

　一　定款に定める理由の発生

　二　総社員の同意

　三　他の司法書士法人との合併

　四　破産手続開始の決定

　五　解散を命ずる裁判

　六　第48条第1項第3号の規定による解

散の処分

　七　社員の欠亡

2　司法書士法人は，前項第3号の事由以外の事由により解散したときは，解散の日から2週間以内に，その旨を，主たる事務所の所在地の司法書士会及び日本司法書士会連合会に届け出なければならない。

3　司法書士法人の清算人は，司法書士でなければならない。

（司法書士法人の継続）

第44条の2　司法書士法人の清算人は，社員の死亡により前条第1項第7号に該当するに至つた場合に限り，当該社員の相続人（第46条第3項において準用する会社法第675条において準用する同法第608条第5項の規定により社員の権利を行使する者が定められている場合にはその者）の同意を得て，新たに社員を加入させて司法書士法人を継続することができる。

（裁判所による監督）

第44条の3　司法書士法人の解散及び清算は，裁判所の監督に属する。

2　裁判所は，職権で，いつでも前項の監督に必要な検査をすることができる。

3　司法書士法人の解散及び清算を監督する裁判所は，法務大臣に対し，意見を求め，又は調査を嘱託することができる。

4　法務大臣は，前項に規定する裁判所に対し，意見を述べることができる。

（解散及び清算の監督に関する事件の管轄）

第44条の4　司法書士法人の解散及び清算の監督に関する事件は，その主たる事務所の所在地を管轄する地方裁判所の管轄に属する。

（検査役の選任）

第44条の5　裁判所は，司法書士法人の解散及び清算の監督に必要な調査をさせるため，検査役を選任することができる。

参考資料　司法書士法

2　前項の検査役の選任の裁判に対しては，不服を申し立てることができない。

3　裁判所は，第1項の検査役を選任した場合には，司法書士法人が当該検査役に対して支払う報酬の額を定めることができる。この場合においては，裁判所は，当該司法書士法人及び検査役の陳述を聴かなければならない。

（合併）

第45条　司法書士法人は，総社員の同意があるときは，他の司法書士法人と合併することができる。

2　合併は，合併後存続する司法書士法人又は合併により設立する司法書士法人が，その主たる事務所の所在地において登記することによつて，その効力を生ずる。

3　司法書士法人は，合併したときは，合併の日から2週間以内に，登記事項証明書（合併により設立する司法書士法人にあつては，登記事項証明書及び定款の写し）を添えて，その旨を，主たる事務所の所在地の司法書士会及び日本司法書士会連合会に届け出なければならない。

4　合併後存続する司法書士法人又は合併により設立する司法書士法人は，当該合併により消滅する司法書士法人の権利義務を承継する。

（債権者の異議等）

第45条の2　合併をする司法書士法人の債権者は，当該司法書士法人に対し，合併について異議を述べることができる。

2　合併をする司法書士法人は，次に掲げる事項を官報に公告し，かつ，知れている債権者には，各別にこれを催告しなければならない。ただし，第3号の期間は，1箇月を下ることができない。

一　合併をする旨

二　合併により消滅する司法書士法人及び合併後存続する司法書士法人又は合併により設立する司法書士法人の名称

及び主たる事務所の所在地

三　債権者が一定の期間内に異議を述べることができる旨

3　前項の規定にかかわらず，合併をする司法書士法人が同項の規定による公告を，官報のほか，第6項において準用する会社法第939条第1項の規定による定款の定めに従い，同項第2号又は第3号に掲げる方法によりするときは，前項の規定による各別の催告は，することを要しない。

4　債権者が第2項第3号の期間内に異議を述べなかつたときは，当該債権者は，当該合併について承認をしたものとみなす。

5　債権者が第2項第3号の期間内に異議を述べたときは，合併をする司法書士法人は，当該債権者に対し，弁済し，若しくは相当の担保を提供し，又は当該債権者に弁済を受けさせることを目的として信託会社等（信託会社及び信託業務を営む金融機関（金融機関の信託業務の兼営等に関する法律（昭和18年法律第43号）第1条第1項の認可を受けた金融機関をいう。）をいう。）に相当の財産を信託しなければならない。ただし，当該合併をしても当該債権者を害するおそれがないときは，この限りでない。

6　会社法第939条第1項（第2号及び第3号に係る部分に限る。）及び第3項，第940条第1項（第3号に係る部分に限る。）及び第3項，第941条，第946条，第947条，第951条第2項，第953条並びに第955条の規定は，司法書士法人が第2項の規定による公告をする場合について準用する。この場合において，同法第939条第1項及び第3項中「公告方法」とあるのは「合併の公告の方法」と，同法第946条第3項中「商号」とあるのは「名称」と読み替えるものとする。

289

参考資料

（合併の無効の訴え）

第45条の3　会社法第828条第1項（第7号及び第8号に係る部分に限る。）及び第2項（第7号及び第8号に係る部分に限る。），第834条（第7号及び第8号に係る部分に限る。），第835条第1項，第836条第2項及び第3項，第837条から第839条まで，第843条（第1項第3号及び第4号並びに第2項ただし書を除く。）並びに第846条の規定は司法書士法人の合併の無効の訴えについて，同法第868条第6項，第870条第2項（第6号に係る部分に限る。），第870条の2，第871条本文，第872条（第5号に係る部分に限る。），第872条の2，第873条本文，第875条及び第876条の規定はこの条において準用する同法第843条第4項の申立てについて，それぞれ準用する。

（司法書士に関する規定等の準用）

第46条　第1条，第2条，第20条，第21条及び第23条の規定は，司法書士法人について準用する。

2　一般社団法人及び一般財団法人に関する法律（平成18年法律第48号）第4条並びに会社法第600条，第614条から第619条まで，第621条及び第622条の規定は司法書士法人について，同法第581条，第582条，第585条第1項及び第4項，第586条，第593条，第595条，第596条，第601条，第605条，第606条，第609条第1項及び第2項，第611条（第1項ただし書を除く。）並びに第613条の規定は司法書士法人の社員について，同法第859条から第862条までの規定は司法書士法人の社員の除名並びに業務を執行する権利及び代表権の消滅の訴えについて，それぞれ準用する。この場合において，同法第613条中「商号」とあるのは「名称」と，同法第859条第2号中「第594条第1項（第598条第2項において準用する場合を含む。）」とあるのは「司法書士法（昭和25年法律第197号）第42条第1項」と読み替えるものとする。

3　会社法第644条（第3号を除く。），第645条から第649条まで，第650条第1項及び第2項，第651条第1項及び第2項（同法第594条の準用に係る部分を除く。），第652条，第653条，第655条から第659条まで，第662条から第664条まで，第666条から第673条まで，第675条，第863条，第864条，第868条第1項，第869条，第870条第1項（第1号及び第2号に係る部分に限る。），第871条，第872条（第4号に係る部分に限る。），第874条（第1号及び第4号に係る部分に限る。），第875条並びに第876条の規定は，司法書士法人の解散及び清算について準用する。この場合において，同法第644条第1号中「第641条第5号」とあるのは「司法書士法第44条第1項第3号」と，同法第647条第3項中「第641条第4号又は第7号」とあるのは「司法書士法第44条第1項第5号から第7号まで」と，同法第668条第1項及び第669条中「第641条第1号から第3号まで」とあるのは「司法書士法第44条第1項第1号又は第2号」と，同法第670条第3項中「第939条第1項」とあるのは「司法書士法第45条の2第6項において準用する第939条第1項」と，同法第673条第1項中「第580条」とあるのは「司法書士法第38条」と読み替えるものとする。

4　会社法第824条，第826条，第868条第1項，第870条第1項（第10号に係る部分に限る。），第871条本文，第872条（第4号に係る部分に限る。），第873条本文，第875条，第876条，第904条及び第937条第1項（第3号ロに係る部分に限る。）の規定は司法書士法人の解散の命令について，同法第825条，第868条第1項，第

参考資料　司法書士法

870条第1項（第1号に係る部分に限る。），第871条，第872条（第1号及び第4号に係る部分に限る。），第873条，第874条（第2号及び第3号に係る部分に限る。），第875条，第876条，第905条及び第906条【及び第905条から第906条の2まで（編注(3)）】の規定はこの項において準用する同法第824条第1項の申立てがあつた場合における司法書士法人の財産の保全について，それぞれ準用する。

5　会社法第828条第1項（第1号に係る部分に限る。）及び第2項（第1号に係る部分に限る。），第834条（第1号に係る部分に限る。），第835条第1項，第837条から第839条まで並びに第846条の規定は，司法書士法人の設立の無効の訴えについて準用する。

6　会社法第833条第2項，第834条（第21号に係る部分に限る。），第835条第1項，第837条，第838条，第846条及び第937条第1項（第1号リに係る部分に限る。）の規定は，司法書士法人の解散の訴えについて準用する。

7　破産法（平成16年法律第75号）第16条の規定の適用については，司法書士法人は，合名会社とみなす。

第6章　懲　戒

（司法書士に対する懲戒）

第47条　司法書士がこの法律又はこの法律に基づく命令に違反したときは，法務大臣は，当該司法書士に対し，次に掲げる処分をすることができる。
　一　戒告
　二　2年以内の業務の停止
　三　業務の禁止

（司法書士法人に対する懲戒）

第48条　司法書士法人がこの法律又はこの法律に基づく命令に違反したときは，法務大臣は，当該司法書士法人に対し，次

に掲げる処分をすることができる。
　一　戒告
　二　2年以内の業務の全部又は一部の停止
　三　解散

2　前項の規定による処分の手続に付された司法書士法人は，清算が結了した後においても，この章の規定の適用については，当該手続が結了するまで，なお存続するものとみなす。

（懲戒の手続）

第49条　何人も，司法書士又は司法書士法人にこの法律又はこの法律に基づく命令に違反する事実があると思料するときは，法務大臣に対し，当該事実を通知し，適当な措置をとることを求めることができる。

2　前項の規定による通知があつたときは，法務大臣は，通知された事実について必要な調査をしなければならない。

3　法務大臣は，第47条第1号若しくは第2号又は前条第1項第1号若しくは第2号に掲げる処分をしようとするときは，行政手続法（平成5年法律第88号）第13条第1項の規定による意見陳述のための手続の区分にかかわらず，聴聞を行わなければならない。

4　前項に規定する処分又は第47条第3号若しくは前条第1項第3号の処分に係る行政手続法第15条第1項の通知は，聴聞の期日の1週間前までにしなければならない。

5　前項の聴聞の期日における審理は，当該司法書士又は当該司法書士法人から請求があつたときは，公開により行わなければならない。

（登録取消しの制限等）

第50条　法務大臣は，司法書士に対して第47条各号に掲げる処分をしようとする場合においては，行政手続法第15条第1項

291

参考資料

の通知を発送し、又は同条第3項前段の掲示をした【同条第4項前段の措置をとつた（編注(4)）】後直ちに日本司法書士会連合会にその旨を通告しなければならない。

2　日本司法書士会連合会は、司法書士について前項の通告を受けた場合においては、法務大臣から第47条各号に掲げる処分の手続が結了した旨の通知を受けるまでは、当該司法書士について第15条第1項第1号又は第16条第1項各号の規定による登録の取消しをすることができない。

（除斥期間）

第50条の2　懲戒の事由があつたときから7年を経過したときは、第47条又は第48条第1項の規定による処分の手続を開始することができない。

（懲戒処分の公告）

第51条　法務大臣は、第47条又は第48条第1項の規定により処分をしたときは、遅滞なく、その旨を官報をもつて公告しなければならない。

第7章　司法書士会

（設立及び目的等）

第52条　司法書士は、その事務所の所在地を管轄する法務局又は地方法務局の管轄区域ごとに、会則を定めて、一箇の司法書士会を設立しなければならない。

2　司法書士会は、会員の品位を保持し、その業務の改善進歩を図るため、会員の指導及び連絡に関する事務を行うことを目的とする。

3　司法書士会は、法人とする。

4　一般社団法人及び一般財団法人に関する法律第4条及び第78条の規定は、司法書士会について準用する。

（会則）

第53条　司法書士会の会則には、次に掲げる事項を記載しなければならない。

一　名称及び事務所の所在地

二　役員に関する規定

三　会議に関する規定

四　会員の品位保持に関する規定

五　会員の執務に関する規定

六　入会及び退会に関する規定（入会金その他の入会についての特別の負担に関するものを含む。）

七　司法書士の研修に関する規定

八　会員の業務に関する紛議の調停に関する規定

九　司法書士会及び会員に関する情報の公開に関する規定

十　資産及び会計に関する規定

十一　会費に関する規定

十二　その他司法書士会の目的を達成するために必要な規定

（会則の認可）

第54条　司法書士会の会則を定め、又はこれを変更するには、法務大臣の認可を受けなければならない。ただし、前条第1号及び第7号から第11号までに掲げる事項に係る会則の変更については、この限りでない。

2　前項の場合において、法務大臣は、日本司法書士会連合会の意見を聞いて、認可し、又は認可しない旨の処分をしなければならない。

（司法書士会の登記）

第55条　司法書士会は、政令で定めるところにより、登記をしなければならない。

2　前項の規定により登記をしなければならない事項は、登記の後でなければ、これをもつて第三者に対抗することができない。

（司法書士会の役員）

第56条　司法書士会に、会長、副会長及び会則で定めるその他の役員を置く。

2　会長は、司法書士会を代表し、その会務を総理する。

参考資料　司法書士法

3　副会長は，会長の定めるところにより，会長を補佐し，会長に事故があるときはその職務を代理し，会長が欠員のときはその職務を行なう。

（司法書士の入会及び退会）

第57条　第9条第1項の規定による登録の申請又は第13条第1項の変更の登録の申請をする者は，その申請と同時に，申請を経由すべき司法書士会に入会する手続をとらなければならない。

2　前項の規定により入会の手続をとつた者は，当該登録又は変更の登録の時に，当該司法書士会の会員となる。

3　第13条第1項の変更の登録の申請をした司法書士は，当該申請に基づく変更の登録の時に，従前所属していた司法書士会を退会する。

（司法書士法人の入会及び退会）

第58条　司法書士法人は，その成立の時に，主たる事務所の所在地の司法書士会の会員となる。

2　司法書士法人は，その清算の結了の時又は破産手続開始の決定を受けた時に，所属するすべての司法書士会を退会する。

3　司法書士法人の清算人は，清算が結了したときは，清算結了の登記後速やかに，登記事項証明書を添えて，その旨を，主たる事務所の所在地の司法書士会及び日本司法書士会連合会に届け出なければならない。

4　司法書士法人は，その事務所の所在地を管轄する法務局又は地方法務局の管轄区域外に事務所を設け，又は移転したときは，事務所の新所在地（従たる事務所を設け，又は移転したときにあつては，主たる事務所の所在地）においてその旨の登記をした時に，当該事務所（従たる事務所を設け，又は移転したときにあつては，当該従たる事務所）の所在地を管轄する法務局又は地方法務局の管轄区域

内に設立された司法書士会の会員となる。

5　司法書士法人は，その事務所の移転又は廃止により，当該事務所の所在地を管轄する法務局又は地方法務局の管轄区域内に事務所を有しないこととなつたときは，旧所在地（従たる事務所を移転し，又は廃止したときにあつては，主たる事務所の所在地）においてその旨の登記をした時に，当該管轄区域内に設立された司法書士会を退会する。

6　司法書士法人は，第4項の規定により新たに司法書士会の会員となつたときは，会員となつた日から2週間以内に，登記事項証明書及び定款の写しを添えて，その旨を，当該司法書士会及び日本司法書士会連合会に届け出なければならない。

7　司法書士法人は，第5項の規定により司法書士会を退会したときは，退会の日から2週間以内に，その旨を，当該司法書士会及び日本司法書士会連合会に届け出なければならない。

（紛議の調停）

第59条　司法書士会は，所属の会員の業務に関する紛議につき，当該会員又は当事者その他関係人の請求により調停をすることができる。

（法務大臣に対する報告義務）

第60条　司法書士会は，所属の会員が，この法律又はこの法律に基づく命令に違反すると思料するときは，その旨を，法務大臣に報告しなければならない。

（注意勧告）

第61条　司法書士会は，所属の会員がこの法律又はこの法律に基づく命令に違反するおそれがあると認めるときは，会則の定めるところにより，当該会員に対して，注意を促し，又は必要な措置を講ずべきことを勧告することができる。

第8章　日本司法書士会連合会

293

参考資料

（設立及び目的）
第62条 全国の司法書士会は，会則を定めて，日本司法書士会連合会を設立しなければならない。
2 日本司法書士会連合会は，司法書士会の会員の品位を保持し，その業務の改善進歩を図るため，司法書士会及びその会員の指導及び連絡に関する事務を行い，並びに司法書士の登録に関する事務を行うことを目的とする。

（会則）
第63条 日本司法書士会連合会の会則には，次に掲げる事項を記載しなければならない。
　一　第53条第1号，第7号，第10号及び第11号に掲げる事項
　二　第53条第2号及び第3号に掲げる事項
　三　司法書士の登録に関する規定
　四　日本司法書士会連合会に関する情報の公開に関する規定
　五　その他日本司法書士会連合会の目的を達成するために必要な規定

（会則の認可）
第64条 日本司法書士会連合会の会則を定め，又はこれを変更するには，法務大臣の認可を受けなければならない。ただし，前条第1号及び第4号に掲げる事項に係る会則の変更については，この限りでない。

（建議等）
第65条 日本司法書士会連合会は，司法書士又は司法書士法人の業務又は制度について，法務大臣に建議し，又はその諮問に答申することができる。

（司法書士会に関する規定の準用）
第66条 第52条第3項及び第4項，第55条並びに第56条の規定は，日本司法書士会連合会に準用する。

（登録審査会）

第67条 日本司法書士会連合会に，登録審査会を置く。
2 登録審査会は，日本司法書士会連合会の請求により，第10条第1項第2号若しくは第3号の規定による登録の拒否又は第16条第1項の規定による登録の取消しについて審議を行うものとする。
3 登録審査会は，会長及び委員四人をもつて組織する。
4 会長は，日本司法書士会連合会の会長をもつて充てる。
5 委員は，会長が，法務大臣の承認を受けて，司法書士，法務省の職員及び学識経験者のうちから委嘱する。
6 委員の任期は，2年とする。ただし，欠員が生じた場合の補充の委員の任期は，前任者の残任期間とする。

第9章　公共嘱託登記司法書士協会

（設立及び組織）
第68条 その名称中に公共嘱託登記司法書士協会という文字を使用する一般社団法人は，社員である司法書士及び司法書士法人がその専門的能力を結合して官庁，公署その他政令で定める公共の利益となる事業を行う者（以下「官公署等」という。）による不動産の権利に関する登記の嘱託又は申請の適正かつ迅速な実施に寄与することを目的とし，かつ，次に掲げる内容の定款の定めがあるものに限り，設立することができる。
　一　社員は，その主たる事務所の所在地を管轄する法務局又は地方法務局の管轄区域内に事務所を有する司法書士又は司法書士法人でなければならないものとすること。
　二　前号に規定する司法書士又は司法書士法人が社員になろうとするときは，正当な理由がなければ，これを拒むことができないものとすること。

参考資料　司法書士法

三　理事の員数の過半数は，社員（社員
　　である司法書士法人の社員を含む。）
　　でなければならないものとすること。
2　前項に規定する定款の定めは，これを
　変更することができない。
（成立の届出）
第68条の2　前条第1項の一般社団法人
　（以下「協会」という。）は，成立したと
　きは，成立の日から2週間以内に，登記
　事項証明書及び定款の写しを添えて，そ
　の旨を，その主たる事務所の所在地を管
　轄する法務局又は地方法務局の長及びそ
　の管轄区域内に設立された司法書士会に
　届け出なければならない。
（業務）
第69条　協会は，第68条第1項に規定する
　目的を達成するため，官公署等の嘱託を
　受けて，不動産の権利に関する登記につ
　き第3条第1項第1号から第5号までに
　掲げる事務を行うことをその業務とする。
2　協会は，その業務に係る前項に規定す
　る事務を，司法書士会に入会している司
　法書士又は司法書士法人でない者に取り
　扱わせてはならない。
（協会の業務の監督）
第69条の2　協会の業務は，その主たる事
　務所の所在地を管轄する法務局又は地方
　法務局の長の監督に属する。
2　前項の法務局又は地方法務局の長は，
　協会の業務の適正な実施を確保するため
　必要があると認めるときは，いつでも，
　当該業務及び協会の財産の状況を検査し，
　又は協会に対し，当該業務に関し監督上
　必要な命令をすることができる。
（司法書士及び司法書士法人に関する規定
の準用）
第70条　第21条の規定は協会の業務につい
　て，第48条第1項，第49条及び第51条の
　規定は協会に対する懲戒について，それ
　ぞれ準用する。この場合において，第48

条第1項，第49条第1項から第3項まで
及び第51条中「法務大臣」とあるのは，
「第69条の2第1項に規定する法務局又
は地方法務局の長」と読み替えるものと
する。
（司法書士会の助言）
第71条　司法書士会は，所属の会員が社員
　である協会に対し，その業務の執行に関
　し，必要な助言をすることができる。

第10章　雑　則

（権限の委任）
第71条の2　この法律に規定する法務大臣
　の権限は，法務省令で定めるところによ
　り，法務局又は地方法務局の長に委任す
　ることができる。
（法務省令への委任）
第72条　この法律に定めるもののほか，こ
　の法律の施行に関し司法書士の試験，資
　格の認定，登録及び業務執行並びに協会
　の設立及び業務執行について必要な事項
　は，法務省令で定める。
（非司法書士等の取締り）
第73条　司法書士会に入会している司法書
　士又は司法書士法人でない者（協会を除
　く。）は，第3条第1項第1号から第5
　号までに規定する業務を行つてはならな
　い。ただし，他の法律に別段の定めがあ
　る場合は，この限りでない。
2　協会は，その業務の範囲を超えて，第
　3条第1項第1号から第5号までに規定
　する業務を行つてはならない。
3　司法書士でない者は，司法書士又はこ
　れに紛らわしい名称を用いてはならない。
4　司法書士法人でない者は，司法書士法
　人又はこれに紛らわしい名称を用いては
　ならない。
5　協会でない者は，公共嘱託登記司法書
　士協会又はこれに紛らわしい名称を用い
　てはならない。

295

参考資料

第11章　罰　則

第74条　司法書士となる資格を有しない者が，日本司法書士会連合会に対し，その資格につき虚偽の申請をして司法書士名簿に登録させたときは，1年以下の懲役【拘禁刑（編注(2)）】又は100万円以下の罰金に処する。

第75条　第21条の規定に違反した者は，100万円以下の罰金に処する。

2　司法書士法人が第46条第1項において準用する第21条の規定に違反したときは，その違反行為をした司法書士法人の社員又は使用人は，100万円以下の罰金に処する。

3　協会が第70条において準用する第21条の規定に違反したときは，その違反行為をした協会の理事又は職員は，100万円以下の罰金に処する。

第76条　第24条の規定に違反した者は，6月以下の懲役【拘禁刑（編注(2)）】又は50万円以下の罰金に処する。

2　前項の罪は，告訴がなければ公訴を提起することができない。

第77条　協会が第69条第2項の規定に違反したときは，その違反に係る第3条第1項第1号から第5号までに掲げる事務を取り扱い，又は取り扱わせた協会の理事又は職員は，6月以下の懲役【拘禁刑（編注(2)）】又は50万円以下の罰金に処する。

第78条　第73条第1項の規定に違反した者は，1年以下の懲役【拘禁刑（編注(2)）】又は100万円以下の罰金に処する。

2　協会が第73条第2項の規定に違反したときは，その違反行為をした協会の理事又は職員は，1年以下の懲役【拘禁刑（編注(2)）】又は100万円以下の罰金に処する。

第79条　次の各号のいずれかに該当する者は，100万円以下の罰金に処する。

一　第73条第3項の規定に違反した者

二　第73条第4項の規定に違反した者

三　第73条第5項の規定に違反した者

第79条の2　第45条の2第6項において準用する会社法第955条第1項の規定に違反して，同項に規定する調査記録簿等に同項に規定する電子公告調査に関し法務省令で定めるものを記載せず，若しくは記録せず，若しくは虚偽の記載若しくは記録をし，又は当該調査記録簿等を保存しなかつた者は，30万円以下の罰金に処する。

第80条　法人の代表者又は法人若しくは人の代理人，使用人その他の従業者が，その法人又は人の業務に関し，第75条第2項若しくは第3項又は第77条から前条までの違反行為をしたときは，その行為者を罰するほか，その法人又は人に対して各本条の罰金刑を科する。

第81条　司法書士会又は日本司法書士会連合会が第55条第1項（第66条において準用する場合を含む。）の規定に基づく政令に違反して登記をすることを怠つたときは，その司法書士会又は日本司法書士会連合会の代表者は，30万円以下の過料に処する。

第82条　次の各号のいずれかに該当する者は，100万円以下の過料に処する。

一　第45条の2第6項において準用する会社法第946条第3項の規定に違反して，報告をせず，又は虚偽の報告をした者

二　正当な理由がないのに，第45条の2第6項において準用する会社法第951条第2項各号又は第955条第2項各号に掲げる請求を拒んだ者

第83条　次の各号のいずれかに該当する場合には，司法書士法人の社員又は清算人は，30万円以下の過料に処する。

参考資料　司法書士法

一　この法律に基づく政令の規定に違反
　　して登記をすることを怠つたとき。
二　第45条の２第２項又は第５項の規定
　　に違反して合併をしたとき。
三　第45条の２第６項において準用する
　　会社法第941条の規定に違反して同条
　　の調査を求めなかつたとき。
四　定款又は第46条第２項において準用
　　する会社法第615条第１項の会計帳簿
　　若しくは第46条第２項において準用す
　　る同法第617条第１項若しくは第２項
　　の貸借対照表に記載し，若しくは記録
　　すべき事項を記載せず，若しくは記録
　　せず，又は虚偽の記載若しくは記録を
　　したとき。
五　第46条第３項において準用する会社
　　法第656条第１項の規定に違反して破
　　産手続開始の申立てを怠つたとき。
六　第46条第３項において準用する会社
　　法第664条の規定に違反して財産を分
　　配したとき。
七　第46条第３項において準用する会社
　　法第670条第２項又は第５項の規定に
　　違反して財産を処分したとき。

　附　則　（抄）

1　この法律は，昭和25年７月１日から施
　行する。
2　この法律施行の際現に司法書士である
　者は，この法律の規定による司法書士と
　みなす。
3　第２条第１号の規定の適用については，
　裁判所書記官補又は裁判所書記の在職年
　数は，裁判所事務官の在職年数とみなし，
　法務庁事務官，司法事務官又は司法属の
　在職年数は，法務事務官の在職年数とみ
　なす。
4　この法律施行の際現に設けられている
　司法書士の事務所は，この法律の規定に
　より設けられたものとみなす。

5　従前の規定により定められた書記料は，
　第７条第１項の規定により法務総裁が報
　酬の額を定めるまでは，同項の規定によ
　り定められた報酬の額とみなす。
6　この法律施行前にした旧司法書士法第
　11条第１項に該当する行為に対する処分
　については，なお従前の例による。
7　この法律施行の際現に存する司法書士
　会は，この法律の規定により設立された
　ものとみなす。
8　前項の司法書士会は，この法律施行の
　日から６箇月以内に第15条の規定により会
　則を定めなければならない。

（編注）下線及び【　】は以下の法律による改
　　正内容を示す。
⑴　令和４年５月25日法律第48号（民事訴訟
　法等の一部を改正する法律）：令和８年５月
　24日までに施行
⑵　令和４年６月17日法律第68号（刑法等の
　一部を改正する法律の施行に伴う関係法律
　の整理等に関する法律：令和７年６月１日
　施行
⑶　令和５年６月14日法律第53号（民事関係
　手続等における情報通信技術の活用等の推
　進を図るための関係法律の整備に関する法
　律：令和10年６月13日までに施行
⑷　令和５年６月16日法律第63号（デジタル
　社会の形成を図るための規制改革を推進す
　るためのデジタル社会形成基本法等の一部
　を改正する法律）：令和８年６月15日までに
　施行

297

参考資料

○（旧）司法書士倫理

司法書士の使命は，国民の権利の擁護と公正な社会の実現にある。

その使命を果たすための基本姿勢を司法書士倫理として制定する。

我々は，これを実践し，社会の信頼と期待に応えることをここに宣言する。

第1章　綱　領

（使命の自覚）

第1条　司法書士は，その使命が，国民の権利の擁護と公正な社会の実現にあることを自覚し，その達成に努める。

（信義誠実）

第2条　司法書士は，信義に基づき，公正かつ誠実に職務を行う。

（品位の保持）

第3条　司法書士は，常に人格の陶冶を図り，教養を高め品位の保持に努める。

（法令等の精通）

第4条　司法書士は，法令及び実務に精通する。

（自由独立）

第5条　司法書士は，職務を行うにあたっては，職責を自覚し，自由かつ独立の立場を保持する。

（司法制度への寄与）

第6条　司法書士は，国民に信頼され，国民が利用しやすい司法制度の発展に寄与する。

（公益的活動）

第7条　司法書士は，公益的な活動に努め，公共の利益の実現，社会秩序の維持及び法制度の改善に貢献する。

第2章　一般的な規律

（自己決定権の尊重）

第8条　司法書士は，依頼者の自己決定権を尊重し，その職務を行わなければなら

ない。

（説明及び助言）

第9条　司法書士は，依頼の趣旨を実現するために，的確な法律判断に基づき，説明及び助言をしなければならない。

（秘密保持等の義務）

第10条　司法書士は，正当な事由のある場合を除き，職務上知り得た秘密を保持しなければならず，また利用してはならない。司法書士でなくなった後も同様とする。

2　司法書士は，その事務に従事する者に対し，正当な事由のある場合を除き，その者が職務上知り得た秘密を保持させなければならず，また利用させてはならない。

（目的外の権限行使）

第11条　司法書士は，職務上の権限を目的外に行使してはならない。

（品位を損なう事業への関与）

第12条　司法書士は，品位又は職務の公正を損なうおそれのある事業を営み，若しくはこれに加わり，又はこれに自己の名義を利用させてはならない。

（不当誘致等）

第13条　司法書士は，不当な方法によって事件の依頼を誘致し，又は事件を誘発してはならない。

2　司法書士は，依頼者の紹介を受けたことについて，その対価を支払ってはならない。

3　司法書士は，依頼者の紹介をしたことについて，その対価を受け取ってはならない。

（非司法書士との提携禁止等）

第14条　司法書士は，司法書士法その他の法令の規定に違反して業務を行う者と提携して業務を行ってはならず，またこれらの者から事件のあっせんを受けてはならない。

298

2　司法書士は，第三者に自己の名で司法
　書士業務を行わせてはならない。

（違法行為の助長等）

第15条　司法書士は，違法若しくは不正な
　行為を助長し，又はこれらの行為を利用
　してはならない。

（広告宣伝）

第16条　司法書士は，不当な目的を意図し，
　又は品位を損なうおそれのある広告宣伝
　を行ってはならない。

（事務従事者に対する指導監督）

第17条　司法書士は，常に，事務に従事す
　る者の指導監督を行わなければならない。

2　司法書士は，事務に従事する者をして
　その職務を包括的に処理させてはならな
　い。

（私的関係の利用）

第18条　司法書士は，職務を行うにあたり，
　裁判官，検察官，書記官，登記官等との
　私的関係を利用して交渉してはならない。

第3章　依頼者との関係における規律

（受任の趣旨の明確化）

第19条　司法書士は，依頼の趣旨に基づき，
　その内容及び範囲を明確にして事件を受
　任しなければならない。

（報酬の明示）

第20条　司法書士は，事件の受任に際して，
　依頼者に対し，その報酬及び費用の金額
　又は算定方法を明示し，かつ，十分に説
　明しなければならない。

（事件の処理）

第21条　司法書士は，事件を受任した場合
　には，速やかに着手し，遅滞なく処理し
　なければならない。

2　司法書士は，依頼者に対し，事件の経
　過及び重要な事項を必要に応じて報告し，
　事件が終了したときは，その経過及び結
　果を遅滞なく報告しなければならない。

（公務等との関係）

第22条　司法書士は，公務員又は法令によ
　り公務に従事する者として取り扱った事
　件について，職務を行ってはならない。

2　司法書士は，仲裁人として取り扱った
　事件又は和解の仲介その他の裁判外紛争
　解決手続において手続実施者その他これ
　に準ずる者として関与した事件について，
　職務を行ってはならない。

（公正を保ち得ない事件）

第23条　司法書士は，職務の公正を保ち得
　ない事由のある事件については，職務を
　行ってはならない。

（公正を保ち得ないおそれ）

第24条　司法書士は，職務の公正を保ち得
　ない事由の発生するおそれがある場合に
　は，あらかじめ依頼者に対し，その事情
　を説明し，職務を行うことができないこ
　とについて，同意を得るように努めなけ
　ればならない。

（不正の疑いがある事件）

第25条　司法書士は，依頼の趣旨が，その
　目的又は手段若しくは方法において不正
　の疑いがある場合には，事件を受任して
　はならない。

（特別関係の告知）

第26条　司法書士は，事件の受任に際して，
　依頼者の相手方と特別の関係があるため
　に，依頼者との信頼関係に影響を及ぼす
　おそれがあるときは，依頼者に対しその
　事情を告げなければならない。

（受任後の処置）

第27条　司法書士は，事件を受任した後に
　前4条に該当する事由があることを知っ
　たときは，依頼者に対し速やかにその事
　情を告げ，事案に応じた適切な処置をと
　らなければならない。

（利害の衝突）

第28条　司法書士は，受任している事件に
　つき依頼者が複数ある場合には，その相
　互間に利害の衝突が生じたときは，各依

参考資料

頼者に対して理由を説明し，事案に応じた適切な処置をとらなければならない。

（受任司法書士間の意見の不一致）

第29条 司法書士は，同一の事件を受任している他の司法書士がある場合，事件の処理についての意見の不一致により依頼者に不利益を及ぼすおそれがあるときは，依頼者に対しその事情を告げなければならない。

（依頼者との信頼関係の喪失）

第30条 司法書士は，事件に関し，依頼者との信頼関係が失われ，かつ，その回復が困難な場合には，辞任する等適切な処置をとらなければならない。

（預り書類等の管理）

第31条 司法書士は，事件に関する書類等を，善良な管理者の注意をもって管理しなければならない。

（預り金の管理等）

第32条 司法書士は，依頼者から又は依頼者のために預り金を受領したときは，自己の金員と区別して管理しなければならない。

2 司法書士は，依頼者のために金品を受領した場合には，速やかにその事実を依頼者に報告しなければならない。

（事件の中止）

第33条 司法書士は，受任した事件の処理を継続することができなくなった場合には，依頼者が損害を被ることのないように，事案に応じた適切な処置をとらなければならない。

（事件の記録）

第34条 司法書士は，受任した事件の概要及び金品の授受その他特に留意すべき事項について記録を作成し，保存しなければならない。

（係争目的物の譲受）

第35条 司法書士は，係争事件の目的物を譲り受けてはならない。

（依頼者との金銭貸借等）

第36条 司法書士は，正当な事由なく，依頼者と金銭の貸借をし，又は保証等をさせ，あるいはこれをしてはならない。

（賠償保険）

第37条 司法書士は，依頼者を保護するために，職務上の責任について業務賠償責任保険に加入するように努めなければならない。

（事件の終了）

第38条 司法書士は，受任した事件が終了したときは，遅滞なく，金銭の精算，物品の引渡し及び預った書類等の返還をしなければならない。

第4章 事件の相手方等との関係における規律

（相手方等からの利益授受）

第39条 司法書士は，受任した事件に関し，相手方又は相手方代理人等から利益の供与若しくは供応を受け，又はこれを要求し，若しくはその約束をしてはならない。

2 司法書士は，受任した事件に関し，相手方又は相手方代理人等に対し，利益の供与若しくは供応をし，又はその約束をしてはならない。

（相手方本人との直接交渉等）

第40条 司法書士は，受任した事件に関し，相手方に代理人がないときは，その無知又は誤解に乗じて不当に不利益に陥れてはならない。

2 司法書士は，受任した事件に関し，相手方に代理人があるときは，特別の事情がない限り，その代理人の了承を得ないで相手方本人と直接交渉してはならない。

第5章 他の司法書士との関係における規律

（誹謗中傷等の禁止）

第41条 司法書士は，他の司法書士を誹謗中傷する等，信義に反する行為をしては

参考資料　（旧）司法書士倫理

ならない。

（信頼関係の尊重）

第42条　司法書士は，他の司法書士が受任している事件の処理に協力する場合には，その司法書士と依頼者との間の信頼関係を尊重しなければならない。

（他の司法書士の参加）

第43条　司法書士は，受任した事件について，依頼者が他の司法書士の参加を希望する場合には，正当な理由なくこれを拒んではならない。

（他の事件への介入）

第44条　司法書士は，他の司法書士が受任している事件へ不当に介入しようとしてはならない。

（相互協力）

第45条　司法書士は，他の司法書士と共同して職務を行う場合には，依頼の趣旨の実現に向け，相互に協力しなければならない。

2　司法書士は，事件処理のために復代理人を選任する場合には，その代理権の範囲を明らかにし，復代理人と十分な意思疎通を図らなければならない。

第6章　司法書士会等との関係における規律

（規律の遵守）

第46条　司法書士は，自治の精神に基づき，日本司法書士会連合会及び所属する司法書士会（以下,「司法書士会等」という。）が定める規律を遵守する。

（自治の確立）

第47条　司法書士は，常に自治の確立に努め，司法書士会等の組織運営に積極的に協力する。

（事業への参加）

第48条　司法書士は，司法書士会等が行う事業に積極的に参加し，また，委嘱された事項を誠実に遂行する。

（資質の向上）

第49条　司法書士は，自ら研鑽するとともに，司法書士会等が実施する研修に参加し，資質の向上に努めなければならない。

（紛議の処理）

第50条　司法書士は，業務に関して紛議が生じた場合には，自主的かつ円満な協議により解決するように努めなければならない。

2　前項の協議が調わないときは，所属する司法書士会の調停により解決するように努めなければならない。

第7章　不動産登記手続に関する規律

（不動産登記制度への寄与）

第51条　司法書士は，国民の権利を保護するため，真正な登記が速やかに実現するように努め，不動産登記制度の発展に寄与する。

（紛争の発生の防止）

第52条　司法書士は，登記手続を受任した場合には，依頼者の意思を尊重し，権利の保護を図るとともに，紛争の発生の防止に努めなければならない。

（公平の確保）

第53条　司法書士は，登記手続を受任し又は相談に応じる場合には，当事者間の公平を確保するように努めなければならない。

2　司法書士は，前項の場合においては，必要な情報を開示し，説明又は助言する等，適切に対応するように努めなければならない。

（権利関係等の把握）

第54条　司法書士は，登記手続を受任した場合には，当事者及びその意思並びに目的物の確認等を通じて，実体的権利関係を的確に把握しなければならない。

2　司法書士は，前項の確認を行った旨の記録を作成しなければならない。

参考資料

第8章　商業及び法人登記手続に関する規律

（商業法人登記制度への寄与）

第55条　司法書士は，取引の安全と法人制度の信頼を維持するため，真正な登記の実現に努め，商業登記及び法人登記制度の発展に寄与する。

（法令遵守の助言）

第56条　司法書士は，登記手続を受任し又は相談に応じる場合には，依頼者に対して，法人の社会的責任の重要性を説明し，法令を遵守するように助言しなければならない。

（実体関係の把握）

第57条　司法書士は，登記手続を受任した場合には，議事録等の関係書類を確認する等して，実体関係を把握するように努めなければならない。

2　司法書士は，議事録等の書類作成を受任した場合には，その事実及び経過等を確認して作成するように努めなければならない。

第9章　供託手続に関する規律

（供託手続）

第58条　司法書士は，供託手続を受任し又は相談に応じる場合には，実体上の権利関係を的確に把握し，登記手続及び裁判手続その他関連する手続に配慮したうえで，依頼者の権利が速やかに実現されるように努めなければならない。

第10章　裁判手続等に関する規律

（裁判の公正と適正手続）

第59条　司法書士は，裁判の公正及び適正手続の実現に寄与する。

（紛争解決における役割）

第60条　司法書士は，国民の身近な法律家として，国民の抱える紛争について，事案解明に協力する義務に基づき，常に正

確な知識及び最善の方法をもって職務を遂行することにより，依頼者の正当な権利の保護及び実現に努めなければならない。

（業務を行い得ない事件）

第61条　司法書士は，裁判書類作成関係業務及び簡裁訴訟代理等関係業務に係る次の事件については，各業務を行ってはならない。ただし，第2号及び第3号の事件については，受任している事件の依頼者が同意した場合にはこの限りでない。

(1)　相手方から協議を受けた事件で，相手方との間に信頼関係が形成されたと認められるもの

(2)　受任している事件の相手方からの依頼による他の事件

(3)　受任している事件の依頼者を相手方とする他の事件

(4)　その他受任している事件の依頼者と利害相反する事件

（裁判書類作成関係業務）

第62条　司法書士は，裁判書類作成関係業務を受任した場合には，依頼者との意思の疎通を十分に図り，事案の全容を把握するように努め，依頼者にその解決方法を説明する等しなければならない。

（簡裁訴訟代理等関係業務）

第63条　司法書士は，簡裁訴訟代理等関係業務を受任した場合には，代理人としての責務に基づき，事件の管理に十分な注意を払い，依頼者の自己決定権を尊重して業務を行わなければならない。

（受任の諾否の通知）

第64条　司法書士は，簡裁訴訟代理等関係業務の依頼に対し，その諾否を速やかに通知しなければならない。

（真実の発見）

第65条　司法書士は，勝敗にこだわって真実の発見をおろそかにしてはならない。

（法律扶助制度等の教示）

参考資料　（旧）司法書士倫理

第66条　司法書士は，事案に応じ，法律扶助及び訴訟救助制度を教示する等，依頼者の裁判を受ける権利が実現されるように努めなければならない。

（見込みがない事件の受任）

第67条　司法書士は，依頼者の期待するような結果を得る見込みがないことが明らかであるのに，あたかもあるかのように装って事件を受任してはならない。

（有利な結果の請け合い等）

第68条　司法書士は，事件について，依頼者に有利な結果を請け合い，又は保証してはならない。

（偽証のそそのかし等）

第69条　司法書士は，偽証若しくは虚偽の陳述をそそのかし，又は虚偽の証拠を提出し，若しくは提出させてはならない。

（裁判手続の遅延）

第70条　司法書士は，職務上の怠慢により，又は不当な目的のために，裁判手続を遅延させてはならない。

第11章　成年後見に関する規律

（成年後見制度への寄与）

第71条　司法書士は，国民に信頼され，国民が利用しやすい成年後見制度の発展に寄与する。

（関係機関等との連携）

第72条　司法書士は，成年後見に関する業務を行うにあたっては，行政機関，福祉関係者等と協力し，連携を図るように努める。

（成年後見に関する相談）

第73条　司法書士は，成年後見に関する相談に応じる場合には，本人及び関係者から，その意見，本人の心身の状態並びに生活及び財産の状況等を聴取したうえで，適切な助言をしなければならない。

（成年後見等の手続の選択）

第74条　司法書士は，法定後見に関する申立て及び任意後見に関する手続等の受任に際しては，本人及び申立人の意思を確認し，本人の権利擁護と身上に配慮した手続の選択が行われるようにしなければならない。

（成年後見人等への就任）

第75条　司法書士は，成年後見人等に就任した場合には，本人の意思を尊重し，その心身の状態並びに生活及び財産の状況に配慮して業務を行わなければならない。

第12章　その他の職務に関する規律

（検察庁へ提出する書類の作成）

第76条　司法書士は，検察庁へ提出する書類の作成を受任した場合には，関係者の人権に配慮して，正義の実現に努めなければならない。

（審査請求手続）

第77条　司法書士は，審査請求手続を受任した場合には，依頼者の権利が速やかに実現されるように努めなければならない。

（財産管理事務）

第78条　司法書士は，財産管理事務を行う場合には，自己又は自己の管理する他の財産と判然区別可能な方法で個別に保管する等，善良な管理者の注意をもって管理しなければならない。

2　司法書士は，前項の事務執行中，本人の財産又は本人に対する第三者の権利を譲り受ける等，本人と利益相反する行為をしてはならない。

3　司法書士は，第1項の管理に関する記録を備え置き，依頼者等へ報告しなければならない。

4　司法書士は，財産管理事務を終了したときは，遅滞なく，金銭の清算，物品の引渡し及び預った書類等の返還をしなければならない。

（国籍に関する書類の作成）

第79条　司法書士は，国籍に関する書類の

303

参考資料

作成を受任した場合には，依頼者の意思を尊重し，かつ，人権に配慮しなければならない。

第13章　共同事務所における規律

（遵守のための措置）

第80条　複数の司法書士が事務所を共にする場合（以下「共同事務所」という。）において，その共同事務所に所属する司法書士（以下「所属司法書士」という。）を監督する権限のある司法書士があるときは，その司法書士は所属司法書士が司法書士倫理（以下，「本倫理」という。）を遵守するために必要な措置をとるよう努めなければならない。

（秘密の保持）

第81条　所属司法書士は，正当な事由のある場合を除き，他の所属司法書士の依頼者について執務上知り得た秘密を保持しなければならず，また，利用してはならない。所属司法書士でなくなった後，又は司法書士でなくなった後も同様とする。

（所属司法書士が業務を行い得ない事件）

第82条　所属司法書士は，他の所属司法書士が業務を行い得ない事件については，業務を行ってはならない。ただし，業務の公正を保ち得る事由があるときは，この限りでない。

（受任後の措置）

第83条　所属司法書士は，事件を受任した後に前条本文に該当する事由があることを知ったときは，依頼者に対し速やかにその事情を告げ，事案に応じた適切な措置をとらなければならない。

（業務を行い得ない事件の受任禁止）

第84条　所属司法書士は，他の所属司法書士と共同して，当事者情報の確認その他必要な措置をとるなどして，業務を行い得ない事件の受任を防止するよう努めなければならない。

第14章　司法書士法人における規律

（遵守のための措置）

第85条　司法書士法人の社員は，その司法書士法人の社員又は使用人である司法書士（以下「社員等」という。）が本倫理を遵守するために必要な措置をとるように努めなければならない。

（秘密の保持）

第86条　社員等は，正当な事由のある場合を除き，その司法書士法人，他の社員等の依頼者について執務上知り得た秘密を保持しなければならず，また，利用してはならない。社員等でなくなった後，又は司法書士でなくなった後も同様とする。

（業務を行い得ない事件）

第87条　司法書士法人は，裁判書類作成関係業務及び簡裁訴訟代理等関係業務に係る次の事件については，各業務を行ってはならない。ただし，第2号及び第3号の事件については，受任している事件の依頼者が同意した場合にはこの限りでない。

(1)　相手方から協議を受けた事件で，相手方との間に信頼関係が形成されたと認められるもの

(2)　受任している事件の相手方からの依頼による他の事件

(3)　受任している事件の依頼者を相手方とする他の事件

(4)　その他受任している事件の依頼者と利害相反する事件

2　司法書士法人は，裁判書類作成関係業務及び簡裁訴訟代理等関係業務に係る次の事件については，各業務を行ってはならない。ただし，第2号乃至第7号に規定する事件についてはその業務を行い得ない社員等がその司法書士法人の社員等の半数未満であり，かつ，その司法書士法人に業務の公正を保ち得る事由がある

参考資料　（旧）司法書士倫理

場合はこの限りでない。

(1) 社員等が相手方から受任している事件

(2) 社員等が第22条の規定により業務を行えない事件

(3) 社員等が相手方から協議を受けた事件で，相手方との間に信頼関係が形成されたと認められるもの

(4) 社員等が受任している事件の相手方からの依頼による他の事件

(5) 社員等が受任している事件の依頼者を相手方とする他の事件

(6) 社員等が第88条第1号の規定により業務を行えない事件

(7) その他社員等が受任している事件の依頼者と利害相反する事件

3　司法書士法人は，前2項に定めるほか職務の公正を保ち得ない事由がある事件については，業務を行ってはならない。

（社員等が業務を行い得ない事件）

第88条　社員等（第1号の場合においては社員等であった者を含む。）は，裁判書類作成関係業務及び簡裁訴訟代理等関係業務に係る次の事件については，各業務を行ってはならない。ただし，第3号に掲げる事件については，その司法書士法人が受任している事件の依頼者の同意がある場合は，この限りではない。

(1) 社員等であった期間内にその司法書士法人が相手方の協議を受けた事件で，相手方との間に信頼関係が形成されたと認められるものであって，自らこれに関与したもの

(2) その司法書士法人が相手方から受任している事件

(3) その司法書士法人が受任している事件（当該社員等が自ら関与しているものに限る。）の相手方からの依頼による他の事件

（他の社員等との関係で業務を行い得ない

事件）

第89条　社員等は，他の社員等が業務を行い得ない事件については，業務を行ってはならない。ただし，業務の公正を保ち得る事由があるときは，この限りではない。

（受任後の措置）

第90条　司法書士法人は，事件を受任した後に，第87条第2項及び3項の規定に該当する事由があることを知ったときは，依頼者に対し速やかにその事情を告げ，事案に応じた適切な措置をとらなければならない。

2　社員等は，事件を受任した後に，第88条第2号及び第89条の規定に該当する事由があることを知ったときは，依頼者に対し速やかにその事情を告げ，事案に応じた適切な措置をとらなければならない。

（業務を行い得ない事件の受任防止）

第91条　社員等は，他の社員等と共同して，当事者情報の確認その他の必要な措置を取るなどして，業務を行い得ない事件の受任を防止するよう努めなければならない。

（準用）

第92条　第1章から第12章まで（第3条，第4条，第10条第1項及び第3項，第17条，第22条，第23条，第49条及び第61条を除く。）の規定は，司法書士法人に準用する。

（平成15年6月19日―20日定時総会にて承認）

（平成20年6月19日―20日定時総会にて改正）

305

参考資料

○司法書士会会則基準

第1章　総　則

（名称）

第1条　司法書士法（昭和25年法律第197号。以下「法」という。）第52条第1項の規定により，○○法務局の管轄区域内に事務所を有する司法書士で設立する司法書士会の名称は，○○司法書士会とする。

（目的）

第2条　○○司法書士会（以下「本会」という。）は，司法書士及び司法書士法人の使命及び職責に鑑み，その品位を保持し，司法書士業務の改善進歩を図るため，会員の指導及び連絡に関する事務を行うことを目的とする。

（事業）

第3条　本会は，前条に規定する目的を達成するため，次に掲げる事業を行う。

(1)　会員の品位保持のための指導及び連絡に関する事項

(2)　会員の執務の指導及び連絡に関する事項

(3)　日本司法書士会連合会（以下「連合会」という。）が行う司法書士の登録の事務に関する事項

(4)　法第5章の規定に基づき設立された司法書士法人の届出の事務に関する事項

(5)　業務関係法規の調査及び研究に関する事項

(6)　業務関係図書及び用品の購入のあっせん及び頒布に関する事項

(7)　福利厚生に関する事項

(8)　業務の改善に関する事項

(9)　業務のための調査に関する事項

(10)　司法書士業務賠償責任保険（以下「業務賠償責任保険」という。）及び司法書士会業務賠償責任保険（以下「会

業務賠償責任保険」という。）に関する事項

(11)　統計に関する事項

(12)　相談事業に関する事項

(13)　裁判外紛争解決手続の実施に関する事項

(14)　講演会及び講習会等の開催に関する事項

(15)　広報活動に関する事項

(16)　研修に関する事項

(17)　会員の業務に関する紛議の調停に関する事項

(18)　本会及び会員に関する情報の公開に関する事項

(19)　公共嘱託登記の受託推進に関する事項

(20)　国民に対して司法書士が提供する法的サービスの拡充に関する事項

(21)　その他本会の目的を達成するために必要な事項

（事務所の所在地）

第4条　本会は，○○に事務所を置く。

第2章　会　員

第1節　会　員

（会員）

第5条　本会の会員は，司法書士会員及び法人会員とする。

2　司法書士会員とは，○○法務局の管轄区域内（以下「本会の区域内」という。）に事務所を有する司法書士をいう。

3　法人会員とは，次のいずれかに該当する者をいう。

(1)　本会の区域内に主たる事務所を有する司法書士法人

(2)　本会の区域内に従たる事務所のみを有する司法書士法人

第2節　入会及び退会の手続

（司法書士会員の入会手続及び入会）

第6条　本会に司法書士会員として入会し

ようとする者は，連合会の定める第1号様式による入会届を本会に提出しなければならない。

2　前項の入会届には，次に掲げる事項を記載し，入会しようとする者が署名し，司法書士法施行規則（以下「施行規則」という。）第21条に定める職印を押さなければならない。

(1)　氏名及び生年月日

(2)　本籍（外国人にあっては，国籍等（国籍の属する国又は出入国管理及び難民認定法（昭和26年政令第319号）第2条第5号ロに規定する地域をいう。以下同じ。）），住所及び事務所

(3)　司法書士となる資格取得の種類，年月日及びその番号

3　第1項の入会届には，次に掲げる書面等を添付しなければならない。

(1)　司法書士となる資格を有することを証する書面

(2)　写真（提出の日前3月以内に撮影された5センチメートル正方形の無帽，かつ，正面上半身の背景のないもの）3葉。ただし，うち2葉は次項の司法書士名簿に各1葉を貼付する。

(3)　本籍及び住所を証する書面（外国人にあっては，国籍等の記載された外国人住民に係る住民票の写し）

4　本会に入会しようとする者は，第1項の入会届の提出と同時に，法第9条第1項の定めるところにより，司法書士の登録（以下「登録」という。）を受けるため，連合会が定める付録登第2号様式による司法書士登録申請書（以下「登録申請書」という。）及び連合会の定める付録登第1号様式による司法書士名簿2通を本会に提出しなければならない。

5　前各項（第3項第1号を除く。）の規定は，法第13条の規定による所属する司法書士の変更の登録（以下「変更の登録」という。）を受けて本会に司法書士会員として入会しようとする者について準用する。この場合において，前項中「付録登第2号様式による司法書士登録申請書」とあるのは，「付録登第3号様式による変更の登録申請書」と読み替える。

6　本会に入会の手続をとった者は，登録又は変更の登録を受けた時に本会の司法書士会員となる。

7　第1項の入会届は，それを提出した者が登録又は変更の登録を受けることができなかったときは，失効する。

8　履歴書の様式は，別に規程で定める。

注　この規定は，履歴書の提出を求める場合に限る。

（法人会員の入会手続）

第7条　本会に司法書士法人の成立により第5条第3項第1号の法人会員として入会した者は，入会した日から2週間以内に，連合会の定める付録法第12号様式による入会届1通に連合会が定める付録法第1号様式による成立届1通及び連合会の定める付録法第16号様式による司法書士法人名簿（以下「法人名簿」という。）2通を添えて本会に提出しなければならない。

2　前項の入会届には，次に掲げる書面各1通を添付しなければならない。

(1)　登記事項証明書（届出に係る必要な事項が記載されている登記事項証明書をいう。以下同じ。）

(2)　定款の写し

3　本会に，主たる事務所を移転したことにより第5条第3項第1号の法人会員として入会した者は，入会した日から2週間以内に，連合会の定める付録法第12号様式による入会届1通に連合会が定める付録法第10号様式による主たる事務所移転届1通及び連合会の定める付録法第16

307

参考資料

号様式による法人名簿2通を添えて，本
会に提出しなければならない。

4　第5条第3項第2号の法人会員が，主
たる事務所を移転したことにより第5条
第3項第1号の法人会員となったときは，
第10条の届出による。

5　第2項の規定は，前2項の届出につい
て準用する。

6　本会は，入会届を受け付けたときは，
第1項又は第3項の法人名簿1通及び第
2項（前項で準用する場合を含む。）の
各書面を，遅滞なく連合会に送付しなけ
ればならない。

7　本会は，第1項の成立届又は第3項の
主たる事務所移転届を前項の書面ととも
に，遅滞なく連合会に送付しなければな
らない。

第8条　本会に第5条第3項第2号の法人
会員として入会した者は，その事務所に
常駐する社員である司法書士会員が連合
会の定める付録法第13号様式による入会
届2通に連合会の定める付録法第17号様
式による法人名簿2通を添えて，本会に
提出しなければならない。ただし，従た
る事務所を移転したことによる入会届に
は，連合会の定める付録法第11号様式に
よる従たる事務所移転届1通を添えて提
出しなければならない。

2　前項の入会届には，登記事項証明書1
通を添付しなければならない。

3　本会は，入会届を受け付けたときは，
第1項の書面各1通に前項の書面を添え
て，遅滞なく連合会に送付しなければな
らない。

（印鑑届等）

第9条　本会に入会しようとする者及び入
会した法人会員は，職印を届け出なけれ
ばならない。

2　職印の届出に関し必要な事項は，別に
規程で定める。

（変更届）

第10条　司法書士会員は，第6条第2項第
1号又は第2号に掲げた事項に変更を生
じたときは，日本司法書士会連合会会則
（以下「連合会会則」という。）第45条第
1項に定めるところにより，連合会が定
める付録登第5号様式による登録事項変
更届出書を本会を経由して，連合会に提
出しなければならない。

2　本会は，司法書士会員から前項の変更
届を受け付けたときは，遅滞なく，連合
会に送付しなければならない。

3　第5条第3項第1号の法人会員は，定
款の変更をしたとき又は法人名簿の記載
事項に変更が生じたときは，2週間以内
に連合会の定める付録法第2号様式によ
る届出事項変更届2通を本会に提出しな
ければならない。

4　前項の届出には，定款の変更である場
合には定款の写しを，変更事項が登記事
項である場合には登記事項証明書を，そ
の他の場合にはそれを証する書面を，各
1通添付しなければならない。

5　第5条第3項第2号の法人会員は，法
人名簿の記載事項に変更が生じたときは，
連合会の定める付録法第3号様式による
届出事項変更届2通を本会に提出しなけ
ればならない。

6　第4項の規定は，前項の届出について
準用する。

7　本会は，法人会員から第3項又は第5
項の変更届の提出を受けたときは，うち
1通に第4項（前項で準用する場合を含
む。）の書面を添えて，遅滞なく連合会
に送付しなければならない。

（司法書士法人の解散届）

第11条　第5条第3項第1号の法人会員が
解散したとき（法第44条第1項第3号及
び第4号の事由による解散を除く。）は，
解散の日から2週間以内に連合会の定め

参考資料　司法書士会会則基準

る付録法第4号様式による解散届2通に，登記事項証明書1通を添えて，本会に提出しなければならない。

2　前項の規定は，第5条第3項第2号の法人会員が解散したとき（法第44条第1項第3号及び第4号の事由による解散を除く。）について準用する。この場合において，「付録法第4号様式」とあるのは，「付録法第5号様式」と読み替えるものとする。

3　本会は，法人会員から前2項の解散届の提出を受けたときは，うち1通に登記事項証明書を添えて，遅滞なく連合会に送付しなければならない。

（司法書士法人の合併届）

第12条　合併により新たな司法書士法人を設立したことにより入会した者は，合併の日から2週間以内に第7条又は第8条の入会届を本会に提出しなければならない。

2　第5条第3項第1号の法人会員は，他の司法書士法人を合併したときは，合併の日から2週間以内に連合会の定める付録法第6号様式による合併届2通に，次に掲げる書面各1通を添えて，本会に提出しなければならない。

⑴　登記事項証明書

⑵　定款の写し

3　第5条第3項第2号の法人会員は，他の司法書士法人を合併したときは，連合会の定める付録法第7号様式による合併届2通に前項第1号の書面1通を添えて，本会に提出しなければならない。

4　第1項の入会届又は前2項の合併届は，合併により解散した法人会員の退会届を兼ねるものとする。

5　本会は，法人会員から第2項又は第3項の合併届の提出を受けたときは，うち1通に第2項又は第3項の書面を添えて，遅滞なく連合会に送付しなければならな

い。

（司法書士会員の退会届）

第13条　司法書士会員は，本会を退会しようとするときは，本会にその者が署名し，職印を押印した連合会の定める第2号様式による退会届を提出しなければならない。

2　司法書士会員は，連合会会則第43条に定めるところにより変更の登録を申請するときは，連合会が定める付録登第4号様式による変更の登録申請届出書を本会に提出しなければならない。

（みなし退会）

第14条　司法書士会員は，別紙第1第2項第1号及び第3項第1号に定める定額会費を6月分滞納し，本会から一定期日を定めて納入すべき旨の催告を受けたにもかかわらず，その期日までに滞納会費を納入しないときは，その期日の翌日から会員である資格を失い，本会を退会したものとみなす。

2　別紙第1第2項第2号及び第3項第2号に定める事件数割会費については，本会が別紙第1第6項の定めるところにより精算し，不足額があるときは，司法書士会員に対し，一定期日を定めて納入を催告するものとする。この場合において，当該会員がその納入期日の翌日から4か月を経過してもこれを納入しないときは，4か月を経過した日の翌日から会員である資格を失い，本会を退会したものとみなす。

（法人会員の退会をした旨の届）

第15条　法人会員の清算人（清算人がいないときは，社員）は，清算が結了したときは，その登記後速やかに，第5条第3項第1号の法人会員については連合会の定める付録法第8号様式による清算結了届2通を，第5条第3項第2号の法人会員については連合会の定める付録法第9

309

号様式による清算結了届2通を本会に提出しなければならない。

2 前項の届出には，登記事項証明書を添付しなければならない。

3 法人会員は，破産手続開始の決定を受けたことにより退会したときは，速やかに，第5条第3項第1号の法人会員については連合会の定める付録法第4号様式による解散届2通に，第5条第3項第2号の法人会員については連合会の定める付録法第5号様式による解散届2通に，破産手続開始の決定を証する書面を添えて，本会に提出しなければならない。

4 第5条第3項第1号の法人会員が，本会の区域外に事務所を移転し本会の区域内に事務所を有しないこととなり，その旨の登記をしたときは，速やかに連合会の定める付録法第14号様式による退会届2通を提出しなければならない。

5 第5条第3項第2号の法人会員は，従たる事務所を本会の区域外に移転し，又は廃止し本会の区域内に事務所を有しないこととなり，その旨の登記をしたときは，速やかに連合会の定める付録法第15号様式による退会届2通を本会に提出しなければならない。

6 第2項の規定は，前3項の届出について準用する。

7 本会は，法人会員から第1項又は第3項から第5項までの届出の提出を受けたときは，うち1通に第2項の書面（前項で準用する場合を含む。）を添えて，遅滞なく連合会に送付しなければならない。

（司法書士会員の退会の効力発生時期）

第16条 第13条第1項の退会届を提出した司法書士会員は，登録の取消しの時に退会する。

2 退会届を提出した司法書士会員は，第24条の会員並びに第28条第1項，第39条及び第41条の司法書士会員に含まれないものとする。

（届出事務手数料）

第17条 法人会員が法第35条第2項，第44条第2項若しくは第45条第3項又は法人名簿の記載事項の変更の届出をするときは，別紙第2に定めるところにより事務手数料を納入しなければならない。

（通知）

第18条 本会は，次の各号の場合には，当該各号に掲げる書面を当該各号に掲げる支部に送付する。

(1) 入会があったとき 司法書士名簿又は法人名簿の写しを，その者が所属する支部に

(2) 司法書士会員の退会があったとき 連合会からの登録取消通知書の写し又は変更の登録通知書の写しを，その者が所属していた支部に

(3) 法人会員の退会があったとき 退会届の写しを，その者が所属していた支部に

(4) 会員名簿の記載事項に変更があったとき 変更届の写しを，その者が所属する支部に

2 本会は，入会届を提出した者が会員となったとき，又は第6条第1項の入会届が失効したときは，その者に対し，その旨を通知する。

（会員名簿）

第19条 本会に会員名簿を備える。

2 司法書士会員名簿は，連合会から送付を受けた司法書士名簿の副本を編綴して調製する。

3 法人会員名簿は，提出された法人名簿を編綴して調製する。

4 会員名簿に記載した事項に変更を生じたときは，会員名簿にその旨を記載するものとする。

5 司法書士会員が死亡し，退会したものとみなされ，又は登録の取消しを受けた

ときは，その者を司法書士会員名簿から
除くものとする。

6　法人会員が退会したときは，その者を
法人会員名簿から除くものとする。

（会員証及び司法書士徽章の交付）

第20条　本会は，入会した司法書士会員に，
会員証及び連合会の定める第3号様式に
よる司法書士徽章を交付しなければなら
ない。

2　会員証及び司法書士徽章の交付等につ
いては，別に規程で定める。

（会員証の返還）

第21条　司法書士会員は，退会届提出のと
きに会員証及び司法書士徽章を本会に返
還しなければならない。業務停止の処分
を受けたときも，同様とする。

2　司法書士会員は，変更の登録により本
会を退会したときは，変更の登録のとき
に会員証を本会に返還しなければならな
い。

3　法人会員が業務の全部停止又は解散の
処分を受けたときは，当該法人の社員は，
会員証及び司法書士徽章を返還しなけれ
ばならない。

（会員に対する通知等）

第22条　会員に対する通知，勧告又は書面
の送達は，次の各号の事務所に対して行
う。

(1)　司法書士会員に対しては，会員名簿
に記載された事務所。ただし，法人会
員の社員である司法書士会員又は法人
会員の使用人である司法書士会員に対
しては，法人名簿に記載された法人会
員の事務所

(2)　第5条第3項第1号の法人会員に対
しては，法人名簿に記載された主たる
事務所

(3)　第5条第3項第2号の法人会員に対
しては，法人名簿に記載された従たる
事務所

2　前項の通知，勧告又は書面の送達は，
通常到達すべき時に到達したものとみな
す。

第3節　入会金及び会費

（入会金）

第23条　本会に入会しようとする者は，第
6条第1項の入会届を提出するときに，
別紙第1第1項に定めるところにより，
入会金を納入しなければならない。ただ
し，その者が入会するに至らなかったと
きは，その者に入会金を返還しなければ
ならない。

2　本会に入会した法人会員は，第7条第
1項又は第8条第1項の入会届を提出す
るときに，別紙第1第1項に定めるとこ
ろにより，入会金を納入しなければなら
ない。

3　第14条の規定により退会した者が，再
び入会しようとするときは，入会金に滞
納会費額を加算して支払わなければなら
ない。ただし，その者が入会するに至ら
なかったときは，入会金を返還しなけれ
ばならない。

（会費）

第24条　会員は，別紙第1第2項及び第3
項に定めるところにより，会費を納入し
なければならない。ただし，清算中の法
人会員については，この限りでない。

（会費の延納，減免及び返還）

第25条　司法書士会員は，疾病，傷害その
他の事由により司法書士業務を執ること
に支障がある場合又は被災したことによ
り会費の納入が困難な場合には，会費の
延納，減額又は免除の申出をすることが
できる。

2　法人会員は，事務所等が被災したこと
により会費を納入することが困難な場合
には，その延納，減額又は免除の申出を
することができる。

3　前2項の対象となる会費の延納，減額

311

参考資料

又は免除の要件及び期間については，別に規則で定める。

4 会費の延納，減額又は免除の手続に関し必要な事項は，別に規程で定める。

5 本会は，司法書士会員が退会した場合において，過納の会費があるときは，当該司法書士会員であった者又はその遺族の請求により，その会費を返還しなければならない。

6 本会は，法人会員が退会した場合において過納の会費があるときは，当該法人会員の請求により，その会費を返還しなければならない。

第3章 会の機関

第1節 役員

（役員）

第26条 本会に，次の役員を置く。

(1) 会長 1人

(2) 副会長 ○人以上○人以内

(3) 理事 ○人以上○人以内

(4) 監事 ○人以内

（本会と役員との関係）

第26条の2 本会と役員との関係は，委任に関する規定に従う。

（役員の職務）

第27条 会長は，本会を代表し，会の業務を総理する。

2 副会長は，会長の定めるところにより，会長を補佐し，会長に事故があるときは，その職務を代理し，会長が欠員のときは，その職務を行う。

3 理事は，会長の定めるところにより，会長及び副会長を補佐し，会長及び副会長に事故があるときは，その職務を代理し，会長及び副会長が欠員のときは，その職務を行う。

4 監事は，本会の資産及び会計の状況を監査する。

5 監事に事故があるとき，又は監事が欠員のときは，あらかじめ総会の決議により定められた者がその職務を行う。

6 監事は，本会の他の役員を兼ねることができない。

（役員の選任）

第28条 役員は，司法書士会員のうちから，総会で選任する。

2 法人会員は，役員の選任に関し選挙権及び被選挙権を有しない。

3 役員の選任に関し必要な事項は，別に選挙規則で定める。

（役員の任期）

第29条 役員の任期は，就任後の第2回目の定時総会の終結の時までとする。ただし，再任されることができる。

2 補欠又は増員により選任された役員の任期は，他の役員の任期の残存期間と同一とする。

3 役員が，任期の満了又は辞任により退任した場合において，当該役員の定数を欠くに至ったときは，その役員は後任者が就職するまでその職務を行う。

（役員の退任）

第30条 役員は，退会したとき，法第47条第2号の処分を受けたとき，又は総会において解任の決議があったときは，退任する。

（役員手当）

第31条 役員には，役員手当を支給することができる。

2 役員手当の支給に関して必要な事項は，別に規則で定める。

（役員の守秘義務）

第32条 役員は，正当な事由がある場合でなければ，職務上知ることのできた秘密を他に漏らしてはならない。役員を退任した後も同様とする。

第2節 理事会

（理事会の組織及び招集）

第33条 理事会は，会長，副会長及び理事

（以下この節において「理事会の組織員」という。）で組織する。

2　理事会は，会長が招集する。

3　理事会を招集する場合には，会日から１週間前までに副会長及び理事に対してその通知を発しなければならない。ただし，緊急を要するときは，その期間を短縮することができる。

4　前項の通知には，会議の日時，場所及び会議の目的である事項を記載しなければならない。

5　理事会は，副会長及び理事全員の同意があるときは，招集の手続を経ないで開くことができる。

（理事会の決議）

第34条　本会の業務執行は，理事会の決するところによる。

2　理事会の議長は，会長とする。

3　理事会の決議は，理事会の組織員の過半数が出席し，その議決権の過半数で議決する。可否同数のときは，議長が決する。

4　理事会の決議について特別の利害の関係を有する者は，議決権を行使することができない。この場合の議決権の数は，前項の議決権の数に算入しない。

（書面による決議）

第35条　会長は，理事会の組織員の全員の同意があるときは，書面により議決を求めることができる。

2　前項の場合において，決議の目的である事項について，理事会の組織員の過半数が書面をもって同意を表したときは，理事会の決議があったものとみなす。

3　会長は，遅滞なく，決議の結果を副会長及び理事に通知しなければならない。

4　理事会に関する規定は，書面による決議について準用する。

（理事会の議決事項）

第36条　次に掲げる事項は，理事会の議決

を経なければならない。

(1)　事業計画に関する事項

(2)　総会に付議すべき事項

(3)　支部長会に付議すべき事項

(4)　支部長会の決議により審議を請求された事項

(5)　規程及び細則の制定及び改廃

(6)　会長から付託された事項

(7)　前各号に掲げるもののほか，本会の業務の執行に関する事項

（議事録）

第37条　理事会の議事については，議事録を作らなければならない。

2　議事録には，議事の経過の要領及びその結果を記載し，議長及び出席したその他の理事会の組織員のうち２人が署名，押印しなければならない。

第３節　総　会

（総会）

第38条　総会は，定時総会及び臨時総会の２種とする。

（総会の組織）

第39条　総会は，司法書士会員で組織する。

（総会の招集）

第40条　定時総会は毎会計年度終了後２月以内に，臨時総会は必要がある場合に随時，会長がこれを招集する。

2　総会を招集する場合には，会日から２週間前までに司法書士会員に対してその通知を発しなければならない。ただし，緊急を要するときは，その期間を短縮することができる。

3　前項の通知には，会議の日時，場所及び会議の目的である事項を記載しなければならない。

（総会の特別招集）

第41条　会長は，支部長会の決議により，又は司法書士会員の３分の１以上の者から，会議の目的である事項及び招集の理由を記載した書面を提出して総会招集の

請求があったときは，請求があった日から1か月以内の日を会日とする総会を招集しなければならない。

2　前項の請求があった日の翌日から3週間以内に会長が総会招集の通知を発しないときは，同項の請求者（支部長会の決議により請求する場合は，その議長）が総会を招集することができる。

（総会の議決事項）

第42条　次に掲げる事項は，総会の議決を経なければならない。

(1)　予算及び決算に関する事項

(2)　会則の制定及び変更に関する事項

(3)　規則の制定及び改廃に関する事項

(4)　重要な財産の取得，処分及び多額の債務の負担に関する事項

(5)　役員の選任及び解任に関する事項

(6)　綱紀調査委員及びその予備委員の選任及び解任に関する事項

(7)　理事会又は支部長会において総会に付議すべき旨議決した事項

(8)　総会において，審議することを相当と議決した事項

（議決の要件）

第43条　総会の決議は，この会則に別段の定めのある場合のほか，出席した司法書士会員の議決権の過半数で議決する。ただし，可否同数のときは，議長が決する。

2　司法書士会員は，他の司法書士会員を代理人として，議決権を行使することができる。この場合において，代理人は，代理権を証する書面を本会に提出しなければならない。

3　第34条第4項の規定は，総会の決議について特別の利害の関係を有する者の議決権について準用する。

（議決権）

第44条　司法書士会員は，1個の議決権を有する。

（特別決議の要件）

第45条　第42条第2号，第4号，第5号のうち役員の解任並びに第6号のうち綱紀調査委員及びその予備委員の解任に関する事項の決議は，司法書士会員の過半数が出席し，その議決権の過半数で議決する。

（議長）

第46条　総会の議長は，総会で選任する。

（議事録）

第47条　総会の議事については，議事録を作らなければならない。

2　議事録には，議事の経過の要領及びその結果を記載し，議長及び出席した司法書士会員1人が署名，押印しなければならない。

第4節　委員会

（綱紀調査委員会）

第48条　本会に綱紀調査委員会を置く。

2　綱紀調査委員会は，会員の綱紀保持に関する事項について職務を行う。

3　綱紀調査委員会は，綱紀調査委員（以下この節において「委員」という。）○人以上○人以内をもって組織する。

4　委員の任期は，就任後の第○回目の定時総会の終結の時までとする。

5　委員には，会員のほか，会員でない学識経験者のうちから1人又は2人以上を選任しなければならない。

6　会員である委員の選任は，別に定める選挙規則による。

7　会員でない委員は，総会において選任し，又は解任する。

8　会員である委員は，本会の役員を兼ねることができない。

9　会員である委員は，退会したとき，法第47条第1号若しくは第2号の処分を受けたとき又は総会において解任の決議があったときは退任する。

10　綱紀調査委員会に関し必要な事項は，別に規則で定める。

11 第29条第2項の規定は，委員について準用する。

12 第28条第2項の規定は，会員である委員の選任について準用する。

（綱紀調査委員会の予備委員）

第48条の2 本会は，綱紀調査委員会に会員でない学識経験者である1人又は2人以上の予備委員を置く。

2 会長は，会員でない委員に事故のあるとき又はその委員が欠けたときは，予備委員の中からその職務を行う者を指名する。

3 前条第4項，第7項及び第11項の規定は，予備委員について準用する。

（綱紀調査委員会の調査等）

第49条 何人も，本会に対し，会員の綱紀に関して適当な措置を講ずることを申し出ることができる。

2 会長は，次に掲げる事由が存するときは，綱紀調査委員会にその調査を付託しなければならない。

(1) 会員が法若しくは施行規則又は連合会会則若しくはこの会則に違反すると思料するとき，又は違反するおそれがあると認めるとき。

(2) 施行規則第42条第2項による調査の委嘱を受けたとき。

3 綱紀調査委員会は，前項の調査の結果を書面で会長に報告しなければならない。

4 綱紀調査委員会は，委員の過半数が，会員について第2項の調査をすることを相当と認めるときは，書面で会長に事由の説明を添えて意見を述べることができる。

（委員の職責）

第50条 委員は，その職務を行うには，会員の人権を尊重し，かつ，公正でなければならない。

2 委員（委員であった者を含む。）は，職務上知ることのできた秘密を他に漏らしてはならない。

（委員の除斥）

第51条 委員は，次に掲げる事由が存するときは，その職務から除斥される。

(1) 第49条第2項の調査（以下この節において「調査」という。）の対象となった会員と使用関係にあるとき。

(2) 調査の対象となった会員と親族であるとき又はあったとき。

(3) 調査の対象となった会員の成年後見人，成年後見監督人，保佐人，保佐監督人，補助人又は補助監督人であるとき。

(4) 調査の対象となった会員が当該委員の成年後見人，成年後見監督人，保佐人，保佐監督人，補助人又は補助監督人であるとき。

2 会員である委員は，前項のほか，次に掲げる事由が存するときは，その職務から除斥される。

(1) 調査の対象となったとき。

(2) 調査の対象となった法人会員の社員又は使用人であるとき。

（委員の忌避及び回避）

第51条の2 調査の対象となった会員は，委員について調査の公正を妨げるべき事情があるときは，綱紀調査委員会に対し，その事情を明らかにして，当該委員の忌避を申し立てることができる。

2 委員は，自己に前項の事情があると思料するときは，綱紀調査委員会の許可を得て，その事案について職務の執行を回避することができる。

（除斥又は忌避の決議）

第51条の3 綱紀調査委員会は，委員に除斥の事由又は忌避の事情があると認めるときは，除斥又は忌避の決議をする。

2 前項の場合において，当該委員は決議に関与することができない。

3 除斥又は忌避の決議に対しては，不服

参考資料

を申し立てることができない。

（会員の調査受忍義務）

第52条　会員は，正当な事由がなければ，綱紀調査委員会の調査及び参考人としての事情聴取を拒んではならない。

（その他の委員会）

第53条　本会は，必要がある場合には，理事会の決するところにより，特定の事項を行うため，特別委員会を設けることができる。

2　前項の特別委員会につき必要な事項は，理事会で定める。

第5節　業務分掌

（業務の分掌）

第54条　本会に，その業務を分掌させるため，次に掲げる部を置く。

(1)　総務部

(2)　経理部

(3)　企画部

(4)　相談事業部

2　前項各号の組織は，理事会で定める。

（総務部）

第55条　総務部においては，次に掲げる事務をつかさどる。

(1)　会員の品位の保持のための指導及び連絡に関する事項

(2)　会員の執務の指導及び連絡に関する事項

(3)　会長印その他の会印の管守に関する事項

(4)　文書の接受，発送及び保守に関する事項

(5)　会員の入会及び退会その他人事に関する事項

(6)　福利厚生に関する事項

(7)　公共嘱託登記の受託推進及び公共嘱託登記司法書士協会への助言に関する事項

(8)　連合会の委託を受けて行う司法書士の登録等の事務に関する事項

(9)　司法書士法人の届出の事務に関する事項

(10)　会員の業務に関する紛議の調停に関する事項

(11)　業務賠償責任保険及び会業務賠償責任保険に関する事項

(12)　その他他の部の所掌に属さない事項

（経理部）

第56条　経理部においては，次に掲げる事務をつかさどる。

(1)　入会金及び会費の徴収に関する事項

(2)　予算及び決算に関する事項

(3)　金銭及び物品の出納に関する事項

(4)　資産の管理に関する事項

(5)　業務関係図書及び物品の購入のあっせん及び頒布に関する事項

（企画部）

第57条　企画部においては，次に掲げる事務をつかさどる。

(1)　業務の改善に関する企画及び立案に関する事項

(2)　業務関係法規その他業務に関する調査統計及び研究に関する事項

(3)　講演会及び講習会等の開催に関する事項

(4)　広報活動に関する事項

(5)　研修に関する事項

(6)　本会及び会員に関する情報の公開に関する事項

2　前項第6号において公開する情報は，別に規則で定める。

（相談事業部）

第57条の2　相談事業部においては，次に掲げる事務をつかさどる。

(1)　相談事業に関する事項

(2)　裁判外紛争解決手続の実施に関する事項

(3)　その他司法書士が提供する法的サービスの拡充に関する事項

(4)　前3号に関する情報の管理等に関す

る事項

（事務員）

第58条　本会に，その事務を処理するため必要な有給の事務員を置くことができる。

第4章　資産及び会計

（会計年度）

第59条　本会の会計年度は，毎年4月1日に始まり，翌年3月31日に終わる。

（経費）

第60条　本会の経費は，次に掲げるものをもって充てる。

(1)　会費

(2)　入会金

(3)　登録事務交付金

(4)　法人会員届出事務手数料

(5)　寄附金

(6)　その他の雑収入

（予算）

第61条　会長は，毎会計年度の予算案を作成し，定時総会の議決を経なければならない。

2　会長は，予算が成立しない期間においては，通常の業務を執行するために必要な経費に限り支出することができる。

（予算外支出）

第62条　会長は，支出予算については，各款，項に定める目的のほかにこれを使用してはならない。ただし，予算の執行上の必要により，あらかじめ総会の議決を経た場合又は理事会の議決を経た場合は，この限りでない。

2　会長は，前項ただし書後段の規定により支出をしたときは，その後に開かれる最初の総会の承認を得なければならない。

（財務諸表）

第63条　会長は，毎会計年度末現在において公益法人会計基準に基づく計算書類を作成しなければならない。

（収支計算書）

第64条　会長は，前条の計算書類を，監事に提出しなければならない。

2　監事は，前項の計算書類を監査し，その結果についての意見をこれに付記しなければならない。

3　会長は，定時総会に前項の計算書類を提出しなければならない。

（資産の管理）

第65条　本会の資産は，会長が管理する。

（財産の請求制限）

第66条　会員は，退会した場合において，本会に対しこの会則に別段の定めのある場合を除き，財産上の請求をすることができない。

第5章　支部及び支部長会

第1節　支　部

（支部）

第67条　本会は，会員の業務の改善及び本会と会員との連絡調整を図るため，支部を設ける。

2　会長は，支部の名称及び区域を定める。

3　前項の区域内に事務所を有する会員は，当該支部に所属するものとする。

（支部長の報告義務）

第68条　支部長は，支部会員が法若しくは施行規則又は連合会会則若しくはこの会則に違反するおそれがあると思料するときは，その旨を会長に報告しなければならない。

2　支部長は，支部の毎会計年度終了後2月以内に，支部の事務費に関する決算報告書を会長に提出しなければならない。

（支部規則）

第69条　この会則に別段の定めのある場合を除き，必要な事項は，別に支部規則で定める。

2　前項の支部規則を定め，又はこれを変更するには，会長の承認を受けなければならない。

参考資料

（支部の役員）

第70条 支部に，支部長１人，副支部長○人及び支部規則に定めるその他の役員を置く。

2 支部長は，支部を代表し，副支部長は，支部長を補佐し，支部長に事故があるとき又は欠員のときは，その職務を代理し，又は代行する。

3 支部の役員は，支部の総会で選任する。

4 支部長及び副支部長は，本会の役員を兼ねることができない。

5 支部の役員の任期は，就任後の本会の第○回目の定時総会の終結の時までとする。ただし，再任されることができる。

6 第28条第２項，第29条第２項及び第３項，第30条並びに第32条の規定は，支部の役員について準用する。

第２節 支部長会

（支部長会）

第71条 支部長会は，支部長で組織する。

2 次に掲げる事項は，支部長会の議決を経なければならない。

(1) 理事会に請求すべき事項

(2) 総会若しくは理事会の決議により又は会長から付託された事項

(3) その他本会の適正円滑な運営を図るために必要な事項

3 支部長会は，会長に本会の運営に関して建議することができる。

（支部長会の議長及び副議長）

第72条 支部長会に，議長及び副議長各１人を置く。

2 議長及び副議長は，支部長が互選し，その任期は，就任後の本会の第○回目の定時総会の終結の時までとする。

3 議長は，支部長会を代表し，副議長は，議長を補佐し，議長に事故あるときは，その職務を代理する。

4 議長及び副議長は，支部長の資格を喪失したとき，退任する。

（招集及び決議）

第73条 支部長会は，会長又は議長が招集する。

2 支部長会の決議は，支部長の過半数が出席し，その議決権の過半数で議決する。

3 支部長は，１個の議決権を有する。

（書面による決議）

第74条 支部長会を招集しようとする者は，緊急を要する事項について，書面による決議を求めることができる。

2 前項の場合において，支部長の３分の２以上が当該事項について，書面による同意を表したときは，支部長会の決議があったものとみなす。

3 前項の決議があったときは，その議決を求めた者は，遅滞なく，決議の結果を支部長に通知しなければならない。

（本会の役員の出席）

第75条 本会の役員は，支部長会に出席して意見を述べることができる。

（準用規定）

第76条 第34条第４項，第40条第２項及び第３項並びに第47条の規定は，支部長会について準用する。

第６章 研 修

（研修の実施）

第77条 本会は，倫理，実務等に関する研修を開催しなければならない。

2 本会が実施する研修について必要な事項は，別に規則で定める。

（資質の向上）

第78条 司法書士会員は，本会及び連合会会則第89条のブロック会並びに連合会が実施する研修を受け，その資質の向上を図るように努めなければならない。

第７章 業務賠償責任保険

（業務賠償責任保険）

第78条の２ 本会は，次の方法のいずれか

318

参考資料　司法書士会会則基準

により，会員の全てが業務賠償責任保険
の被保険者となる措置をとる。
(1)　本会が保険会社と契約する方法
(2)　他の司法書士会と共同して保険会社
　と契約する方法
(3)　連合会に保険契約を委託する方法
（会業務賠償責任保険）
第78条の3　本会は，連合会が加入する会
業務賠償責任保険の被保険者となる。
（事故処理委員会）
第78条の4　本会は，前2条に定める保険
の事故処理の適正かつ円滑な運用を図る
ため，事故処理委員会を置く。

（通知等）
第78条の5　本会は，次の各号のいずれか
に該当する場合には，連合会に報告する
とともに，第78条の2第1号又は第2号
に定める保険契約をした保険会社に通知
し，保険契約の変更手続を行い，又は変
更手続を委託する。
(1)　会員の入会があったとき。
(2)　会員の退会があったとき。
(3)　入会が失効したとき。
(4)　会員が法第47条第2号の処分又は法
　第48条第1項第2号の処分を受けたと
　き。
(5)　その他必要なとき。

（会員の報告義務）
第78条の6　会員は，保険金の請求を行う
おそれのある事故が発生した場合は，本
会及び保険会社に速やかに報告しなけれ
ばならない。
2　前項の報告を怠ったことによる責任は，
当該会員が負わなければならない。

（会員の協力）
第78条の7　保険金の請求者である会員
は，事故処理委員会が行う調査に協力し
なければならない。
2　会員は，前項の会員の復代理人であっ
たときその他事故に関係するときは，前

項の調査に協力するよう努めなければな
らない。
（中央事故処理審査会との関係）
第78条の8　事故処理委員会は，他の司法
書士会の事故処理委員会及び連合会の中
央事故処理審査会と連携して，その業務
を行うものとする。
（規程への委任）
第78条の9　業務賠償責任保険に関し必要
な事項は，別に規程で定める。

第8章　品位保持

（品位の保持等）
第79条　司法書士会員は，法律学その他必
要な学術の研究及び実務の研鑽に努める
とともに，たえず人格の向上を図り，司
法書士としての品位を保持しなければな
らない。
2　会員は，公正かつ誠実にその業務を行
わなければならない。
（非司法書士との提携禁止）
第80条　会員は，司法書士会に入会してい
る司法書士又は司法書士法人でない者
（以下この条において「非司法書士」と
いう。）に，自己の名義を貸与する等，
非司法書士が司法書士の業務を取り扱う
ことに協力し，又は援助してはならない。
2　会員は，非司法書士から事件のあっせ
んを受けてはならない。ただし，法令の
規定により事件のあっせんを行うことが
できない者以外の者から，事件のあっせ
んを受けるときは，この限りでない。
（違法行為の助長の禁止）
第81条　会員は，詐欺的行為，暴力その他
これに類する違法又は不正な行為を助長
し，又はこれらの行為を利用してはなら
ない。
（利益享受等の禁止）
第82条　会員は，取り扱っている事件に関
して，相手方から利益を受け，又はこれ

319

参考資料

を要求し，若しくは約束してはならない。

（依頼を受けることのできない業務）

第83条　司法書士会員の使用人である司法
　書士会員は，次に掲げる事件を受任する
　ことができない。
　(1)　使用者である司法書士会員が，相手
　　方の依頼を受けて受任した事件に関す
　　る裁判書類作成関係業務及び簡裁訴訟
　　代理等関係業務
　(2)　使用者である司法書士会員が，相手
　　方の協議を受けて賛助し，又はその依
　　頼を承諾した事件に関する簡裁訴訟代
　　理等関係業務
　(3)　使用者である司法書士会員が，相手
　　方の協議を受けた事件で，その協議の
　　程度及び方法が信頼関係に基づくもの
　　と認められる簡裁訴訟代理等関係業務
　2　司法書士会員の使用人であった司法書
　士会員は，使用人として業務に従事して
　いた期間内に，使用する司法書士が受任
　し，自らが関与した前項各号の事件につ
　いて，受任することができない。

（係争目的物の譲受）

第84条　会員は，受任している事件につい
　て係争の目的物を譲り受けてはならない。

（不当誘致行為の禁止）

第85条　会員は，不当な金品の提供又は供
　応等の不当な手段により依頼を誘致して
　はならない。

（広告）

第86条　会員は，虚偽若しくは誇大な広告
　又は品位を欠く広告をしてはならない。

第9章　執務通則

（依頼事件の処理）

第87条　会員は，特別の理由がない限り，
　依頼の順序に従い，速やかに業務を取り
　扱わなければならない。

（書類の作成）

第88条　会員は，法令又は依頼の趣旨に沿

わない書類を作成してはならない。

（報酬の明示）

第89条　会員は，依頼者に対し，その報酬
　の金額又は算定方法を事務所の見易い場
　所に掲示する等により，明らかにしなけ
　ればならない。

（領収証）

第90条　会員は，依頼者から支払を受けた
　ときは，報酬額とその他の費用を明確に
　区分した領収証正副2通を作成し，正本
　は，これに記名し，職印を押して当該依
　頼者に交付しなければならない。
　2　前項の領収証は，電磁的記録をもって
　作成及び保存することができる。
　3　第1項の副本又は前項の電磁的記録は，
　作成の日から3年間保存しなければなら
　ない。

（預り金の取扱い）

第90条の2　会員は，依頼者から預り，又
　は依頼者のために預かった金銭について
　は，自己の金銭と明確に区別し得る方法
　で保管し，かつ，その保管の記録を作成
　し，これを管理しなければならない。
　2　前項の記録は，電磁的記録により行う
　ことができる。
　3　預り金の取扱いに関し必要な事項は，
　別に規則で定める。

（事件簿）

第91条　会員は，連合会の定める様式によ
　り事件簿を調製しなければならない。
　2　前項の事件簿は，電磁的記録により記
　録することができる。

（依頼者等の本人確認等）

第91条の2　会員は，業務（相談業務を除
　く。）を行うに際し，依頼者及びその代
　理人等の本人であることの確認並びに依
　頼の内容及び意思の確認を行い，本人で
　あることの確認及び依頼された事務の内
　容に関する記録を書面又は電磁的記録に
　より作成しなければならない。

320

参考資料　司法書士会会則基準

2　前項の記録は，事件の終了時から10年間保存しなければならない。

3　前2項について必要な事項は，理事会において定める。

（契約書の作成）

第92条　会員は，依頼者とその業務に関する委任契約を締結するときは，契約書を作成するよう努めなければならない。

（業務報告）

第93条　会員は，毎年1月末日までに，連合会が定める第4号様式により，前年に業務を行った事件の件数を記載した業務報告書を会長に提出しなければならない。

2　業務報告書に記載する件数は，事件簿に基づき記載しなければならない。

3　業務報告書の記載について必要な事項は，別に規程で定める。

（特定事件報告等）

第93条の2　会員は，毎年1月末日までに，連合会が定める第5号様式により，前年に関与した事件について，次に掲げる事項に関する特定事件報告書を会長に提出しなければならない。

(1)　依頼を受けた事件への対応に関する事項

(2)　犯罪による収益の移転防止に関する法律（平成19年法律第22号。以下「犯収法」という。）に定める司法書士の義務に関する事項

2　会員は，犯収法別表（第4条関係）に規定する特定受任行為の代理等の依頼を受けた後に，当該依頼が犯罪による収益の移転を目的とするものその他これに準ずるものとして規則で定めるものと認めて辞任した場合であって，法第24条の規定により漏らしてはならないこととされる事項に該当せず，かつ，依頼者との信頼関係を害するおそれがないと認めるときは，連合会が定める第6号様式により，次に掲げる事項に関する特別事件報告書を会長に提出しなければならない。

(1)　特定受任行為の代理等の内容

(2)　辞任に至った事由

（司法書士会員の表示）

第94条　司法書士会員は，その事務所に司法書士事務所である旨及びその事務所を事務所所在地とする司法書士の氏名を表示しなければならない。

2　司法書士会員は，その申請により事務所の名称を司法書士名簿に記載したときは，前項に定める表示のほか，その名称を事務所に表示しなければならない。

3　司法書士会員は，業務の停止の処分を受けたときは，その停止期間中その表札を撤去する等，司法書士事務所であることについての表示を止めなければならない。

（法人会員の表示）

第95条　法人会員は，その名称及びその事務所を事務所の所在地とする司法書士会員の氏名をその事務所に表示しなければならない。

2　本会の区域内に従たる事務所を有する法人会員は，従たる事務所につき前項に掲げる事項のほか，主たる事務所の所在地を表示しなければならない。

3　前条第3項の規定は，法人会員が業務の全部の停止の処分を受けたときについて準用する。法人会員の一部の事務所が業務の全部の停止の処分を受けたときも，当該事務所について同様とする。

（名称の制限）

第96条　司法書士会員又は第5条第3項第1号の法人会員は，本会の区域内で既に司法書士名簿に記載されている司法書士会員の事務所の名称又は法人会員の名称と同一の名称を使用してはならない。ただし，次に掲げる場合については，この限りでない。

(1)　司法書士会員が，その氏又は氏名

321

参考資料

（連合会会則第37条第3項の規定により併記を受けた職務上の氏名の氏又は氏名を含む。）を使用する場合

(2) 法人会員が，社員の氏又は氏名（連合会会則第37条第3項の規定により併記を受けた職務上の氏名の氏又は氏名を含む。）を使用する場合

(3) 司法書士会員が，現に司法書士名簿に記載されている名称を当該司法書士会員が社員となって設立する司法書士法人の名称として使用する場合

（会員証の携行及び司法書士徽章の着用義務）

第97条 司法書士会員は，業務を行うときは，会員証を携行し，かつ，司法書士徽章を着用しなければならない。

（会則等の遵守義務）

第98条 会員は，連合会並びに本会の会則，規則，支部規則及び総会の決議を守らなければならない。

（届出）

第99条 会員は，法又は施行規則の規定に基づき法務局又は地方法務局の長に書面を提出するには，本会を経由しなければならない。

第10章 補助者

（補助者に関する届出）

第100条 会員は，補助者を置いたとき又は置かなくなったときは，遅滞なく本会の定める様式により届け出なければならない。

2 本会に，前項の届出を編綴した補助者名簿を備える。

3 会員は，補助者名簿の記載事項に変更が生じたときは，本会の定める様式により届け出なければならない。

4 本会は，第1項又は前項の届出があったときは，その旨を○○法務局の長に通知しなければならない。

（補助者等の使用責任）

第101条 会員は，その補助者に業務を補助させる場合には，その指導及び監督を厳正にするよう注意しなければならない。

2 会員は，正当な事由がある場合でなければ，会員が業務上取り扱った事件について知ることのできた秘密を，補助者若しくは使用人又は他の従業員が他に漏らさないよう，指導しなければならない。

3 会員は，前2項の注意義務を怠ったため，補助者が依頼者に損害を与えたときには，その責めを負わなければならない。

4 会員は，本会等が行う補助者研修会に，補助者を出席させるように努めなければならない。

第11章 会の指導，調査及び注意勧告

（会員に対する指導及び調査）

第102条 会長は，司法書士業務の適正な運営を図るために必要があるときは，会員から報告を求め，その会員に必要な指示又は指導をすることができる。

2 会員は，前項の指示又は指導に従わなければならない。

3 会長は，必要があると認めたときは，会員の業務を調査することができる。

4 会員は，正当な事由がなければ前項の調査を拒んではならない。

（注意勧告）

第103条 本会は，会員が法若しくは施行規則又は連合会会則若しくはこの会則に違反するおそれがあると認めるときは，綱紀調査委員会の調査を経て，当該会員に対して注意を促し，又は必要な措置を講ずべきことを勧告することができる。

2 会員は，前項の注意又は勧告に従わなければならない。

3 第1項の注意又は勧告に必要な事項は，別に規則で定める。

（再調査の申立て）

322

第104条 前条第1項の規定により，注意又は勧告を受けた会員は，その注意又は勧告に不服があるときは，注意又は勧告を受けた日の翌日から30日以内に，理由を付した書面をもって，本会に対して再調査の申立てをすることができる。

2 本会は，前項の再調査の申立てがあったときは，理事会で調査の上，必要な措置を講ずるものとする。

3 本会は，前項の措置に関し，連合会の意見を聴くことができる。

（資料及び業務執行状況の調査）

第105条 本会は，法第60条若しくは施行規則第42条第3項の規定により法務大臣に報告するために必要があるとき又は法第61条に規定する注意若しくは勧告に必要があるときは，会員の保存する事件簿その他の関係資料又は執務状況を調査することができる。

2 第102条第4項の規定は，前項の調査について準用する。

（準用規定）

第106条 前条の規定は，第49条第2項及び第104条第2項の調査について準用する。

（法務大臣への報告）

第106条の2 本会は，施行規則第42条第2項の規定による調査の結果が法又は施行規則に違反する事実がある旨の報告をする場合には，法務大臣への報告に，懲戒処分として相当と思料する量定に関する意見又は懲戒処分不相当とする意見を付すものとする。

2 前項の規定は，本会が法第60条の規定により法務大臣に報告する場合において，その報告が綱紀調査委員会の調査を経たものであるときについて準用する。

3 本会は，前2項の報告をする場合には，懲戒処分として相当と思料する量定に関する意見又は懲戒処分不相当とする意見

の妥当性について，連合会に意見を求めなければならない。

4 本会は，第1項及び第2項の報告に，前項の規定による連合会の意見を付すものとする。

5 第1項又は第2項の意見について必要な事項は，別に規則で定める。

（他の司法書士会への通知等）

第106条の3 本会は，綱紀調査委員会の調査の対象である会員が，法第60条若しくは施行規則第42条第3項の規定に基づく法務大臣への報告又は法第61条の規定に基づく注意若しくは勧告をする前に事務所を移転したことにより本会を退会したときは，移転により所属することとなった司法書士会に綱紀調査委員会の調査の対象である旨を通知するとともにその調査の記録を提供しなければならない。

2 前項の規定は，第5条第3項第2号の法人会員がその事務所を廃止したことにより本会を退会したときについて準用する。この場合において，「移転により所属することとなった司法書士会」とあるのは「主たる事務所が所属する司法書士会」と読み替えるものとする。

（公共嘱託登記司法書士協会に対する助言）

第107条 本会は，本会の会員が社員である公共嘱託登記司法書士協会に対し，その運営に関し必要な助言をすることができる。

第12章 紛議の調停

（紛議の調停）

第108条 本会は，会員の業務に関する紛議について，会員又は当事者その他の関係人の請求により，調停を行うため，紛議調停委員会を置く。

2 紛議の調停に必要な事項は，別に規則で定める。

（会員の出頭義務）

参考資料

第109条 会員は，やむを得ない事由がある場合を除き，紛議調停期日に出頭しなければならない。

第13章　表彰及び慶弔

（会員の表彰及び慶弔）

第110条 会長は，理事会に諮り，本会の向上発展に特に功績があった会員を表彰することができる。

2 会長は，慶弔規程を別に定めることができる。

第14章　司法書士の登録に関する事務

（司法書士の登録等の事務）

第111条 本会は，司法書士の登録に関し，連合会会則第53条において定める事務を行う。

2 本会は，司法書士会員の登録又は変更の登録の申請書を受け付けたときは，当該登録等の申請者が入会の手続をとった旨及びその他必要な意見を付して連合会に送付するものとする。

3 会長は，前項の規定に関し必要がある場合は，次条の登録調査委員会に調査をさせることができる。

4 会長は，登録等又は登録の取消しについて登録調査委員会に調査させたときは，その報告に基づき，調査の結果を連合会に報告しなければならない。

（登録調査委員会）

第112条 本会に，登録調査委員会を置く。

2 登録調査委員会は，登録又は変更の登録を申請した者の登録等に関し，必要な調査を行う。

3 登録調査委員会は，前項に定めるもののほか，連合会から本会が委託を受けた登録取消事由の事実の有無に関し，必要な調査を行う。

4 登録調査委員会は，委員〇人をもって組織する。

5 委員は，司法書士会員のうちから，理事会に諮り，会長が委嘱する。

6 登録調査委員会は，委員長が招集する。

7 委員の任期は，就任後の第〇回目の定時総会の終結の時までとする。ただし，再任されることができる。

8 委員は，委員長及び副委員長各1人を互選する。

9 委員長に事故があるときは，副委員長がその職務を代理し，副委員長に事故があるときは，委員の互選により委員長の職務を代理する者を定める。

10 第29条第2項及び第3項，第30条並びに第50条から第51条の3までの規定は登録調査委員会の委員に，第49条第3項の規定は登録調査委員会に，第52条の規定は登録調査委員会の調査について準用する。この場合において，第50条から第51条の3までの規定中「委員」とあるのは「登録調査委員会の委員」と，第50条から第51条の2まで及び第52条中「会員」とあるのは，登録の申請の場合は「登録の申請をした者」と，変更の登録の申請の場合は「変更の登録を申請した者」と，第51条中「第49条第2項の調査」とあるのは「登録調査委員会の調査」と，それぞれ読み替えるものとする。

（連合会への報告）

第113条 本会は，司法書士会員が法第15条第1項各号のいずれかに，又は法第16条第1項各号のいずれかに該当したとき，又は該当すると思料したときは，書面により，連合会にその旨を報告するものとする。

2 本会は，法第61条の規定により，会員に対し，注意を促し，又は勧告をしたときは，書面により，連合会にその旨及びその事由を報告するものとする。

3 本会は，司法書士会員が法第47条第1号若しくは第2号の処分を受けたとき，

324

又は法人会員が法第48条第1項第1号若しくは第2号の処分を受けたときは，書面により，連合会にその旨を報告するものとする。

4　本会は，司法書士会員が第14条の規定により本会を退会したものとみなしたときは，書面により，連合会にその旨を報告するものとする。

第15章　補　則

（連合会の代議員）

第114条　連合会会則第19条第1項の代議員は，司法書士会員のうちから総会で選出する。

2　第28条第2項，第29条及び第30条の規定は，前項の代議員について準用する。

（名誉会長，顧問及び相談役）

第115条　本会に，名誉会長，顧問及び相談役を置くことができる。

2　名誉会長は，会長が，総会の承認を得て委嘱する。

3　顧問及び相談役は，会長が，理事会の承認を得て委嘱する。

4　名誉会長，顧問及び相談役の任期は，会長の任期と同一とする。ただし，会長が任期の中途において退任したときは，そのときに退任するものとする。

（清算人の選任の申立て）

第116条　法人会員が，法第44条第1項第6号又は第7号に掲げる事由により解散した場合において，必要があるときは，本会は，裁判所に清算人選任の申立てをすることができる。

（規程及び細則への委任）

第117条　この会則の施行に必要な規程及び細則は，理事会の承認を経て，会長が定める。

　　附　　則
（施行期日）

1　この会則は，司法書士法及び土地家屋調査士法の一部を改正する法律（平成14年法律第33号）の施行の日から施行する。
　　附　　則
（施行期日）（中略）
（略）
　　附　　則（令和6年1月11日　日司連理事会承認）
　この会則の変更は，認可の日から効力を生ずる。

別紙第1（第14条，第23条，第24条関係）

入会金及び会費

（入会金）

1　入会金は，次に掲げる額とする。
(1)　司法書士会員　○円
(2)　第5条第3項第1号の法人会員　○円
(3)　第5条第3項第2号の法人会員　○円

（会費）

2　会費の金額は，次のとおりとする。
(1)　定額会費は，1月当たり次の金額とする。
ア　司法書士会員　○円
イ　法人会員
　主たる事務所につき　○円
　従たる事務所1か所につき　○円
(2)　事件数割会費は，前年の1月から12月までの1年間に依頼を受けた登記，供託及び裁判事務の事件数に○円を乗じた額とする。

（特別会計の会費）

3　特別会計の会費の金額は，次のとおりとする。
(1)　定額会費は，1月当たり○円とする。
(2)　事件数割会費は，前年の1月から12月までの1年間に依頼を受けた登記，供託及び裁判事務の事件数に○円を乗じた額とする。

参考資料

（定額会費の納入）

4　第２項第１号及び前項第１号の定額会費は，次に掲げる各号のとおり納入しなければならない。

(1)　入会した会員は，入会した日が属する月の翌月から納入する。

(2)　退会した会員（次号の法人会員を除く。）は，退会した日が属する月まで納入する。

(3)　解散した法人会員は，解散した日が属する月まで納入する。

(4)　継続した法人会員は，継続した日が属する月の翌月から納入する。

（事件数割会費の納入）

5　第２項第２号及び第３項第２号の事件数割会費は，別に定める○○規程に基づき，現金若しくは証紙又は印紙貼用台紙で納入しなければならない。

（事件数割会費の精算）

6　第２項第２号及び第３項第２号の事件数割会費は，次に定めるところにより精算する。

(1)　本会は，毎年12月31日を基準日と定めて，会員が基準日までに配付を受けた証紙又は印紙貼用台紙の数（前年繰越分を含む。）とその会員が１月から12月までの１年間に依頼を受けた登記，供託及び裁判事務の事件数とを比較して，翌年３月31日までに事件数割会費の過不足を計算する。

(2)　過不足の計算の結果，基準日現在で不足額がある場合には，前項の規定にかかわらず，会員は，この額を現金で一括して納入しなければならない。

(3)　基準日現在で会員が保有する証紙又は印紙貼用台紙は，翌年に繰り越して使用することができる。

（納入期限）

7　会費の納入期限は，次のとおりとする。

(注)　各司法書士会における現行の会則

の規定をここに移行する。

　　　ただし，会則に定めがなく規則等で定められている場合には，会則記載事項として定める。

別紙第２（第17条関係）　法人会員届出事務手数料

（届出手数料）

1　法人会員届出事務手数料は，連合会会則第63条第１項の事務手数料を含み，次のとおりとする。ただし，住居表示の実施若しくは変更又は行政区画等若しくはその名称の変更（その変更に伴う地番の変更を含む。）又は本会が認めた場合の届出事項の変更については，法人会員届出事務手数料の納付を要しないものとする。

(1)　入会届（成立）　25,000円

(2)　同（主たる事務所移転）　10,000円

(3)　同（従たる事務所の移転又は設置）　2,000円

(4)　届出事項変更届（他の司法書士会の区域内からの主たる事務所移転）　　円

(5)　同（前号を除く。）　　　円

(6)　解散届　　　円

(7)　合併届　　　円

(8)　清算結了届　　　円

（連合会届出事務手数料の送付）

2　本会は，毎月末日に連合会に代わって徴収した当月の連合会の届出手数料を連合会に送金する。

執筆者一覧

日本司法書士会連合会
司法書士執務調査室―倫理部会

小笠原　祥（岩手県司法書士会）

塩見　栄介（兵庫県司法書士会）

嶋根　琢磨（埼玉司法書士会）

小司　隆信（岐阜県司法書士会）

内藤　卓（京都司法書士会）

永田　功（大阪司法書士会）

中西　健（香川県司法書士会）

半田　久之（東京司法書士会）

平岡　佳代（茨城司法書士会）

（五十音順）

司法書士行為規範に関する実務
―注釈と事例による解説―

2024年9月5日　初版発行

編　者　　日本司法書士会連合会
発行者　　和　田　　裕

発行所　日本加除出版株式会社
本　社　〒171-8516
　　　　東京都豊島区南長崎3丁目16番6号

組版 ㈱郁文　　印刷 ㈱精興社　　製本 藤田製本㈱

定価はカバー等に表示してあります。
落丁本・乱丁本は当社にてお取替えいたします。
お問合せの他、ご意見・感想等がございましたら、下記まで
お知らせください。

〒171-8516
東京都豊島区南長崎3丁目16番6号
日本加除出版株式会社　営業企画課
電話　03-3953-5642
FAX　03-3953-2061
e-mail　toiawase@kajo.co.jp
URL　www.kajo.co.jp

Ⓒ 日本司法書士会連合会 2024
Printed in Japan
ISBN978-4-8178-4968-7

┌──────────────────────────────────────┐
│ JCOPY 〈出版者著作権管理機構 委託出版物〉   │
│ 本書を無断で複写複製（電子化を含む）することは、著作権法上の例外を除 │
│ き、禁じられています。複写される場合は、そのつど事前に出版者著作権管理 │
│ 機構（JCOPY）の許諾を得てください。   │
│ 　また本書を代行業者等の第三者に依頼してスキャンやデジタル化することは、 │
│ たとえ個人や家庭内での利用であっても一切認められておりません。   │
│   │
│ 　〈JCOPY〉　HP：https://www.jcopy.or.jp，e-mail：info@jcopy.or.jp │
│ 　　　　　　電話：03-5244-5088，FAX：03-5244-5089   │
└──────────────────────────────────────┘

司法書士 簡裁訴訟代理等関係業務の手引
令和5年版

商品番号：40246
略　号：5簡代

日本司法書士会連合会　編

2022年11月刊　A5判　376頁　定価4,180円(本体3,800円)
978-4-8178-4836-9

- 認定考査から実務まで必要不可欠な業務手引書、6年ぶりの改訂版。
- 簡裁訴訟代理等関係業務について、訴額の算定事例、簡裁代理権Q&Aなど、「確実に押さえておきたい業務のポイント」を凝縮。各種関係書類のひな形、関係法令、手数料額早見表など、役立つ資料を収録。

任意後見と民事信託を中心とした財産管理業務対応の手引き
各制度の横断的なポイント整理とケース・スタディ

商品番号：40939
略　号：任財

日本司法書士会連合会
民事信託等財産管理業務対策部　編

2023年3月刊　A5判　288頁　定価3,960円(本体3,600円)
978-4-8178-4864-2

- 司法書士業務の選択肢や幅を増やせる手引書。財産管理業務領域のトッププランナーらが実務に役立つ知識を執筆。各制度の組み合わせの参考となる、「各制度を選択するためのフローチャート」や「各制度の特徴（比較一覧表）」も収録。各制度の特徴やメリット・デメリットを網羅的に把握・体得できる。

日本加除出版

〒171-8516　東京都豊島区南長崎3丁目16番6号
営業部　TEL (03) 3953-5642　FAX (03) 3953-2061
www.kajo.co.jp